权威·前沿·原创

皮书系列为

“十二五”“十三五”国家重点图书出版规划项目

BLUE BOOK

智库成果出版与传播平台

长三角经济蓝皮书
BLUE BOOK OF
YANGTZE RIVER DELTA ECONOMY

长三角地区经济发展报告
（2019~2020）

ANNUAL REPORT ON THE ECONOMIC DEVELOPMENT OF
YANGTZE RIVER DELTA (2019-2020)

主　编／王　振　刘　亮
副主编／薛艳杰

社会科学文献出版社
SOCIAL SCIENCES ACADEMIC PRESS (CHINA)

图书在版编目（CIP）数据

长三角地区经济发展报告. 2019－2020／王振，刘亮主编. －－北京：社会科学文献出版社，2020. 12
（长三角经济蓝皮书）
ISBN 978－7－5201－7585－2

Ⅰ. ①长… Ⅱ. ①王… ②刘… Ⅲ. ①长江三角洲－区域经济发展－研究报告－2019－2020 Ⅳ. ①F127. 5

中国版本图书馆 CIP 数据核字（2020）第 222676 号

长三角经济蓝皮书
长三角地区经济发展报告（2019～2020）

主　　编／王　振　刘　亮
副 主 编／薛艳杰

出 版 人／王利民
责任编辑／吴　敏

出　　版／社会科学文献出版社·皮书出版分社（010）59367127
　　　　　地址：北京市北三环中路甲 29 号院华龙大厦　邮编：100029
　　　　　网址：www. ssap. com. cn
发　　行／市场营销中心（010）59367081　59367083
印　　装／天津千鹤文化传播有限公司

规　　格／开　本：787mm × 1092mm　1/16
　　　　　印　张：19　字　数：282 千字
版　　次／2020 年 12 月第 1 版　2020 年 12 月第 1 次印刷
书　　号／ISBN 978－7－5201－7585－2
定　　价／128. 00 元

本书如有印装质量问题，请与读者服务中心（010－59367028）联系

主要编撰者简介

王　振　上海社会科学院副院长，兼任信息研究所所长，长三角与长江经济带研究中心常务副主任，区域经济学博士生导师。"长江经济带蓝皮书"主编、"长三角经济蓝皮书"主编、"数字经济蓝皮书"主编。1998年毕业于日本京都大学，获博士学位，获得全国留学回国成就奖、上海市领军人才、享受国务院政府特殊津贴等荣誉。第十五届上海市人大代表、主席团成员。近年研究出版多部著作，主要有《长三角共建世界级产业集群研究》《长三角地区协同发展战略研究》《长江经济带创新驱动发展的协同战略研究》《构建人才全球战略与人才发展新格局》《上海2050发展愿景》《新产业革命与上海的转型发展》《全面创新改革：上海建设全球影响力科技创新中心的体制机制问题》等。

刘　亮　上海社会科学院应用经济研究所研究员、金融学博士生导师，复旦大学中国经济研究中心（智库）兼职研究员。先后在复旦大学获得文学学士、经济学硕士和博士学位，复旦大学国际金融学专业博士后。曾主持国家社科基金项目2项、市部级课题5项以及各类委办局及横向课题20余项。先后获上海市哲学社会科学成果奖、上海市"十三五"规划重要成果一等奖和上海社会科学院张仲礼学术奖等。在《经济研究》《统计研究》《学术月刊》《国际贸易问题》《复旦学报》等国内重要核心期刊上发表各类学术论文20多篇近30万字。

薛艳杰　2007年毕业于华东师范大学人文地理专业，获理学博士学位，2013年上海社会科学院应用经济学博士后流动站出站。现为上海社会科学院城市与人口发展研究所副研究员，硕士生导师，中小城市与乡村振兴研究室副主任，主要从事区域经济、都市农业和乡村发展等方面的研究工作。

摘　要

2020年8月20日习近平总书记在合肥召开的扎实推进长三角一体化发展座谈会上指出，“面对严峻复杂的形势，要更好推动长三角一体化发展，必须深刻认识长三角区域在国家经济社会发展中的地位和作用。第一，率先形成新发展格局。在当前全球市场萎缩的外部环境下，我们必须集中力量办好自己的事，发挥国内超大规模市场优势，加快形成以国内大循环为主体、国内国际双循环相互促进的新发展格局。第二，勇当我国科技和产业创新的开路先锋。当前，新一轮科技革命和产业变革加速演变，更加凸显了加快提高我国科技创新能力的紧迫性。第三，加快打造改革开放新高地。近来，经济全球化遭遇倒流逆风，越是这样我们越是要高举构建人类命运共同体旗帜，坚定不移维护和引领经济全球化”。

2019年，是长三角地区一体化发展上升为国家战略后的第一年。5月13日，中共中央政治局会议审议通过《长江三角洲区域一体化发展规划纲要》（以下简称《长三角规划纲要》）。5月22日，在安徽省芜湖市召开了2019年度三省一市主要领导人会议，会议主题为“共建强劲活跃增长极”，对贯彻落实中共中央政治局会议审议通过的《长三角规划纲要》进行全面部署。11月4日，第二届国际进博会举办之前，长三角地区生态绿色一体化发展示范区正式揭牌启航。这一年，浙江、上海、江苏、安徽四地都先后发布了贯彻落实《长三角规划纲要》的行动方案。

2020年，全球新冠肺炎疫情给我国以及全球带来了前所未有的严峻挑战。在党中央的坚强领导和全国人民的奋力抗疫下，我国取得了抗击新冠肺炎疫情的重大战略成果，创造了人类同疾病斗争史上又一个英勇壮举。长三角地区在这场抗疫战中，不仅为取得全国的抗疫胜利做出了重要贡献，而且在扎实做好“六稳”工作、全面落实“六保”任务上走在了全国前列，为实现全国经济的复苏和稳定发挥了积极作用。特别是，面对全球新冠肺炎疫情和国际形势复杂多变带来的新形势、新挑战，长三角地区紧扣一体化和高质量两个关键词，更加有力地落实长三角一体化发展国家战略部署，努力在危机中育新机、于变局中开新局，积极启动构建以国内大循环为主体、国际国内双循环相互促进的新发展格局。

《长三角地区经济发展报告（2019～2020）》，是上海社会科学院长三角与长江经济带研究中心组织编撰的第四本年度报告，分为总报告、指数篇和产业篇三大部分，重点对2019年长三角地区的经济发展进行全面梳理与分析，并展望2020年经济发展趋势。总报告新增了长三角一体化发展综合评价和长三角城市群经济发展报告。指数篇包括了创新驱动力城市排名报告、产业转型升级城市排名报告和绿色发展指数城市排名报告。产业篇共汇集了7篇报告，包括农业、工业、数字经济、金融业、旅游业、交通运输业、国家级高新区。

关键词： 长三角地区　经济发展　发展指数　产业发展

共建世界级产业集群
率先构建新发展格局

《长江三角洲区域一体化发展规划纲要》（以下简称《长三角规划纲要》）提出，要在电子信息、生物医药、航空航天、高端装备、新材料、节能环保、汽车、绿色化工、纺织服装、智能家电等十大领域，形成若干个世界级产业群。面对当前严峻复杂的新形势和率先形成新发展格局的新要求，长三角地区充分发挥区域一体化发展的国家战略优势，聚合力量、分工合作，在若干最具比较竞争优势的产业领域，加快建设世界级产业集群，已更加紧迫、更趋现实。

一　共建世界级产业集群必须突破的瓶颈问题

经过改革开放四十多年的发展，长三角地区在若干产业领域如电子信息、汽车、装备制造、生物医药、纺织服装等，已经形成相当大的产能规模，而且这些产业都具有很高的对外开放度和产业链集聚度，可以说已具备世界级的产能优势，但与真正意义上的世界级产业集群对比，差距或者短板仍很明显，主要表现为：一是本土行业龙头企业的全球影响力仍需提升；二是关键核心技术的创新策源力仍很不足；三是产业链比较成本竞争力有所弱化；四是产业集群海外布局力散而不强。

解决上述四大短板，着力提升“四个力”，必须摒弃传统的行政区竞争模式，强化区域合作、激发一体化动能。特别要在体制机制方面着力破解以下四大瓶颈制约。

一是区域分工合作政策指引工具缺失。对于区域产业分工，国家层面的规划纲要也没有明确的指引。这也是基于我们目前并没有有效的政策工具可以落实规划提出的区域分工空间部署。所谓政策指引工具缺失，首先是主体功能区划分不细。比如长三角大部分地区属于重点开发区或优化开发区，但对于各个地区重点开发什么、优化什么，并没有形成细化的功能划分和政策单元。其次是区域性产业规划滞后。相对于都市圈规划、生态环境规划、基础设施规划，长三角地区的区域性产业规划迟迟没有进展。因为这个规划编制难度最大，至今各地政府仍以地方竞争性状态抓产业发展，从这些年各地编制的战略性新兴产业规划就可以看出，更多体现的是众人抢跑道、抢机遇。最后是跨行政区的产业协调机制缺失。在环保、交通、安全等领域已经建立三省一市间的协调机制，但产业领域也是滞后的。各地行业协会基本局限在各自行政区内，跨区一体化发展受到限制，至于一些松散的产业联盟，作用非常有限。

二是要素自由流动遭遇行政区壁垒。决定产业空间分工的是市场机制。发挥好市场决定性作用的前提是要素可以自由流动。以往苏南模式、温州模式之所以能够取得巨大成功，正是让劳动力可以从农业流动到非农产业，让技术、资金可以从上海流动到周边地区。这个阶段的要素自由流动，为长三角地区加快完成工业化、城市化进程做出了很大的贡献。但在世界级城市群和世界级产业集群建设的新标尺下，要素自由流动不充分的问题更加显现，而且严重阻碍地区之间的有效分工与合作。这一问题的背后，是行政区经济模式延伸出来的行政区壁垒，它阻碍了要素的自由流动。在市场准入、行业监管、资质认定、信用评价、税费减免、财政补贴，还有社会保障等方面，在具体的实施标准、规则上，三省一市之间都有所不同，甚至省内各市之间也是有所不同的，这样就形成了一道道的行政壁垒，我们也可以称其为“断头路”。特别是，现在的各个中心城市在强烈的做大做强思维影响下，仍然习惯于运用特殊优惠政策，包括特殊的补贴、特殊的减免、特殊的服务等，对要素自由流动、区域有效分工形成了新障碍。

三是共享创新资源面临中心城市地方保护。产业链向各地扩散化，创新链则在中心城市集聚化，是现阶段长三角经济发展中的一个区域性特征。如何推进产业链与创新链在不同空间的深度融合，是建设世界级产业集群需要研究的重要课题。创新资源尤其是高端创新资源向中心城市集聚，是一个客观规律。但我们现在面临的问题是，各个中心城市，特别是上海、南京、杭州、合肥，有更强的行政区经济意识，为了增强城市竞争力和影响力，一方面在集聚创新资源、培育新兴产业方面力度都很大，相互之间有竞争，另一方面在创新转化、招商引资方面与周边地区有竞争，甚至为减少产业项目的向外转移和创新资源的向外溢出，会采取更大力度的优惠政策如补贴、低地价等。中心城市的这些地方保护行为，容易扭曲资源配置，并且容易带来两败俱伤的结局，保护导致中心城市自身补贴负担加重，分享不到分工的利益，同时也引致其他城市参与政策优惠竞争，成本比较优势得不到充分发挥。

四是共建共享产业公共服务大平台缺乏机制保障。虽然最近几年长三角地区在大型科研仪器设备共享网、G60 科创走廊“一网通办”、技术市场联盟等大平台建设上取得了较大进展，但仍未真正建立起共建共享的有效机制。共享的前提是共建，共建包括建设资金的共筹与运营成本的共担，其中涉及两大机制，一个是各地共建的机制，另一个是平台本身运营的机制。如果没有积极有效的机制保障，即使建立了所谓的大平台大载体，也很有可能成为空架子。共建机制，要解决各共享方承担多少资金、如何参与投资、得到什么服务的实际运作和权责问题。这也正是现阶段共建公共服务大平台中的难点，如果仅仅让承建大平台的中心城市如上海多投资多贡献，显然这样的共建共享是走不远的。运营机制，要解决大平台本身的运营效率问题。我们现在的大多数公共服务平台属于公益性的事业单位，在内部运营管理上存在先天性不足，而要引入更具活力的基金会、公司化模式来承载跨行政区合作平台的运营管理和公共服务，目前还没有现成的成功案例可以借鉴。

二　长三角地区加快世界级产业集群共建步伐的政策性建议

要按照市场决定资源配置与更好发挥政府作用的原则，在破除行政壁垒、促进要素自由流动、构建现代化经济体系、建立健全区域利益协调机制等方面进行更大力度的改革创新，为促进分工、强化合作提供更加积极有力的区域协调政策供给。这里提出以下四点政策性建议。

（一）加强规划顶层设计，促进区域分工合作有力有效

要发挥好专项区域规划或行动指引的引领推动作用。结合“十四五”规划编制，建议在国家相关部门指导下，由长三角区域合作办公室组织开展关于共建世界级产业集群的专项规划编制工作，可重点选择电子信息、生物医药、高端装备、汽车、新材料、纺织服装等六大产业，分产业进行专项规划编制工作。编制这些专项规划的难度要明显大于交通、生态专项规划，但意义很重大。这些规划既要部署合作，更要突出分工，发挥各地比较优势、各扬所长。要把握新一轮科技革命和产业变革对全球区域分工、对长三角区域分工带来的影响，客观评价各地的区域比较优势，对标国家战略任务，研究提出各重点产业的空间分工准则和体系，绘制产业空间图谱。可根据各个城市的区域产业比较优势，在空间上划分为总部集聚区、核心承载区、产业配套区三个空间，对应三个空间配置相应的城市服务功能、科技创新资源和支撑平台。其中要重点规划部署如何分工合作、聚合力量，全面实施关键核心技术攻关工程和龙头企业培育壮大工程。

（二）创新利益协调机制，调动中心城市引领分工积极性

推进世界级产业集群建设的空间分工，必须建立有效的空间分工治理模式，配套相应的区域协调政策工具。其中最核心的是如何发挥上海、南京、杭州、合肥、苏州、无锡、宁波等各个中心城市的引领分工作用，最关键的是要建立健全能够保障中心城市利益的区域协调机制。这也是基于长三角地区的行政区经济模式在今后一定时期内仍将客观存在，特别是各个中心城市为了稳增长、稳财政和提升排名，对疏解部分产业、促进区域分工仍然缺乏内在动力。解决这一难题的政策路径，就是要加快探索制定财税共享、GDP共享政策。最早尝试这项政策的是首钢生产基地从北京搬迁到河北曹妃甸，

两地之间通过政策协议方式对税收予以共享。苏州工业园区在长三角地区合作共建了六个“飞地”园区，通过开发商与营运商收益机制，较好实现了合作双方的利益共享。《长三角规划纲要》提出，“探索建立区域互利共赢的税收利益共享机制和征管协调机制，促进公平竞争。探索建立区域投资、税收利益争端处理机制，形成有利于生产要素自由流动和高效配置的良好环境”。现阶段可先选择上海、杭州、南京、苏州四个中心城市开展试点，围绕创新“飞地”建设，试行财税共享政策、GDP共享政策，促进中心城市的技术创新孵化、产业化环节更多布局到具有成本优势、用地优势的创新“飞地”，同时可减少中心城市为留住产业化环节所采取的一些财政政策补贴。

（三）建立灵活合作机制，搭建一体化支撑平台

围绕提升产业集群整体创新能力，跨地区共建若干一体化支撑平台。这个一体化，不仅体现共建共享，最大特征是一体化实体型运营，一个统一的机构，覆盖三省一市，推动创新资源共享，服务各地产业创新。并且这个机构不是传统的事业单位，而是公司化运行但提供公益服务的特殊法人。从发达国家经验看，它们服务于产业、创新的公共服务平台，大多采用“基金会+公司化”模式。比如，德国的史太白基金会是专门从事科技创新成果转化的公共服务机构，基金会不仅在大学、科研院所中设立了一批知识产权转化中心、人才培训中心，还设立了若干创新转化公司，专门对科技创新成果进行研发投资、专利收购、产业孵化、产权转让等，由此获得必要的盈利，盈利部分主要用于充实基金会、投资科技创新。这一模式值得我们借鉴。如三省一市及各个中心城市可以共同出资，创办长三角产业创新基金会，旗下可成立长三角科技成果转化公司、长三角产业创新投资公司等，与大学、科研院所合办成果转化服务中心，与地方政府、大企业合作共建制造业创新中心等。为了规范基金会筹资、运作，要争取国家层面的积极支持，三省一市可探索实践地方协同立法，加强跨地区紧密合作中的制度保障。

（四）探索谋划大型母基金，增强产业创新金融支持

配合各个产业集群的关键核心技术攻关、科技创新成果转化产业化、产业链强链补链，乃至在海外布局专业园区，争取创设长三角世界级产业集群建设大型母基金，聚合三省一市政府、龙头企业、金融机构力量，共同筹集、统筹使用，为加快世界级产业集群共建步伐提供强有力的金融支持。借鉴国内外母基金成功经验，提供专项政策支持，构建积极灵活的母基金运行机制。发挥母基金“基金中的基金”功能，推动设立和参与投资各类专业化子基金，放大母基金投资效应。发挥母基金覆盖长三角全区域的大载体作用，为促进一体化发展积极提供强大动能和支撑。

王振

上海社会科学院副院长

长三角与长江经济带研究中心常务副主任

目 录

Ⅰ 总报告

Ⅱ 指数篇

Ⅲ 产业篇

皮书数据库阅读**使用指南**

总 报 告

General Reports

B.1
长三角地区经济发展分析与展望（2019～2020）

杨 凡　余小燕　王 振*

摘　要： 本报告从总体概况、重点产业、增长动力三个方面分析了2019年长三角地区经济发展情况；基于战略机遇和主要挑战分析，对2020年长三角地区经济运行进行初步展望。主要结论为：长三角地区经济平稳增长，但增速继续下滑；经济总量接近24万亿元，全国占比基本稳定；经济质量有较大提升，地区间差距仍然较大；产业结构稳步升级，战略性新兴产业快速发展；投资、消费和出口总体平稳，拉动力略有减弱，但结构进一步优化；受新冠肺炎疫情影响，2020年长三

* 杨凡，上海社会科学院信息研究所长江经济带研究室助理研究员；余小燕，上海社会科学院应用经济学博士生；王振，上海社会科学院副院长、长三角与长江经济带研究中心常务副主任，研究员，区域经济学博士生导师。

角地区经济下行风险较大，但预期仍将保持正增长态势。

关键词： 长江三角洲地区 经济发展 产业发展 增长动力

2019 年 5 月，中共中央政治局会议审议了《长江三角洲区域一体化发展规划纲要》（以下简称《规划纲要》）。实施长三角一体化发展战略，是引领全国高质量发展、完善我国改革开放空间布局、打造我国发展强劲活跃增长极的重大战略举措。《规划纲要》实施一年来，上海、江苏、浙江、安徽紧扣“一体化”和“高质量”步入建设加速期，通过加强互动合作，长三角一体化发展在加强协同创新产业体系建设、提升基础设施互联互通水平、推进更高水平协同开放等方面取得了诸多突破性进展。

2019 年，长三角地区生产总值合计 23.7 万亿元，约占全国的 23.9%，同比增长 6.4%，高于全国增速 0.3 个百分点。2019 年，面对国内外风险挑战明显上升的复杂局面，长三角地区全面落实长三角一体化发展国家战略，坚持稳中求进工作总基调，落实高质量发展要求，经济增长保持韧性，深入实施创新驱动发展战略，新旧动能加快转换，经济结构持续优化。

一　2019年长三角地区经济发展概况

随着长三角区域一体化发展上升为国家战略，长三角地区迎来新的战略机遇，同时也面临中美贸易摩擦及国内经济下行等一系列挑战。2019 年，长三角地区经济发展总体呈现领先于全国增长态势，实现平稳较快增长，地区经济总量和经济发展质量稳步提升，一体化发展全面启动成效显著，但城际差异仍较为显著。

（一）地区经济发展平稳，增长速度缓慢下行

2019 年，长三角地区经济运行整体呈下行趋势。年内各季度，地区经

济总体呈现下降趋势，年末经济增速低于年初0.4个百分点，全年三省一市地区生产总值平均增长6.6%，较上年地区经济增速下降0.5个百分点，降幅与上年保持一致。但是，2019年长三角地区经济仍保持领先全国的发展态势，总体实现了平稳较快增长（见图1）。

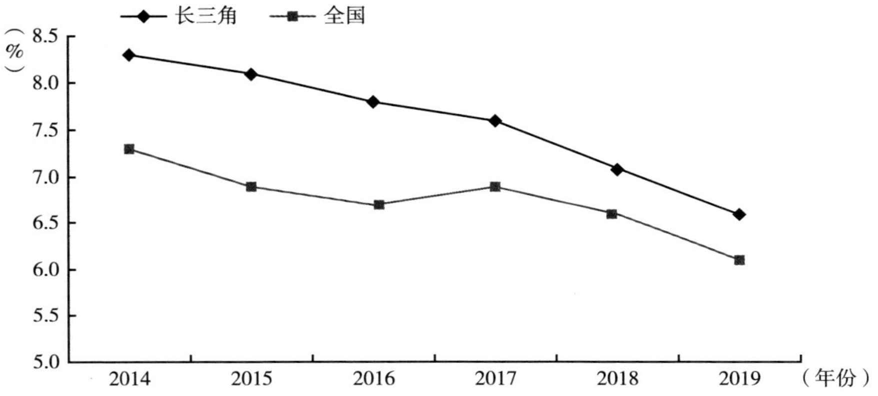

图1 长三角地区与全国经济增速

资料来源：2014～2019年全国及长三角地区数据均来源于全国及各地区统计局网站。后文数据若无特殊说明则来源相同。

分地区来看，三省一市经济增速整体呈下降趋势，浙江、安徽增速高于上海和江苏，且增速下降趋势缓于江苏省，三省一市增速差距进一步缩小。2019年，上海地区经济增速为6.0%，江苏为6.1%，浙江为6.8%，安徽为7.5%（见图2）。从2019年各季度间看，三省一市经济增速走势不一。上海市呈缓慢上升趋势，江苏省下降趋势明显，且下降幅度年末呈扩大趋势，浙江省前三季度急剧下降，第四季度有所回升，安徽省呈先增后降趋势，除上海以外，其余三省年末的经济增速均低于年初（见图3）。一方面，安徽省起步水平相对较低，作为长三角一体化战略的新加入者，发展空间大，实现了较快的增长速度；另一方面，上海经济一直以来高速发展，体量大，且属于高质量发展，相较前期较高的增长基数，上海发展增速趋缓。

全国比较，2019年长三角三省一市中，上海市经济增速低于全国0.1

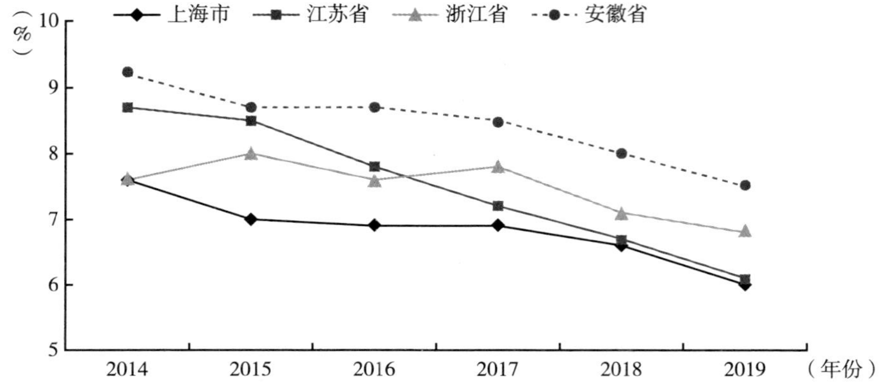

图 2　长三角三省一市经济增速比较

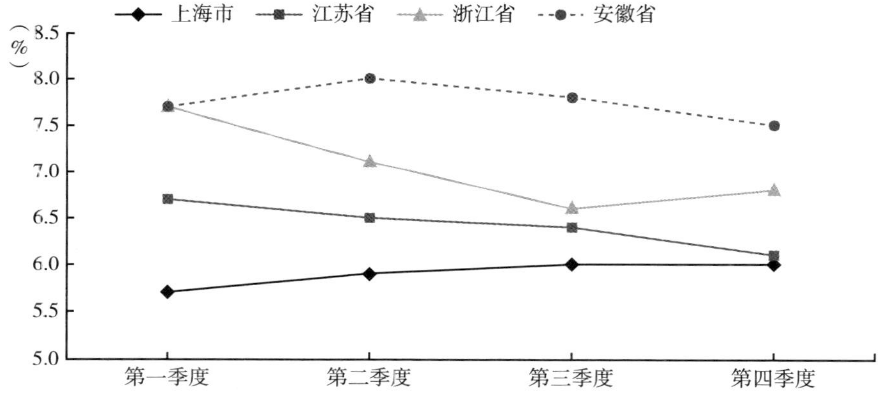

图 3　2019 年长三角三省一市分季度经济增速

个百分点，江苏省经济增速与全国持平，安徽省、浙江省经济增速均高于全国（见图 4）。2019 年上海市、江苏省、浙江省和安徽省的经济增速在全国 31 个行政区中分别居第 22 位、第 20 位、第 11 位和第 7 位。与上年比较，上海和江苏增速排序略降，浙江省增速排序上升，安徽省增速排序不变。

（二）经济总量接近24万亿元，全国占比基本稳定

2014～2019 年，长三角地区经济总量处于稳步上升趋势。2019 年，长

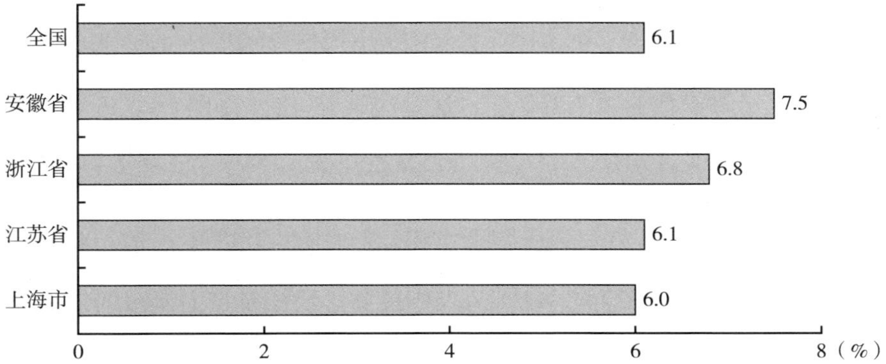

图 4　2019 年长三角各省市经济增速与全国比较

三角三省一市共实现生产总值 23.7 万亿元，较上年增加 1.6 万亿元以上。2014～2019 年，长三角地区对全国经济总量的贡献份额基本保持稳定，波动中呈上升趋势。2019 年，长三角地区生产总值占全国的比重约为 23.9%，比重较上年稍有下降，但基本持平（见图 5）。

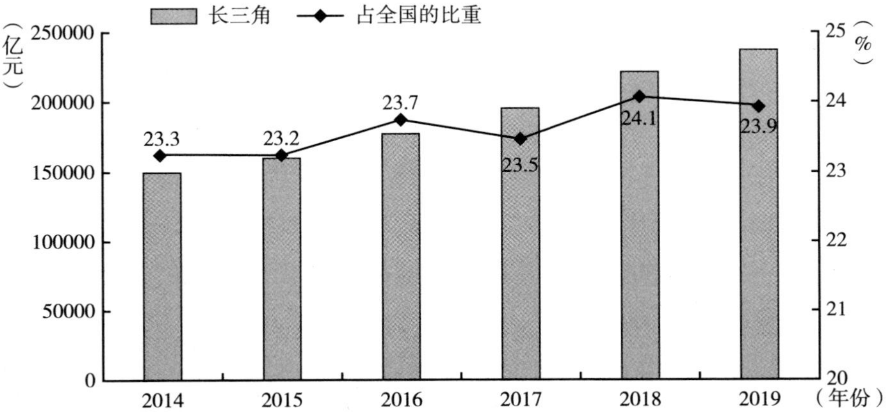

图 5　长三角地区经济总量及占全国的比重变化

分地区来看，长三角各省市经济总量呈稳步增长趋势。江苏省地区生产总值一直处于领先地位，浙江省位居第 2，上海市位居第 3，安徽省紧随其后。2019 年，江苏省地区生产总值逼近 10 万亿元，为 9.96 万亿元，距离

10 万亿元大关仅一步之遥，居全国第 2 位；浙江省地区生产总值约 6.2 万亿元，居全国第 4 位；上海市地区生产总值约 3.8 万亿元，居全国第 10 位；安徽省地区生产总值约 3.7 万亿元，居全国第 11 位（见图 6）。近年省份之间经济规模差距总体呈拉大趋势，其中最大和最小经济体的规模差距拉大。虽然近年安徽省地区生产总值在长三角各省市中保持领先增长态势，但由于经济规模的基础差距较大，经济增速差距相对较小，近年安徽省与江苏省的地区经济总量差距逐年拉大，江苏省与浙江省、浙江省与上海市的经济规模差距也呈逐年拉大态势，但安徽省与上海市的经济规模差距逐渐缩小。

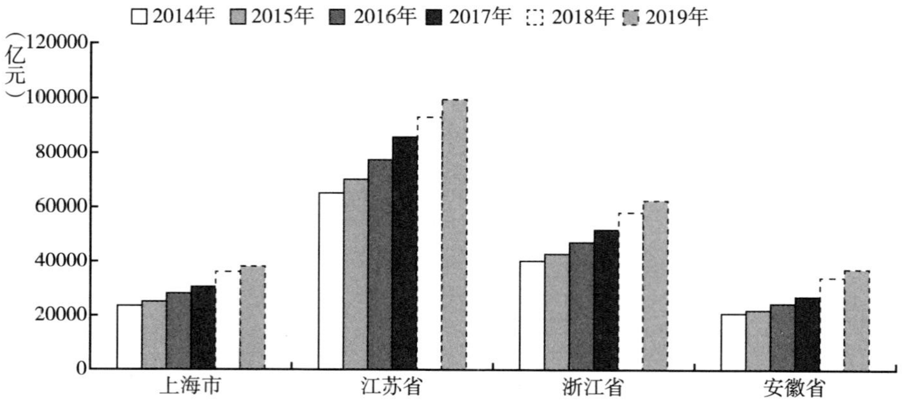

图 6　长三角各省市生产总值变化

（三）经济质量有较大提升，地区间差距仍然较大

2019 年，长三角三省一市以占我国国土面积不足 4% 的区域集聚了全国 16.2% 的常住人口，创造了近 24% 的全国生产总值，人均地区生产总值高出全国近 1.6 倍，主要经济增速指标均高于全国平均水平，是我国具有重要支撑和引领作用的核心经济区之一。

总体来看，2019 年长三角地区三省一市主要经济增速指标中，GDP 增速和城镇居民人均可支配收入增速差别较小；规模以上工业增加值增速、固定资产投资增速、社会消费品零售总额增速及进出口增速差异较大。其中，上海作为长三角发展的“领头羊”，经济高质量发展，而江苏和浙江优先受到上海经济高地的溢出效应，经济总量不断增加，随着长三角一体化溢出效应的进一步显现，安徽后来居上。同时，随着高质量发展要求不断深入，江苏和浙江由规模化发展转向高质量发展并伴随着经济增速放缓，而安徽由于经济体量较小，经济规模化和质量化同步发展空间更大，安徽省经济高速增长，处于领先趋势，上海和江苏经济增速低于浙江。上海和江苏由于工业外向度较高，受中美贸易摩擦影响较大，进出口增速下降明显（见图7、表1）。

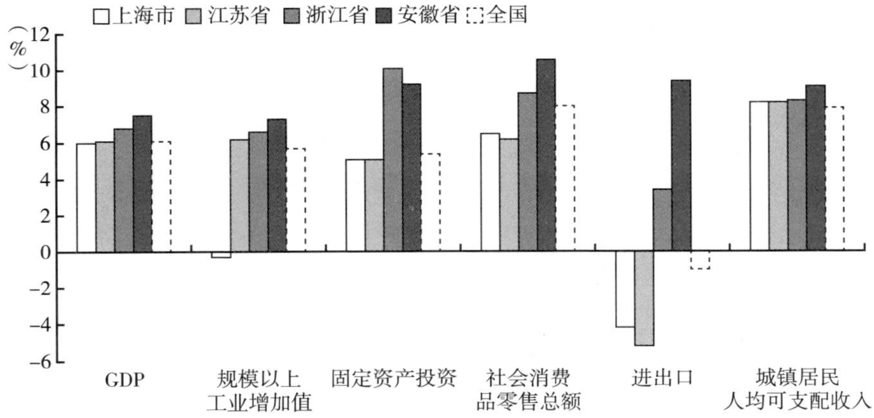

图7　2019年长三角三省一市主要经济指标增速比较

表1　2019年长三角三省一市经济增长情况

地区	GDP		规模以上工业增加值增速（%）	固定资产投资增速（%）	社会消费品零售总额		进出口		城镇居民人均可支配收入	
	绝对值（百亿元）	增速（%）			绝对值（百亿元）	增速（%）	绝对值（亿美元）	增速（%）	绝对值（万元）	增速（%）
上海市	3.8	6.0	-0.3	5.1	135.0	6.5	4938.0	-4.2	7.4	8.2
江苏省	10.0	6.1	6.2	5.1	352.9	6.2	6294.7	-5.2	5.1	8.2
浙江省	6.2	6.8	6.6	10.1	271.8	8.7	4471.4	3.4	6.0	8.3
安徽省	3.7	7.5	7.3	9.2	133.8	10.6	687.3	9.4	3.8	9.1
长三角	23.7	6.6	5.0	7.4	893.4	8.0	16391.4	0.9	22.2	8.5
全国	99.1	6.1	5.7	5.4	4116.5	8.0	45753.0	-1.0	4.2	7.9

二　长三角地区产业发展概况

（一）产业结构稳步升级，地区差异不断缩小

2019 年，长三角地区产业结构继续呈现稳步优化态势，总体表现为地区经济结构中第一产业比重小幅下降，第二产业比重较明显下降，第三产业比重较明显上升。2019 年长三角地区生产总值构成中，第一产业增加值约占 4.0%，较上年比重下降 0.2 个百分点；第二产业增加值约占 38.8%，较上年比重下降 3.0 个百分点；第三产业增加值约占 57.2%，较上年比重上升 3.2 个百分点。

但是，省际之间产业结构及其变化情况存在较大差异。其中，上海以服务经济为主的产业结构特征鲜明，工业增加值占地区生产总值的比重降至 25.3%，较上年比重降低 1.3 个百分点。江苏情况与上海相似，浙江的第二产业占比出现小幅上升，第三产业占比小幅下降。值得注意的是，安徽的第三产业比重首次超过第二产业，这意味着长三角地区三省一市均已形成“三二一”型产业结构，第三产业增加值在地区生产总值中的比重超过 50%（见表 2）。

表 2　2018～2019 年长三角三省一市地区生产总值结构及全国比较

单位：%

地区	2018 年			2019 年		
	第一产业	第二产业	第三产业	第一产业	第二产业	第三产业
上海	0.3	29.8	69.9	0.27↓	26.99↓	72.74↑
江苏	4.5	44.5	51.0	4.31↓	44.43↓	51.25↑
浙江	3.5	41.8	54.7	3.36↓	42.61↑	54.03↓
安徽	8.8	46.1	45.1	7.86↓	41.33↓	50.82↑
长三角	4.2	41.8	54.0	3.95↓	38.84↓	57.21↑
全国	7.2	40.6	52.2	7.10↓	39.00↓	53.90↑

资料来源：全国及各省市统计公报。

（二）服务业领跑区域经济，战略性新兴产业快速发展

2019 年，长三角地区服务业继续呈现较快的增长势头。全年，长三角地区第三产业增加值平均增长 7.5%，较上年增速略有下降，但仍较同期地区经济增速高近 1 个百分点。除安徽外，2019 年长三角各省市第三产业增速均快于第一产业和第二产业，是拉动地区经济增长的重要产业动力（见图 8）。

分行业来看，2019 年长三角地区服务业几大传统主要行业（批发和零售业，交通运输、仓储和邮政业，住宿和餐饮业，金融业，房地产业）增速普遍低于服务业总体增速，尤其是浙江出现两位数下降。但与此同时，以数字经济、互联网信息技术等为代表的信息传输、软件和信息技术服务业普遍呈现高速增长态势。上海、江苏、浙江、安徽的信息传输、软件和信息技术服务业比上年分别增长 14.8%、18.8%、22.0% 和 22.7%。

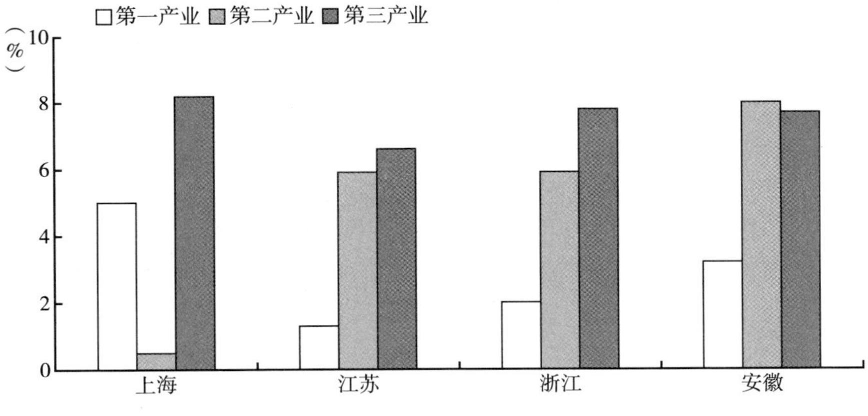

图 8　2019 年长三角各省市三次产业增速比较

（三）工业增长地区差异较大，新兴产业驱动力增强

2019 年长三角地区工业增加值为 8.2 万亿元，比上年增加了 5.1%，其中，上海 9671 亿元、增长 0.4%，江苏 3.8 万亿元、增长 6.2%，浙江 2.3

万亿元、增长6.6%，安徽1.1万亿元、增长7.3%（见图9）。2019年沪苏浙皖工业增加值占GDP的比重分别为25.3%、38.5%、36.8%、30.9%。近5年来，安徽的工业增加值平均增速最高（8.6%），其次分别是江苏（7.0%）、浙江（6.6%）和上海（2.0%）。与全国比较，2019年长三角地区工业增加值占全国的26.0%，增速比全国低0.6个百分点，工业增加值占GDP的比重高于全国2.7个百分点。

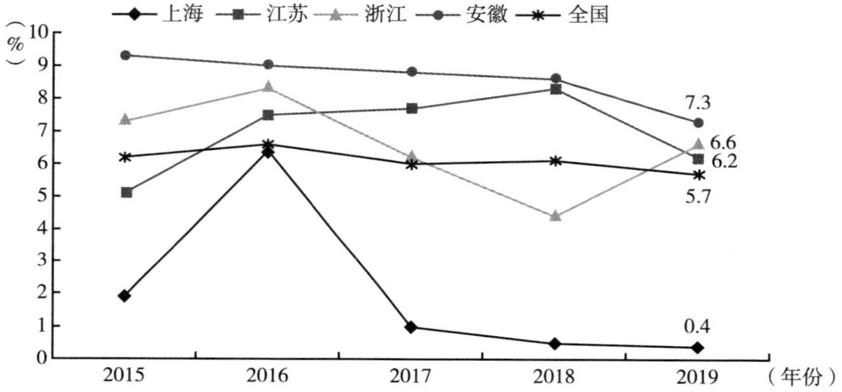

图9　长三角地区工业增加值增长率情况

注：增加值增长率为扣除价格因素的实际增长率。

长三角地区三省一市的产业优势各异，新动能发展的所选行业类型和统计口径不一，但各地战略性新兴产业增速都快于工业平均增速，表明工业新动能正在加速形成且不断壮大。

2015～2019年上海战略性新兴产业平均增速为3.6%，高于工业平均增速1.6个百分点，2019年上海战略性新兴产业增加值6133.22亿元，比上年增长8.5%，其中工业增加值2710.43亿元，增长3.3%，战略性新兴产业增加值占上海生产总值的比重为16.1%，比上年提高0.4个百分点；2015～2019年江苏战略性新兴产业增速为10.2%，高于工业平均增速3.2个百分点，2019年江苏战略性新兴产业产值比上年增长7.6%，占工业总产值的比重达32.8%，比上年提高0.8个百分点；2015～2019年浙江战略性新兴产业增速为

9.8%，高于工业平均增速3.0个百分点，2019年浙江以新产业、新业态、新模式为主要特征的“三新”经济增加值占GDP的25.7%，其中数字经济核心产业增加值6229亿元，按可比价计算比上年增长14.5%，战略性新兴产业增加值增长9.8%，其中人工智能产业增长21.3%；2015～2019年安徽战略性新兴产业增速为17.3%，高于工业平均增速9.1个百分点，2019年安徽战略性新兴产业产值增长14.9%，其中生物产业、新能源产业、节能环保产业分别增长21.4%、17.7%和18.1%（见表3）。

表3　长三角地区战略性新兴产业发展情况

单位：亿元，%

项目		2015年	2016年	2017年	2018年	2019年
上海	工业增加值	1673	1808	2263	2378	2710
	增加值增速	-0.1	2.7	8.1	4.2	3.3
江苏	产值占比	29.4	30.2	31.0	32.0	32.8
	产值增速	10.4	10.5	13.6	8.8	7.6
浙江	增加值	3367	3206	3851	4351	5024
	增加值增速	6.9	8.6	12.2	11.5	9.8
安徽	产值	8922	10616	12888	14963	17192
	产值增速	17.6	16.4	21.4	16.1	14.9

注：上海战略性新兴产业主要包括新一代信息技术、生物、高端装备、新能源、新能源汽车、新材料；江苏战略性新兴产业主要包括高端装备、数字创意、节能环保、新一代信息技术、生物医药、新能源、新能源汽车、新材料；浙江战略性新兴产业主要包括新一代信息技术和物联网、新能源、新能源汽车、新材料、生物、海洋新兴产业；安徽战略性新兴产业主要包括新一代信息技术、高端装备、新能源、新能源汽车、新材料、生物、节能环保、数字创意。

三　长三角地区经济动能概况

（一）投资增速与上年持平，地区内部走势分化

近年，长三角地区投资增长总体呈下行趋稳走势，2019年增速趋于平稳状态，与上年保持一致，但地区内部发展情况存在差异。全年，三省一市

固定资产投资平均增长 7.4%，较上年下降幅度收窄至 0。近年长三角地区固定资产投资总体保持领先全国的增长态势，且差距有拉大趋势。2019 年投资增速较全国高 2.3 个百分点，增速差距较上年提高 0.8 个百分点（见图 10）。

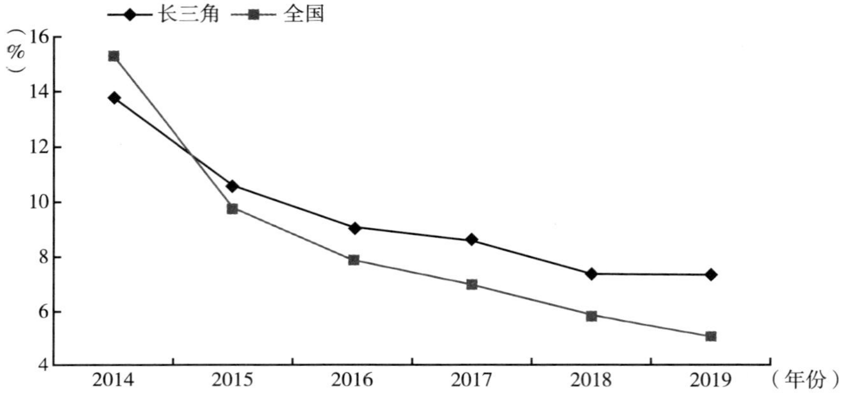

图 10　长三角地区固定资产投资增速及与全国比较

分地区来看，2019 年，长三角三省一市投资增长情况存在较明显的地区差异。其中，上海、江苏和安徽三省市投资回落，2019 年固定资产投资增速均低于上年，江苏省和上海市略微下降，安徽省下降幅度较大，下降 2.6 个百分点；浙江省投资增速回升，2019 年固定资产投资增速较上年提高 3 个百分点。三省一市中，上海市和江苏省 2019 年固定资产投资增速与全国持平，浙江和安徽两省固定资产投资增速均高于全国（见图 11）。

从投资结构来看，长三角地区投资结构进一步优化。其中，上海市三大重点投资领域中，工业投资实现快速增长，2019 年增长 11.3%，低于上年增速 6.4 个百分点，但服务业增速较上年有所提升，增长 3.8%，较上年有 0.6 个百分点的增幅，其中，信息技术服务业投资增长较快，为 14.8%，金融业投资增速为 20.9%，较上年提升 8.3 个百分点；城市基础设施投资增速下降 2.6%，较上年下降 11.9 个百分点；房地产开发投资增速相对较低，

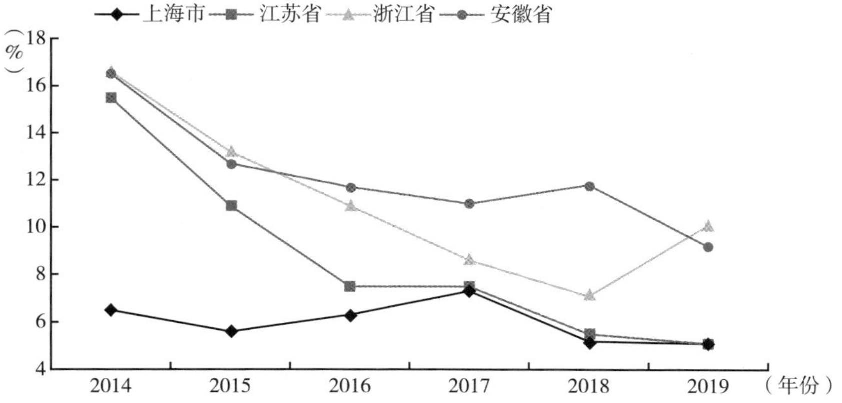

图 11　长三角各省市固定资产投资增长情况

2019 年增长 4.9%，但较上年增速略有提升。江苏省投资结构继续优化，2019 年第三产业投资增速超过第二产业，第二产业投资中，高新技术产业投资增长 23.3%。电子及通信设备、计算机及办公设备、医药、仪器仪表制造业投资分别增长 69.0%、23.7%、33.8%和 79.5%。第三产业投资中，科学研究和技术服务业增长 8.6%。浙江省 2019 年交通投资、高新技术产业投资、民间项目投资、生态环保和公共设施投资分别增长 16.3%、21.8%、13.7%和 4.1%，房地产开发投资增长 7.4%。安徽省 2019 年技术改造投资增长 14.4%，基础设施投资增长 13.1%，民间投资增长 10.2%，工业投资增长 8.7%，房地产开发投资增长 12.8%。

（二）消费增速略有减缓，消费结构优化升级

近年来，长三角地区内需消费总体呈不断减缓走势，2019 年增速进一步下滑。全年，三省一市社会消费品零售总额平均增长 7.9%，较上年增速下降 1.2 个百分点，下降幅度与上年一致。与全国比较，近年长三角地区内需消费增速呈现“低于全国→与全国持平→超过全国→低于全国”上下胶着的发展态势，与全国增速基本保持一致。2019 年长三角地区社会消费品零售总额增速低于全国 0.1 个百分点（见图 12）。

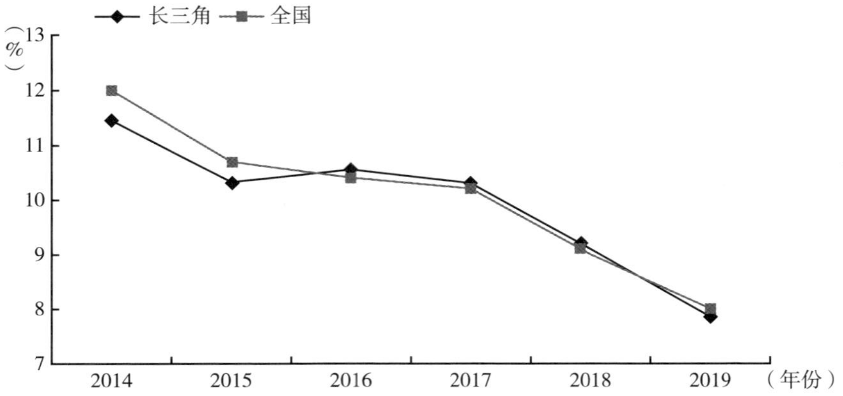

图 12　长三角地区社会消费品零售总额增速及与全国比较

分地区看，近年三省一市投资增速整体呈下滑趋势，且下滑幅度整体呈增大趋势。2019 年，长三角三省一市内需消费增速较上年均有不同程度的下滑。其中，上海市和江苏省 2019 年社会消费品零售总额增速下降幅度较大，分别达到 1.4 个和 1.7 个百分点；浙江省和安徽省社会消费品零售总额增速下降幅度相对较小，分别为0.9 个和1 个百分点。三省一市中，安徽省2019 年社会消费品零售总额继续实现两位数的较快增长速度，增速高于全国；浙江省增速基本与全国持平，上海市和江苏省增速低于全国近 1.5 个百分点（见图 13）。

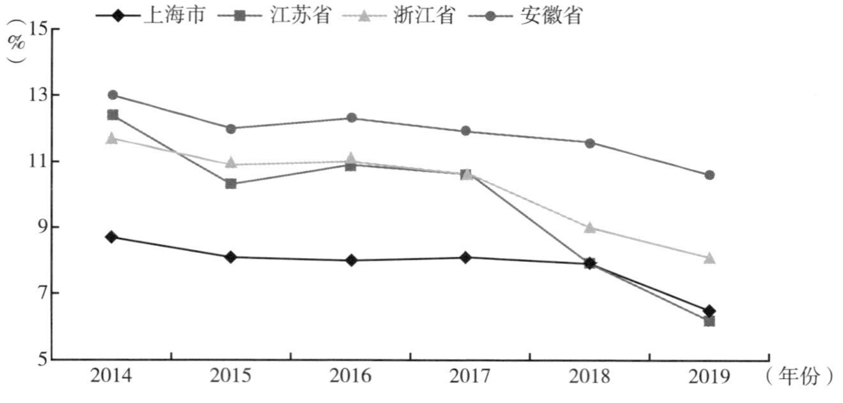

图 13　长三角各省市社会消费品零售总额增长情况

从规模来看，近年长三角地区内需消费总额持续增长。2019 年，三省一市社会消费品零售总额逼近 9 万亿元，占全国社会消费品零售总额的比重约为 21.7%，与上年比重基本持平，长三角地区内需消费对全国内需消费的贡献份额基本稳定。

从消费结构来看，省际之间差异较大，但总体呈现消费结构逐渐升级的发展态势，新业态、新模式保持较快的增长势头。其中，上海市 2019 年“吃、穿、用、烧”四大类消费品零售总额中，吃、穿、用的商品分别增长 8.0%、6.8%、7.1%，烧的商品下降 7.8%，增速较上年均有较大下降幅度；但是零售结构有所优化，网上商店零售额、电子商务交易额、城市商业综合体营业额等均继续保持两位数以上较快增长，网上零售额占社会消费品零售总额的比重达 14.1%，较上年有所提升；品牌零售发展较快，国际零售商集聚较快。江苏省 2019 年国内贸易中，基本生活类商品增势平稳，消费升级类商品较快增长，汽车及石油制品类增长乏力。浙江省 2019 年智能手机、可穿戴智能设备、新能源汽车、智能家用电器和音像器材类等新型消费商品零售额分别增长 124.0%、85.1%、57.2%和 42.6%。通过公共网络实现的商品零售额增长 25.6%。安徽省 2018 年限额以上零售额中，粮油、食品、饮料、烟酒、日用品等五大类商品零售额均实现较快增长；通信器材类增长 13.1%，建筑及装潢材料类增长 10.2%，汽车类下降 0.2%，石油及其制品类增长 14.3%。

（三）对外出口总体平稳，动力作用仍较明显

近年，在国际需求市场动荡及贸易不稳定影响因素增多的宏观背景下，长三角地区出口增速呈现较大幅度的波动变化，尤其是随着中美贸易摩擦加剧，2019 年出口增长总体进一步下滑，但地区内部存在差异。全年，三省一市出口总额平均增长 7.1%，较上年增速下降 2.1 个百分点，降幅与上年一致，总体实现了较快增长，是拉动地区经济增长的重要动力。2019 年长三角地区出口额增速较全国高 2.1 个百分点，近年保持领先全国的态势（见图 14）。

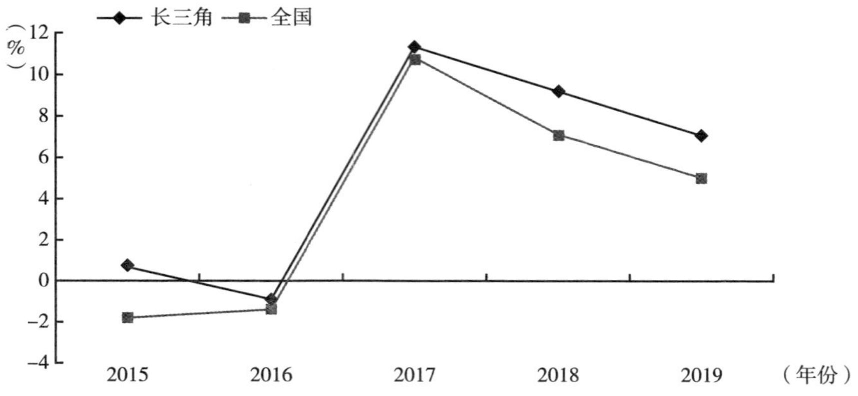

图 14　长三角地区出口总额增速及与全国比较

分地区来看，近年长三角三省一市出口额增速整体呈波动走势，内部差异有扩大趋势。在经历了 2017 年由全球经济复苏带来的较大幅度的上升后，随着中美贸易摩擦的进一步加剧，2017 年以后，我国出口增速整体有一定的回落。2019 年，上海市和江苏省出口增速下降幅度较大。其中，江苏省出口增速较上年下降 6.3 个百分点，上海市出口增速下降 3.8 个百分点。浙江省出口增速波动较小，与上年持平。安徽省 2016 年以来出口增速呈上升趋势，2019 年出口总额增长 16.7%，较上年增速提高 1.6 个百分点，增速排全国第 4 位。上海市和江苏省出口增速分别低于全国 2.9 个和 4.6 个百分点，浙江省和安徽省出口增速分别高出全国 4.0 个和 11.7 个百分点（见图 15）。

从规模来看，2019 年长三角地区出口额持续增长。全年，三省一市出口总额达到约 1.6 万亿美元，约占全国出口总额的 35.8%，较上年比重略有下降。

从出口结构来看，地区和领域差别较大。例如，按出口企业性质划分，上海市 2019 年私营企业出口额实现较快增长，增速达 10%，较上年有所回落，外商投资企业出口额出现负增长，国有企业出口额低速增长。江苏省国有企业出口额同比下降 22%，增速较上年下降超过 39 个百分点，私营企业出口额增长较快，同比增长 13.7%。浙江省民营企业出口额较上年增长

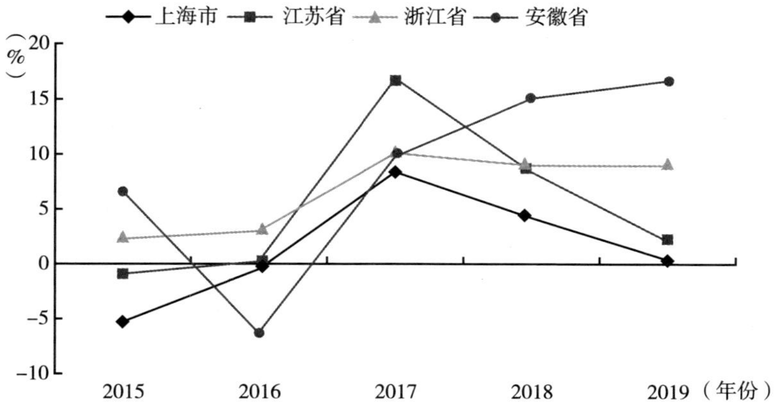

图 15 长三角各省市出口总额增速变化

11.5%。安徽省民营企业出口额增速继续加快。按出口市场来看，上海市对欧盟、美国及日本出口额均为负增长，且低于出口总额增速，其中对美国出口额增速下滑幅度最大，2019 年，上海市对三大出口市场的出口增速分别为 -2.6%、-10.9%和 -4.2%。上海市对东盟出口为正增长，出口额增长 6.7%，高于出口总额增速。与“一带一路”沿线国家和重要节点城市货物贸易额占全市的比重达到 22.4%，较上年有所增加。江苏省对主要贸易市场的出口额表现有所差异，对美国、欧盟、日本出口额比上年分别下降 11.5%、增长 6.2%、增长 4.1%，对印度、俄罗斯、东盟出口额比上年分别增长 0.3%、9.9%和 17.7%，对“一带一路”沿线国家出口额保持较快增长，出口额增长 12.8%，占全省出口总额的比重为 26.8%，对全省出口额增长的贡献率为 147.3%。浙江省对美国出口额下降 4.9%，对欧盟、东盟和日本出口额分别增长 7.5%、24.7%和 4.2%。对“一带一路”沿线国家出口额增长 16.8%。安徽省对亚洲、欧洲、拉丁美洲出口额均实现两位数高速增长，分别为 14.1%、22%和 17.9%。

整体来看，2019 年，安徽省消费和出口增速均居长三角三省一市首位，并高于全国三大需求增速；浙江省投资和出口增速高于全国，内需消费增速与全国持平；江苏省和上海市出口和消费增速均低于全国，投资均与全国持平。分地区来看，上海市和江苏省在三大需求中，内需消费增速领先，都略高于地区经济增速，是拉动地区经济增长的重要动力；浙江省投资增速领先，出口增速高于消费增速，且均快于地区经济增速；安徽省出口增速遥遥领先，消费增速高于投资增速，且三大需求的增长速度均快于地区经济增长速度（见图16）。

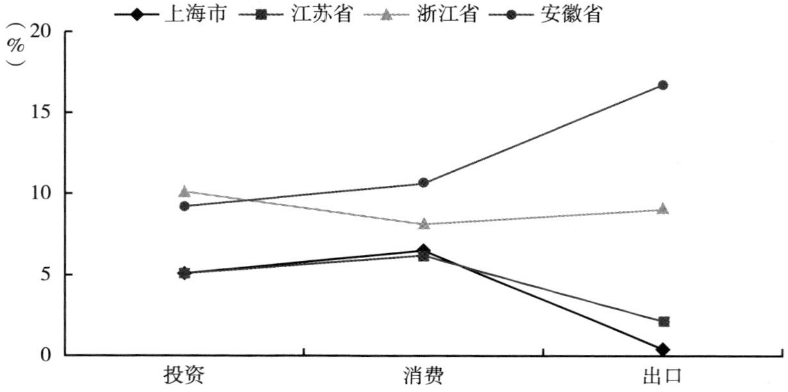

图16　2019年长三角三省一市投资、消费及出口增速比较

四　2020年长三角地区经济发展展望

2020年，长三角一体化步入建设加速期，沪苏浙皖一市三省共计划实施一体化重大项目1390项，总投资达7.81万亿元。其中，20亿元以上基础设施互联互通项目共76项，总投资超过1万亿元，涉及轨道交通、高速公路、机场枢纽、航道港口；10亿元以上科技创新产业协同项目共253项，总投资达9786亿元，涉及人工智能、生物医药、工业互联网、大数据等高新技术产业；5亿元以上生态环保联防联控项目共48项，总投资达到661亿元，涉及区域绿色发展、生态修复、流域治理；1亿元以上公共服务共建共享项目共58项，总投资达1353亿元，涉及医疗教育、政务服务、文化旅游。随着一大批“一体化”项目、一体化示范区建设以及务实有效的协作平台搭建，2020 年长三角地区经济发展必将迎来更多的机遇和动力，但同时也伴随着压力与挑战。

（一）战略机遇

从宏观层面看，要把握两大非常重要的积极因素。

一是由新一代信息技术引领的新产业变革正进入爆发期。这场变革以大数据、云计算、人工智能、区块链、新能源为代表，大致在“十二五”初期从发达国家开始孕育，也称为第四次工业革命或第二次数字革命，而且基本上同步在我国孕育并得到高度重视和有力推广。进入“十四五”，这场变革将更加深入且广泛。人工智能、区块链、5G、工业互联网等新一代信息技术在大规模的研发投入下，新的突破不断呈现，应用转化周期加快，不仅为信息产业注入新行业、新产品、新业态，形成新一波的信息产业发展，而且在广泛的产业领域包括智能装备、生物医药、新能源汽车、新材料、智能家居等注入新一代信息技术，带动这些产业新技术、新产品、新业态和新商业模式的开发，形成更加强劲的经济新动能。各个发达国家，以及我国各个发达地区，都在抢占机遇、抢先布局，这是长三角地区需要全力把握的发展机遇。

二是我国经济进入高质量发展阶段，正处在转变发展方式、优化经济结构、转换增长动力的攻关期。这是十九大报告提出的。“十四五”时期是贯彻落实十九大方针大略的第一个五年规划期，经济发展的重大项目部署和产业政策倾斜，都将重点围绕高质量发展、建设制造强国、加快发展先进制造业和现代服务业、促进我国产业迈向全球价值链中高端、培育若干世界级先进制造业集群等方面。2019 年 12 月 1 日正式对外公布的《长江三角洲区域一体化发展规划纲要》是十九大以后颁布的国家重大区域规划，围绕“全国发展强劲活跃增长极、高质量发展样板区、率先基本实现现代化引领区、区域一体化发展示范区、新时代改革开放新高地”的战略定位，提出了系统化的战术安排和政策赋能，并要求在电子信息、生物医药、航空航天、高端装备、新材料、节能环保、汽车、绿色化工、纺织服装、智能家电等十大领域，形成若干个世界级产业集群。总体来看，长三角地区电子信息、装备制造、石化、金属冶炼、纺织服装、汽车、橡胶塑料、医药制造等行业在全国具有较强竞争力，有条件在一体化战略下，通过共建世界级产业集群，打造世界级城市群。

（二）主要挑战

一是中美贸易摩擦引致的国际贸易投资不确定性波动性增强。现在我国所遇到的中美贸易摩擦问题，很类似于20世纪80年代的日美贸易摩擦，实际摩擦是全方位的，而且是较长时期的，除了贸易，还有投资、高科技、汇率等，从近两年来的情况看，对我国宏观经济，特别对外向度很高的上海以及浦东新区，影响较大，波动性增强。首当其冲的是贸易和高科技。美国对我国出口动用加征关税工具，而且谈判中不断要求我国降低进口关税，导致我国企业出口成本增加，同时面临更多的进口产品冲击，也可能带来产业链、项目投资向其他国家转移。特别是围绕5G展开的中美激烈竞争，已明显波及技术、人才和投资的引进。另外还需要关注的是，人民币汇率在"十四五"期间存在升值的可能性。从日美贸易摩擦的案例可以看出，当时美国就采取了逼日元升值来消化美日贸易逆差，并且逼迫日本更多投资美国。房地产居高不下、用工成本持续上升，再加上人民币升值，这对以出口导向型产业为主的长三角地区来说，其国际贸易投资的比较优势正在丧失，是需要认真对待的。

二是中国宏观经济增速仍将持续下行，贸易和投资对经济增长的带动作用相对弱化。从2015年到2019年，全国经济增长速度从7.0%缓慢下行到6.1%，2020年因新冠肺炎疫情增速可能进一步下降至5%左右。长三角地区总体经济态势好于全国，但也需提高警惕，尤其是近年来进出口贸易额下降，贸易的经济拉动作用明显下降，消费成为最重要的增长源泉。这种趋势将在"十四五"时期表现得更加鲜明。因此，如何培育和壮大新的投资和消费动能，是长三角地区必须应对好的挑战性任务，也是国家赋予长三角地区的重要使命。

另外，现今长三角发展也面临两个显著的产业问题：一是产业同质化竞争比较严重，主导产业和争夺方向大体相同，包括电子、石化、汽车、装备制造等基础产业，同时各方争夺新兴产业资源，如多个城市都提出发展集成电路产业，而城市内部也在争抢优质产业资源。二是自主创新能力仍然薄弱，长三角区域虽然通过产业迭代大力发展高附加值产业，但是“卡脖子”现象仍然存在，长三角地区的企业大多仍处在战略性新兴产业的低端环节，原生性研发能力和生产性服务业发展较为薄弱。

（三）展望

2020年，受新冠肺炎疫情影响，住宿和餐饮业、批发和零售业、工业等都受到较大冲击，经济稳定增长面临严峻挑战。《2020年政府工作报告》的2020年重要经济目标中没有提出全年经济增速具体目标，而是将优先稳就业保民生、坚决打赢脱贫攻坚战、努力实现全面建成小康社会作为重点目标任务。近期，国家统计局公布数据显示，第二季度中国经济主要指标恢复性增长，GDP增长3.2%，经济发展呈现稳定转好态势，市场预期总体向好。目前，除上海外，苏浙皖三省都已公布2020年上半年GDP增速，都已由负转正，预期全年实现正增长的概率较大。由于上海第一季度GDP增速为－6.7%，要实现上半年由负转正的难度较大，但在自贸试验区建设、工业投资持续增长等经济增长利好因素作用下，预期仍可在2020年实现正增长目标（见表4）。

表4　长三角各省市及全国2019年GDP增速与2020年预期目标

单位：%

地区	2019年上半年实际增长	2019年实际增长	2020年上半年实际增长	2020年预期增长
上海	5.9	6.0	—	1.3
江苏	6.5	6.1	0.9	3.3
浙江	7.1	6.8	0.5	3.5
安徽	8.0	7.5	0.7	3.9
全国	6.3	6.1	－1.6	

注：数据来源于各省市统计局网站公布的进度数据和统计公报。2020年苏浙皖三省GDP预测增长目标根据2020年上半年各省增长情况与2019年下半年各省增速进行综合评估；2020年上海GDP预测增长目标根据上海2020年第一季度增长情况、全国2020年第二季度增长情况与上海2019年下半年增速进行综合评估。

B.2
长三角一体化发展综合评价（2019）

刘 亮　闫南飞　许瑞昕*

摘　要： 为准确描述长三角一体化的发展现状，本报告结合《长江三角洲区域一体化发展规划纲要》（以下简称《纲要》）提出的目标要求，对其进行综合评估。分析2019年以来出台政策的特点，解读《纲要》的总体要求并细分发展目标，以科学设计定性、定量评价发展水平的相关指标。梳理长三角在形成区域协调发展新格局、加强协同创新产业体系建设、提升基础设施互联互通水平、强化生态环境共保联治、加快公共服务便利共享、推进更高水平协同开放方面的主要举措，基于统计数据量化各级指标并分别赋予合理权重，以描述长三角一体化发展特点。本报告得出如下结论：长三角一体化发展在综合指数与各项分指标上都呈现出明显的上升趋势，但分指标间增长速度差异较大。这说明“十三五”期间长三角一体化发展在整体上快速融合，不同领域发展态势不一，其中科创产业融合发展体系建设和生态环境共保联治的增长最为迅速。

关键词： 长江三角洲　评价指标体系　区域一体化

* 刘亮，上海社会科学院应用经济研究所研究员，主要研究领域为财政金融、创业创新、经济增长等；闫南飞，上海社会科学院金融学专业硕士研究生；许瑞昕，上海社会科学院应用经济研究所硕士研究生。

长三角一体化发展源远流长。早在上海开埠前，上海作为江苏省松江府下属的一个县，属于江苏省，开埠后，上海依托长三角江浙沪皖快速发展。改革开放以来，上海与长三角周边地区的一体化发展上升为国家战略，虽几经波折，但总体方向上呈加快融合趋势。[①] 为了更确切地把握长三角一体化发展的现状，我们将按照《长江三角洲区域一体化发展规划纲要》（以下简称《纲要》）中提出的相关目标要求，对长三角一体化发展进行综合评估。

一　2019年以来长三角一体化发展背景分析：政策述评

2019 年以来，长三角三省一市推动一体化发展进入了实质性阶段，政策频出，颇有特点。这些政策主要体现在以下几个方面。

（一）中央对长三角一体化发展的顶层设计正式成型

2019 年 7 月，国家发改委牵头，会同国家有关部委和长三角“三省一市”正式通过了《长江三角洲区域一体化发展规划纲要》，明确了长三角的

① 长三角一体化发展大概可以分为四个时期：1982～1988 年的第一阶段，代表性事件为 1982 年全国人大五届五次会议通过的《关于第六个五年计划的报告》中明确以上海为中心的长江三角洲的经济区规划，国务院下发的《关于成立上海经济区和山西能源基地规划办公室的通知》，要求上海把长江三角洲各个城市的经济组织起来，“探索建立一个不同于以往行政区划、经济协作区式的新的经济区域和经济网络”。1983 年成立上海经济区规划办公室，规划地区包括苏州、无锡、常州、南通和杭州、嘉兴、湖州、宁波、绍兴等江浙的 10 个城市。1984 年加入了安徽、江西和福建。1992～2003 年为第二阶段，代表性事件为 1992 年 6 月国务院召开的长江三角洲及沿江经济规划座谈会，明确上海和江苏省的南京、镇江、扬州、苏州、无锡、常州、南通以及浙江的杭州、嘉兴、湖州、宁波、绍兴、舟山等 14 个城市为长三角地区，并把上海以浦东开发带动长三角和长江流域发展写入当年党的十四大报告，随后长三角城市协作部门主任联席会议制度确立并在 1997 年升级为市长或副市长级。2004～2012 年为第三阶段，中央先后出台了《长三角地区贯彻国务院〈指导意见〉共同推进若干重要事项的意见》《长江三角洲地区区域规划》等。第四阶段是十八大以后，2016 年及之后出台了《长江三角洲城市群发展规划》《长三角地区一体化发展三年行动计划（2018～2020 年）》《长江三角洲区域一体化发展规划纲要》等重要文件，长三角区域一体化发展进入新阶段（参见郭继《上海与长三角一体化发展历史回顾》，《党政论坛》2018 年第 12 期）。

战略定位为“全国发展强劲活跃增长极”、“全国高质量发展样板区”、“率先基本实现现代化引领区”、“区域一体化发展示范区”和“新时代改革开放新高地”，并围绕上述定位提出了相应的发展目标和一系列具体措施。

围绕国家顶层规划，2019 年 10 月，长三角生态绿色一体化发展示范区正式由国务院批复，示范区范围包括上海市青浦区、江苏省苏州市吴江区、浙江省嘉兴市嘉善县，面积约 2300 平方公里。① 11 月 1 日，示范区正式揭牌成立。2020 年 7 月，《关于支持长三角生态绿色一体化发展示范区高质量发展的若干政策措施》正式出台，该文件围绕改革赋权、财政金融支持、用地保障、新基建建设、公共服务共建共享、要素流动、管理和服务创新、组织保障等 8 个方面，提出了 22 条具体政策措施，从管理权限和服务创新到基础设施互联互通以及财政专项资金的设立，在制度上均有较大突破。

此外，2020 年 4 月，江苏省还发布了《〈长江三角洲区域一体化发展规划纲要〉江苏实施方案》，提出“1 小时通勤圈”（即核心城市间 1 小时通达，都市圈内 1 小时通勤）、“世界工厂”2. 0 版等规划，加强江苏与长三角其他地区在生态环境共保联治、社保结转等方面的无缝衔接。

（二）以项目为抓手，一系列政策相继落地

在各方政府部门的支持下，长三角一体化政策相继落地，如 2019 年 5 月的长三角地区三省一市主要领导座谈会共同签署了 10 个协议，涉及民生、产业、交通、科技等多个领域，并且在多个方面都有较大的突破，如取消长三角区域高速公路省界收费站、长三角地区异地就医直接结算、跨省公安便民服务“全域通办”、“满意消费长三角”行动的长三角合作等。随后，三省一市的应急管理部门、市场监督管理局签订《长三角一体化应急管理协同发展备忘录》《长三角地区共同开展“满意消费长三角”行动方案》，承诺在安全领域、市场监管领域信息互通、工作互联、资源共享、成果共建。

---

① 《国务院关于长三角生态绿色一体化发展示范区总体方案的批复》，中华人民共和国中央人民政府网站，2019 年 10 月 29 日。

在产业发展领域，三省一市合作加强。2019 年 8 月，长三角 21 家主要农商行共同发布《长三角农村金融机构合作宣言》①，设立长三角农村金融机构公司金融业务专业委员会、金融市场业务专业委员会和贸易金融业务专业委员会，承诺在公司金融、零售金融、金融市场等领域开展合作并共享业务资源。2020 年 1 月，三省一市签署了《共同推进长三角工业互联网一体化发展示范区建设战略合作协议》，承诺建立“长三角工业互联网一体化发展示范区”，这是中国首个获批的工业互联网一体化发展示范区，旨在助力打造数字长三角，更好地服务于长三角一体化、高质量发展。②2020 年 6 月，在长三角一体化发展重大合作事项签约仪式上③，又签约了涉及产业合作、科技创新、生态环保、交通互联等多个领域的重大合作事项 19 项。

（三）合作研究取得新进展

2019 年 3 月，江浙沪皖农科院联合组建“长三角乡村振兴研究院”，三省一市农业研究机构将围绕农业优质资源整合、关键技术突破、乡村振兴、“三农”人才培养培训展开合作。2019 年 5 月，复旦大学、上海交通大学、浙江大学、南京大学和中国科学技术大学签署了长三角研究型大学联盟协议，开展教学科研合作。

二 《纲要》的总体要求及综合评价指标的分解

为了更好地把握中央对长三角一体化发展的要求，我们需要根据《纲要》中确定的发展目标，基于定量分析和定性分析相结合的原则，通过选取相应的指标，建立综合评价体系，从而能够更好地进行比较和评估。

---

① 《〈长三角农村金融机构合作宣言〉发布》，《经济日报》2019 年 8 月 2 日。

② 《长三角签署协议 助工业互联网一体化合作迈上新台阶》，中国新闻网，2020 年 1 月 10 日。

③ 《长三角一体化发展重大合作事项签约》，央广网，2020 年 6 月 7 日。

（一）《纲要》的整体概况和简单解读

鉴于长三角在我国经济社会发展中的重要地位，习近平总书记在 2018 年 11 月 5 日首届中国国际进口博览会上就宣布支持长江三角洲区域一体化发展并将其上升为国家战略，2019 年，中共中央、国务院印发《长江三角洲区域一体化发展规划纲要》（以下简称《纲要》），要求各地区各部门结合实际认真贯彻落实，这标志着长三角一体化发展战略进入全面实施阶段。《纲要》的出台有以下几个特征。

一是提出了“一极三区一高地”的长三角发展定位和分阶段目标。《纲要》在“五大发展理念”原则下，明确了“一极三区一高地”的战略定位，并分为 2025 年和 2035 年两个阶段，确定了相关发展目标及战略布局，全方位阐述了长三角一体化发展的基本思路、重点任务和战略举措，成为未来指导长三角地区当前和今后一个时期一体化发展的纲领性文件，这对于三省一市把握未来前进方向、制定合理政策，推动长三角一体化发展尤为重要。

二是紧扣“一体化”和“高质量”两个关键。一体化比协同、协调要求更高，是长三角发展的重点，也是难点；高质量发展是当前和今后一个时期长三角确定发展思路、制定经济政策、实施宏观调控的根本要求。

三是明确了推进过程中的“区域”和“领域”。从区域上看，按照以点带面、依次推进原则和由小到大的范围，以新片区拓展功能、示范区先行探索、中心区率先复制、全域集成推进作为一体化发展空间布局。分领域看，按照分类指导原则，对跨省际重大基础设施建设、环境保护、区域协同创新等已具备条件的领域，明确提出加快一体化发展要求；对营商环境创建、市场联动监管、公共服务等一定程度上具备条件的领域，重点是建立健全相关体制机制，逐步提高一体化发展水平；对尚不具备条件的领域，强调融合、联动、协调，提出一体化发展方向。

四是“项目抓手”与“制度治理”相结合。长三角一体化发展的推进，着实需要在突破体制机制障碍、推进治理能力和治理体系现代化上深化探索。要深入学习贯彻党的十九届四中全会精神，提高城市治理现代化水平。进一步消弭阻滞要素流通的行政壁垒、市场壁垒和体制机制障碍。

（二）《纲要》中提及的总体目标及项目分解

为了更好地对长三角一体化发展目标进行定位，进行解读，我们对《纲要》提出的目标进行分解，由于《纲要》中2025年的目标相对比较明确，2035年的目标比较模糊，我们仅对2025年的长三角一体化发展目标进行梳理，如表1所示。

表1　2025年长三角一体化发展目标

总目标	一级指标	详细内容
长三角一体化发展取得实质性进展。跨界区域、城市乡村等区域板块一体化发展达到较高水平，在科创产业、基础设施、生态环境、公共服务等领域基本实现一体化发展，全面建立一体化发展的体制机制	城乡区域协调发展格局基本形成	上海服务功能进一步提升，苏浙皖比较优势充分发挥。城市群同城化水平进一步提高，各城市群之间高效联动。省际毗邻地区和跨界区域一体化发展探索形成经验制度。城乡融合、乡村振兴取得显著成效
		中心区城乡居民收入差距控制在2.2∶1以内，中心区人均GDP与全域人均GDP差距缩小到1.2∶1，常住人口城镇化率达到70%
	科创产业融合发展体系基本建立	区域协同创新体系基本形成，成为全国重要创新策源地。优势产业领域竞争力进一步增强，形成若干世界级产业集群。创新链与产业链深度融合，产业迈向中高端
		研发投入强度达到3%以上，科技进步贡献率达到65%，高技术产业产值占规模以上工业总产值比重达到18%
	基础设施互联互通基本实现	轨道上的长三角基本建成，省际公路通达能力进一步提升，世界级机场群体系基本形成，港口群联动协作成效显著。能源安全供应和互济互保能力明显提高，新一代信息设施率先布局成网，安全可控的水网工程体系基本建成，重要江河骨干堤防全面达标
		铁路网密度达到507公里/万平方公里，高速公路密度达到5公里/百平方公里，5G网络覆盖率达到80%
	生态环境共保联治能力显著提升	跨区域跨流域生态网络基本形成，优质生态产品供给能力不断提升。环境污染联防联治机制有效运行，区域突出环境问题得到有效治理。生态环境协同监管体系基本建立，区域生态补偿机制更加完善，生态环境质量总体改善

续表

总目标	一级指标	详细内容
长三角一体化发展取得实质性进展。跨界区域、城市乡村等区域板块一体化发展达到较高水平,在科创产业、基础设施、生态环境、公共服务等领域基本实现一体化发展,全面建立一体化发展的体制机制	生态环境共保联治能力显著提升	细颗粒物(PM2.5)平均浓度总体达标,地级及以上城市空气质量优良天数比率达到80%以上,跨界河流断面水质达标率达到80%,单位GDP能耗较2017年下降10%
	公共服务便利共享水平明显提高	基本公共服务标准体系建立,率先实现基本公共服务均等化。全面提升非基本公共服务供给能力和供给质量,人民群众美好生活需要基本满足
		人均公共财政支出达到2.1万元,劳动年龄人口平均受教育年限达到11.5年,人均期望寿命达到79岁
	一体化体制机制更加有效	资源要素有序自由流动,统一开放的市场体系基本建立。行政壁垒逐步消除,一体化制度体系更加健全。与国际接轨的通行规则基本建立,协同开放达到更高水平。制度性交易成本明显降低,营商环境显著改善

资料来源：根据《纲要》整理。

（三）评价指标的设计说明

基于上述目标，借鉴周立群和夏良科（2010）区域经济一体化权重分配的思路和方法，我们采取定量分析和定性分析相结合的原则，对于《纲要》中提出的可以明确定量分析的发展目标的指标，采用定量分析的方法进行分析，对于无法定量分析的内容，我们使用政策分析和文件分析的方式，即定性分析的方法加以解决，从而使分析更加科学与合理。我们的评价指标设计如表2所示。

表2　长三角一体化发展水平指标设计

总目标	一级指标	二级指标	说明
长三角一体化发展水平	城乡区域协调发展格局(权重0.2)	城市群同城化水平进一步提高(权重0.05)	定性,提高=1,不变=0,下降=-1
		城乡居民收入差距(权重0.05)	定量(下降意味趋好),计算公式: $城乡收入比=\frac{城镇居民人均可支配收入}{农村居民人均可支配收入}$

续表

总目标	一级指标	二级指标	说明
长三角一体化发展水平	城乡区域协调发展格局（权重0.2）	全域人均 GDP 偏差度（权重0.05）*	定量（下降意味趋好），计算公式：$偏差度_{ij}=\frac{\text{GDP 偏差平分和}}{\text{GDP 异方差}}$
		城镇化率（权重0.05）	定量，计算公式：城市常住人口/总人口
	科创产业融合发展体系（权重0.2）	研发投入强度（权重0.07）	定量，计算公式：总研发投入/GDP
		科技进步贡献率（权重0.06）	定量（暂缺）
		高技术产业产值占规模以上工业总产值比重（0.07）**	定量，计算公式：高技术产业总产值/工业总产值
	基础设施互联互通（权重0.2）	铁路网密度（权重0.06）	定量，计算公式：铁路总里程/总面积
		高速公路密度（权重0.06）	定量，计算公式：高速公路总里程/总面积
		5G 网络覆盖率（权重0.08）***	定量，计算公式：三省一市 5G 覆盖率平均值
	生态环境共保联治（权重0.2）	PM2.5 平均浓度（权重0.05）	定量（下降意味趋好），计算公式：三省一市平均值
		空气质量优良天数比例（权重0.05）	定量，计算公式：三省一市平均值
		水质达标率（权重0.05）	定量，计算公式：三省一市平均值
		单位 GDP 能耗（权重0.05）	定量（下降意味趋好），计算公式：三省一市平均值
	公共服务便利共享水平（权重0.2）	政策对接情况（权重0.05）	定性，增强=1，不变=0，减弱=-1
		人均公共财政支出（权重0.05）	定量，计算公式：财政总收入/总人口
		平均受教育年限（权重0.05）	定量，计算公式：三省一市平均值
		人均期望寿命（权重0.05）	定量，计算公式：三省一市平均值

注：由于考虑长三角一体化主要是对内，未考虑对外内容，暂时不考虑《纲要》中提到的“推进更高水平协同开放”问题。“*”由于《纲要》中目标无法度量，我们借鉴了区位熵的思路，即计算“三省一市”人均 GDP 偏离度综合指标。“**”由于科技进步贡献率暂时无法估算，纳入高技术产业产值占规模以上工业总产值比重中计算，这意味着该指标权重为0.13。“***”由于5G 网络刚刚开始建设，我们暂时以互联网覆盖率取代。

资料来源：根据《纲要》整理。

三　长三角一体化发展中的各项政策举措评价

（一）2019年以来长三角“形成区域协调发展新格局”的主要举措

2019 年以来，长三角在区域新格局方面的主要举措如下。

一是区域联动机制建设进一步加强。特别是2020 年以来，长三角之间联动机制建设加快。如 2020 年 2 月，中央金融监管部门（一行两会和外管局）与上海市政府联合发布《关于进一步加快推进上海国际金融中心建设和金融支持长三角一体化发展的意见》，明确了金融支持长三角一体化发展的三个方面 10 条具体举措。2020 年 5 月，江苏省政府印发《苏南国家自主创新示范区一体化发展实施方案（2020～2022 年）》，提出在未来 3 年，按照“统筹布局、开放共享”的原则，部署实施一批跨区域的重大科技支撑平台，组织开展一系列重大科研攻关项目。南京市在 2020 年 5 月发布了《〈长江三角洲区域一体化发展规划纲要〉南京实施方案》，明确南京的基本定位是战略支点、创新引擎和门户枢纽，并围绕方案的落实推出一系列体制机制的重要举措。无锡加强了与上海科技创新资源的对接，通过各种科技合作洽谈会，在物联网、集成电路、生物医药、5G 等领域加强合作。南通与上海签署了《通州湾新出海口开发建设战略合作框架协议》和《南通新机场合作共建协议》，成为上海大都市圈北拓的重要一翼。嘉兴平湖市和南湖区、宁波慈溪市等提出全面接轨上海规划、融入长三角一体化发展。

二是都市圈一体化发展目标进一步加快。2019 年以来，围绕“一小时都市圈”和“一小时城市圈”建设，长三角地区基础设施建设进一步加快。《上海市城市总体规划（2016～2040）》立足全球影响力世界级城市群的龙头城市建设，积极推动上海大都市圈同城化发展，带动周边城市化建设，如嘉兴通过了《2016 年嘉兴市深化接轨上海工作实施方案》，南通通过了《南通建设上海大都市北翼门户城市总体方案》，都提出要“积极策应上海卓越的全球城市建设，主动参与上海‘1+6’大都市圈协同发展”。2019年，沪通铁路的过江通道——沪通长江大桥主航道桥首节轨排开始铺设，沪通铁路太仓至四团段工程正式开工。此外，沪苏湖铁路、通苏嘉和沪嘉甬铁路、马鞍山至扬州城际铁路等项目都在积极实施中。2020年6月在长三角地区主要领导座谈会上，明确进一步启动总投资额高达7.81万亿元的1390个一体化重大项目，并规划建设南通新机场，以全面打造上海多机场体系主枢纽中的重要一极。

三是共同促进城乡融合发展的新进展。长三角地区围绕绿色生态发展和新农村建设，在促进城乡融合发展方面进行了一系列新的探索，如2019年3月江浙合作推出“田园五镇”乡村振兴先行区，围绕项目建设谋划长远发展新动力。《关于支持长三角生态绿色一体化发展示范区高质量发展的若干政策措施》也针对合作推动城乡一体化发展提出了一系列新思路。

四是跨界区域共建共享取得新突破。如2019年11月，上海金山枫泾与浙江的嘉善经济技术开发区（惠民街道）、嘉善姚庄、平湖新埭等4个沪浙边界镇街开展了“毗邻党建”活动；2020年3月，青浦与江苏吴江、浙江嘉善三地签署示范区交通党建共建协议。江苏吴江区与浙江嘉兴市也在党建引领、产业平台、民生领域、文化旅游、生态环保五大领域加强合作。

（二）2019年以来长三角“加强协同创新产业体系建设”的主要举措

2019年以来，长三角在推动区域协同创新体系方面的主要举措如下。

一是构建了区域内创新共同体。如中国商飞集团与长三角G60科创走廊九城市成立了中国商飞·长三角G60科创走廊增材制造协同创新联盟，将通过央地融合和产业链协作，以市场带动、标准驱动、培育和采购互动等方式共建大飞机产业链。长三角地理信息创新联盟也在上海成立，集中了长三角地区100多家地理信息企事业单位，合力打造基于数据获取、处理、应用、服务等完整产业链的全国地理信息产业集聚区。

二是产业分工协作进一步加强。长三角地区通过市场化的产学研合作，在产业链结合方面进一步加强，如江苏盛虹集团、浙江恒逸和上海东华大学等15家长三角地区的企业和高校科研院所合作成立了“江苏新视界先进功能纤维创新中心”，共同推进长三角地区功能纤维行业的技术研发和产业转型升级。扬州市提出主导对接长三角工业互联，在通用航空、新能源、智能网联汽车、新一代移动通信、高技术船舶、生物技术和新医药等方面加强与长三角合作融合。

三是产业与创新深度融合进一步推进。如长三角生产性服务业合作进一步加强，在2020年4月合作召开了长三角生产性服务业创新云峰会，由“三省一市”电商协会负责人共同推动，探讨“生产性服务+商业模式+金融供应链”的综合服务新模式，并确立“长三角电子商务行业联席会议机制”，共同围绕G60科创走廊在线新经济发展打造新型服务平台。

（三）2019年以来长三角“提升基础设施互联互通水平”的主要举措

2019年以来，长三角在提升基础设施互联互通水平方面的主要举措如下。

一是协同建设一体化综合交通体系取得新突破。近年来，长三角在高铁、高速公路、轨道交通、机场群、港口群、新一代信息基础设施建设上一体化加快。如2018年交通运输部联合长三角三省一市发布了《关于协同推进长三角港航一体化发展六大行动方案》，推动上海形成“一体两翼”（上海为中心，舟山江海联运服务中心和南京长江区域性航运物流中心联动）的国际航运中心建设格局。浙江发布的《浙江省推进长江三角洲区域一体化发展行动方案》提出，推进长三角港航协同发展，围绕上海国际航运中心建设加强浙苏、浙皖江海联运合作，推动上海港和宁波舟山港分工合作、错位发展，共同推动大、小洋山全域一体化开发，合力打造长三角现代化世界级港口集群。并提出推动以资本为纽带、以增量业务为重点探索组建长三角港口联盟。目前浙江在推动的重要交运项目包括商合杭铁路、“枢纽嘉兴”等项目。江苏在重大交通枢纽方面的项目包括连淮扬镇铁路、北沿江高铁、京沪高速扩建、沪苏通长江公铁大桥、宁启铁路和沪宁城际、盐通高铁、通苏嘉铁路等。安徽也通过了《安徽省港口条例》，提出长三角港口一体化思路。

二是加强数字长三角建设，提升长三角数字化水平和能力。沪苏浙两省一市的《关于支持长三角生态绿色一体化发展示范区高质量发展的若干政策措施》明确提出要加快建设示范区内的新一代信息基础设施，推动区域内的5G、千兆光纤跨区域共建共享，并要求在年内实现重点区域5G信号全覆盖。上海发布“新基建35条”，新一代网络基础设施成为上海特色新基建四大重点领域之一，并提出到2022年底全市新型基础设施建设规模和创新能级迈向国际一流水平，将总投资约2700亿元，含新建3.4万个5G基站、新建10万个电动汽车充电桩、新增1.5万台以上智能配送终端等。江苏省发布了《省政府办公厅关于加快推进第五代移动通信网络建设发展若干政策措施的通知》，要求各地加快信息基础设施建设，并提出2020年的建设目标是全省5G基站数达到5.5万个。浙江提出2020年将重点启动20个大型数据中心项目建设，建成5万个5G基站，并将在2022年实现县城以上城市和重点区域5G网络全覆盖，关键基础设施IPv6改造率达到80%。安徽也提出2020年建设2万个5G基站的目标。

（四）2019年以来长三角“强化生态环境共保联治”的主要举措

近年来，长三角地区加快了在生态环保方面的合作步伐，2019年以来，长三角在强化生态环境共保联治过程中的主要举措如下。

一是共同加强了对生态环境的保护力度。习近平总书记早在2018年中央经济工作会议上就反复强调在推进长江经济带发展过程中要以生态优先、绿色发展为引领，因此，生态环保互利共赢的意识在长三角地区达成普遍共识并逐步增强。2019年，《中华人民共和国长江保护法（草案）》正式提交审议，农业农村部宣布从2020年1月1日起在长江流域332个自然保护区和水产种质资源保护区内全面禁止生产性捕捞，其他长江干流及重要支流最迟自2021年1月1日起实行暂定为10年的常年禁捕。一些地区也开始加大环保力度，上海崇明、无锡江阴、南通如皋等地在长江口生态环境保护方面的司法协作进一步加强，上海崇明区政府与南通市政府签署全面战略合作框架协议，实施《东平—海永—启隆跨行政区城镇圈协同规划》，共同建设长江口生态保护战略协同区。南通姚港油库码头开始拆除并整体搬迁，张家港每年投入10多亿元用于生态保护修复，江苏省高级人民法院在如皋市人民法院下设长江流域环境资源第二法庭。

二是环境协同防治工作进一步推进。早在2016年，根据中央部署，江浙沪皖和环保部等12个部委组成的长三角区域水污染防治协作小组，就积极探索多层次、多形式的协作工作。2018年在“长三角地区循环经济协同发展对接会”上，长三角地区共同签署了《长三角地区循环经济资源综合利用协同发展合作协议》，在大宗工业固废、城市污泥、电子废弃物等重点领域展开合作。同年，三省一市还签署了《长三角区域大气污染防治协作小组工作章程》和《长三角区域水污染防治协作小组工作章程》，对大气污染和水污染问题进行了统一部署。2019年，青浦、吴江、嘉善三地建立了太浦河水资源保护省际协作机制，既联勤联动，也共同监测，信息共享。目前，根据《长三角地区一体化发展三年行动计划（2018～2020年）》确定的环保方面的目标将进一步被细化分解，跨区域的污染治理清单可能即将出台，这将成为指导未来长三角地区环境治理过程中的信息共享、标准统一、信用联合奖惩等机制创新的重要文件。

三是生态环境协同监管工作进一步密切，联防联治成为长三角地区生态合作的重要模式。如三省一市政协制定了长三角地区政协联动民主监督的实施方案，针对区域水源地保护、临界地区污染联防联控、跨界流域生态补偿机制建设等重点难点问题签署《加强长三角临界地区省级以下生态环境协作机制建设工作备忘录》。江苏与上海、浙江联合签署推进临界市区县加强生态环境协作工作的备忘录。三省一市还成立了长三角船舶污染防治协作小组，就治理船舶污染、打造船舶污染防治示范区开展深入磋商。江苏与安徽签订了《关于建立长江流域横向生态保护补偿机制的合作协议》。从2012年开始，浙皖开启跨流域生态补偿机制试点，跨省共建新安江—千岛湖生态补偿试验区，中央和浙江向安徽拨付补偿资金，这一机制实施以来，新安江已经成为全国水质最好的河流之一。此外，昆山与嘉定、青浦等地环保部门突破交界地区执法机制限制，设定“联防联治区”，合力共治环境。

四是共同打造生态友好型一体化发展样板。长三角生态绿色一体化发展示范区是长三角绿色生态发展制度创新的新突破，围绕示范区建设，各地抓紧落实各项相关政策，如上海市、江苏省、浙江省联合制定的《关于支持长三角生态绿色一体化发展示范区高质量发展的若干政策措施》于2020年7月1日印发，22条政策措施与《长三角生态绿色一体化发展示范区总体方案》共同构筑起支撑一体化示范区发展的政策框架体系。《长三角生态绿色一体化发展示范区国土空间总体规划（2019～2035年）》正式公示，长三角生态绿色一体化发展示范区公布了首批33个重点项目，嘉兴第一个出台了实施意见和政策，示范区开发者联盟正式成立。此外，南京、杭州、无锡、常州、镇江、湖州等6市共同举办宁杭生态经济带建设论坛，签署《共建宁杭生态经济带行动倡议》，探索生态经济发展与跨省区域合作新路径，推动生态经济化、经济生态化。上海市青浦区、江苏省吴江区、浙江省嘉善县签署了《青浦、吴江、嘉善2019年一体化发展工作方案》，在监测信息共享协议、长三角一体化金融示范区项目以及健康长三角一体化等方面全面开展合作。

（五）2019年以来长三角“加快公共服务便利共享”的主要举措

2019年以来，长三角在加快公共服务便利共享方面的主要举措如下。

一是在公共市场服务标准化便利化方面的对接明显加强。早在2018年9月，上海松江与浙江的杭州、湖州、嘉兴、金华，江苏苏州，安徽的合肥、芜湖、宣城等9个区市就开始合作办理异地证照的尝试（当时办理了

11 张营业执照和 1 张工业产品生产许可证），这标志着“一网通办”和异地证照办理在长三角地区正式落地实施。2019 年 G60 科创走廊进一步将“一网通办”升级到跨省身份互认、电子证照共享应用等，实现审批事项在 9 个城市范围内无差别办理，进一步加强市场统一。长三角示范区建立后，“异地查档、便民服务”、“一码通域”、突破户籍地域身份制约等一系列长三角区域内的合作便民便企项目也在积极推进。截至 2020 年 5 月，长三角“一网通办”已完成法人事项办件 30. 2 万余件，个人办件 238. 2 万余件，线下专窗办件 2463 件，咨询引导服务 16700 次。[①] 此外，长三角区域内的身份证、驾驶证、行驶证、道路运输从业人员资格证、道路运输经营许可证、营业执照、出生医学证明等高频电子证照共享互认，宾馆旅馆住宿登记、机动车路面查验、交通违法处理、交通执法等场景应用也将逐渐在长三角区域内进一步落实。

二是在公共管理服务方面的合作进一步加强。如四地高院早在 2018 年就签署了《关于全面加强长江三角洲地区人民法院司法协助交流工作的协议》，在重大案件的防范处置、司法执行的联动、司法服务的跨区域协作、大数据应用共享和交流、人才培养等方面推动相互间的合作。上海青浦、浙江嘉善、江苏吴江三地法院签署了《服务保障长三角生态绿色一体化建设司法协作协议》，为共同推动绿色发展提供法律保障。“跨省户口网上迁移”开始在浙江和安徽之间开展试点。此外，江浙沪在海事法院合作方面也进一步加强，签订了《关于服务保障长三角更高质量一体化发展和沿海高质量发展的司法合作协议》。“长三角消费微投诉云平台”也于 2020 年 3 月上线，为维护长三角地区消费者权益提供全方位保障服务。在管理机制方面，长三角签订了《长三角一体化应急管理协同发展备忘录》，进一步加强应急管理方面的跨区域分工合作、协同联动和相关制度创新，提升应急管理过程中的智能化、专业化、科学化和精细化水平。长三角 18 个地区市场监管局联合签署《长三角区域市场监管联动和信息共享长效机制的合作备忘录》，

① 《长三角 66 项服务跨省“一网通办”》，《解放日报》2020 年 6 月 5 日。

长三角地区将以数字化赋能产业消费，共享网络市场相关监管信息。此外，长三角地区还签署了《网络商品质量抽检处置长三角区域联动协议》，将按照“一个标准、一次检验、结果共享、区域通行”原则加强监管，降低政企管理成本。

三是在高品质医养资源共享方面进一步突破。2018 年 9 月，长三角地区开展异地就医门诊直接结算试点工作，对上海与江浙皖三省 8 市（包括江苏省的南通、盐城、徐州，浙江的嘉兴、宁波和安徽的滁州市、马鞍山）的异地就医门诊费用进行直接结算。截至 2020 年 5 月底，结算城市已覆盖长三角全部 41 个城市的 5600 余家医疗机构。① 安徽与苏浙两省的异地门诊直接结算联网也即将完成。后续江浙沪皖还将与长三角地区在共享检验、影像等数据、特殊高端医疗服务等方面加大合作力度。

在养老方面，三省一市在养老方面的合作也进一步增强，据统计，长三角区域内共有 7801 家养老机构、130 多万张床位和 10 万多个社区居家养老服务设施。② 为推动长三角区域内的养老合作，2018 年，四地民政部门签署了推进长三角区域养老一体化合作备忘录，初步确定将在江苏省的苏州市、南通市，浙江省的嘉兴市、湖州市，安徽省的芜湖市、池州市以及上海各相关区开展区域养老一体化首批试点。沪苏浙皖还共同编制了养老方面的“三年行动计划”，2019 年底成立了长三角养老协会联合体，该联合体目前已汇集三省一市总共 1500 多家养老服务机构。

四是逐步推动长三角地区教育合作。2018 年，三省一市共同签署了《长三角地区教育更高质量一体化发展战略协作框架协议》和《长三角地区教育一体化发展三年行动计划》，力图推动长三角区域内高教、职教、师资等教育领域内的一体化发展。同时，通过加强与高校之间的合作，以产学研合作带动教育发展，如 2019 年 12 月成立了由复旦大学上海医学院、上海交通大学医学院、上海中医药大学、南京医科大学、苏州大学、南京中医药大

① 《2020 年长三角地区医保一体化工作座谈会在湖召开》，《湖州日报》2020 年 6 月 21 日。

② 《区域内有 7801 家养老机构、130 多万张床位，长三角区域养老服务促进中心成立》，《劳动报》2019 年 12 月 21 日。

学、浙江大学、温州医科大学、中国科学技术大学、安徽医科大学联合的长三角医学教育联盟，推动名师互聘、课程共享、学分互认等，加强医疗基础人才培养。浙江嘉善与上海财经大学长三角与长江经济带发展研究院合作设立长三角一体化发展研究院。同济大学环境科学与工程学院与嘉兴在环境治理方面的合作也在加强。

（六）长三角“推进更高水平协同开放”的主要举措

2019 年以来，长三角在推进更高水平协同开放方面的主要举措如下。

一是围绕国际一流营商环境体系的打造推动合作。在《长三角地区一体化发展三年行动计划（2018～2020 年）》中，三省一市就围绕国际贸易单一窗口从货物进出口、支付结算、信息共享等 10 个功能板块对接和服务长三角地区的对外贸易，将海关、边检、商务等 22 个部门对内延伸，缩短货物通关时间，将货物申报由 24 小时缩短至半小时，船舶申报由 2 天缩减至 2 小时。早在 2018 年首届中国国际进口博览会期间，四地边检机关就签署了《长三角边检机关首届中国国际进口博览会安保合作协议》，正式建立了区域安保一体化合作机制。2020 年 6 月长三角地区主要领导座谈会召开后，长三角国际贸易“单一窗口”进一步与政务、行业、企业等功能性平台对接，长三角地区的跨境贸易和营商环境进一步优化。此外，长三角地区合作中最重要一环——税务对接也已经展开，2020 年，长三角税务局联合制定了《长江三角洲区域税务轻微违法行为“首违不罚”清单》和《长江三角洲区域申报发票类税务违法行为行政处罚裁量基准》，以实现在税收管理上的“同事同罚、公平公正”。

二是积极推动规则统一的制度体系建设和要素市场一体化建设。在 2018 年先后成立了“长三角区域合作办公室”、G60 科创走廊联席会议办公室，上海嘉定、青浦、松江等先后与江苏昆山签订了“4＋2”更高质量一体化发展实践联盟协议。2020 年 2 月，中央金融监管部门（一行两会一局）和上海市政府共同印发《关于进一步加快推进上海国际金融中心建设和金融支持长三角一体化发展的意见》，形成以上海为龙头，引领长三角金融一体化发展的新格局。长三角金融机构也提出要“加强区域金融合作，促进长三角金融一体化”，打造长三角区域的全国金融风险防范示范区和金融创新试点安全区。长三角资本市场也积极利用科创板设立的契机，推动长三角资本市场和服务的对接。如G60科创走廊九城市与上海证券交易所签署战略合作协议，成立“上海证券交易所资本市场服务G60科创走廊基地”，设立“上证G60科创走廊综合指数”和“上证G60战略新兴产业成份指数”，推动资本市场聚焦G60区域内的科技创新企业。上交所牵头成立的长三角资本市场服务基地联盟成员已经增加到85家，联盟城市已经从13个拓展到19个，基地分中心增加到6个。

长三角21家农商银行共同签署《长三角农村金融机构合作宣言》，合作推动普惠金融体系的完善和农村金融发展，以更好地服务国家的乡村振兴战略。浦发银行成立长三角一体化示范区管理总部。此外，长三角一体化示范区首支创投基金——德同合心股权投资基金也在2019年底完成募集，总规模达到20亿元人民币，合力推动长三角地区企业成长。此外，上海张江科学城长三角资本市场服务基地也“扩张”至苏州、镇江、宁波、湖州、马鞍山、滁州等地。

三是高标准推动上海自由贸易试验区新片区及长三角其他自贸区合作协同创新。上海针对自贸区新片区建设，出台了《上海市临港地区融入“长三角一体化”行动方案》，明确在临港新片区设立“长三角一体化”发展专项资金，该资金设立的目的是支持产品研发、技术攻关、创业孵化、人才引进、基金设立等，并鼓励跨长三角的区域合作，从而通过将工业互联网、云计算、人工智能等新一代信息技术与制造业深度融合，打造“长三角智能制造、人工智能、工业互联网等示范应用先行区”。目前，长三角自贸区之间已经开展了一些前期联动和合作的探索。如浙江自贸区与上海期货交易所达成“期现结合”合作协议，初步确立了舟山作为上海期货交易所原油、燃料油期货重要交割地的行业地位。江苏的一些企业也通过上海的金融市场开展了诸多金融合作。这些前期的探索为长三角自贸区合作开展离岸金融业务奠定了基础。

四　长三角一体化发展中各项评分指标的综合评价

（一）2019年以来长三角形成区域协调发展新格局评价指标分析

1. 城市群同城化水平进一步提高

从上述分析中我们可以看出，随着城际铁路、高铁、高速公路等建设的加快，长三角地区城市群同城化水平在逐渐提升的趋势毋庸置疑。因此，我们确定其为增长状态。

2. 城乡居民收入差距进一步缩小

从图1可以看出，近年来，长三角地区的城乡收入差距呈现出明显的逐渐缩小趋势，城乡居民人均可支配收入比从2015年的2.2818下降到2019年的2.2298，已经接近《纲要》提出的2.2的目标值水平。这得益于江浙沪皖各地区城乡居民人均可支配收入比的下降，如上海从2.28下降到2.22，江苏从2.28下降到2.25，浙江从2.07下降到2.01，安徽从2.49下降到2.44，同时也得益于一些经济落后地区经济增速高于发达地区，推动了城乡收入差距的缩小。

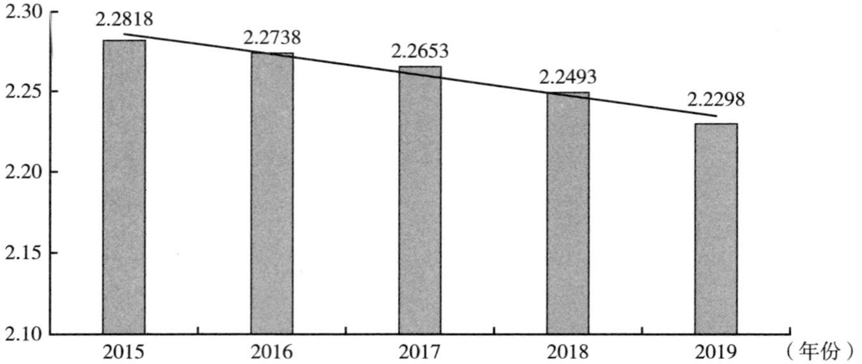

图1　长三角地区城乡居民收入一体化指标

注：城乡居民收入差距（权重0.05），计算公式：城镇居民人均可支配收入/农村居民人均可支配收入。

3. 全域居民人均 GDP 偏差度进一步缩小

从图 2 可以看出，近年来，长三角地区的人均 GDP 差异也呈现缩小趋势，GDP 偏离度从 2015 年的 0. 3309 下降到 2019 年的 0. 3063，这意味着长三角地区经济增长之间的差异性下降，经济发展水平逐渐趋同。

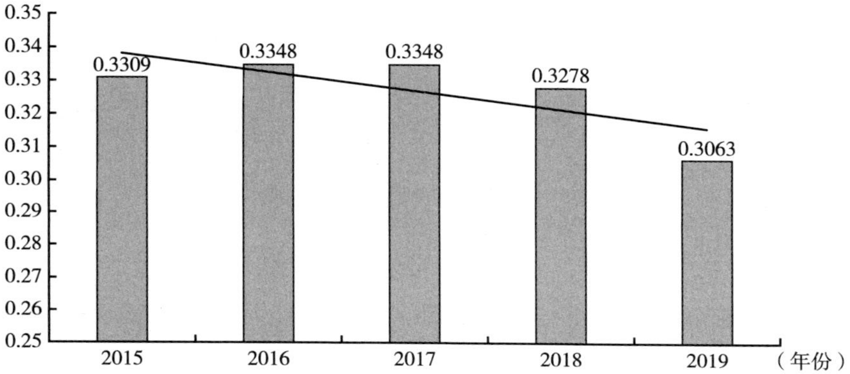

图 2　长三角地区人均可支配收入一体化指标

注：全域人均 GDP 偏差度（权重 0. 05），计算公式：人均 GDP 标准差/长三角地区人均 GDP。

4. 城镇化率逐渐提高

从图 3 可以看出，近年来，长三角地区的城镇化水平快速上升，从 2015 年的 67. 6% 上升到 2019 年的 71. 1%，年均上升约 0. 9 个百分点，这意味着长三角地区人口向城镇集中趋势明显，已经基本实现了城镇化率 70% 的目标，城乡一体化水平稳步提升。

（二）2019年以来长三角加强协同创新产业体系建设评价指标分析

1. 研发投入稳步上升

从图 4 可以看出，近年来，长三角地区在研发投入方面呈现快速增长趋势，研发投入占比从 2015 年的 2. 62% 上升到 2019 年的 2. 96%，已经接近《纲要》中提出的 3% 的目标要求。研发投入总额达到 6200

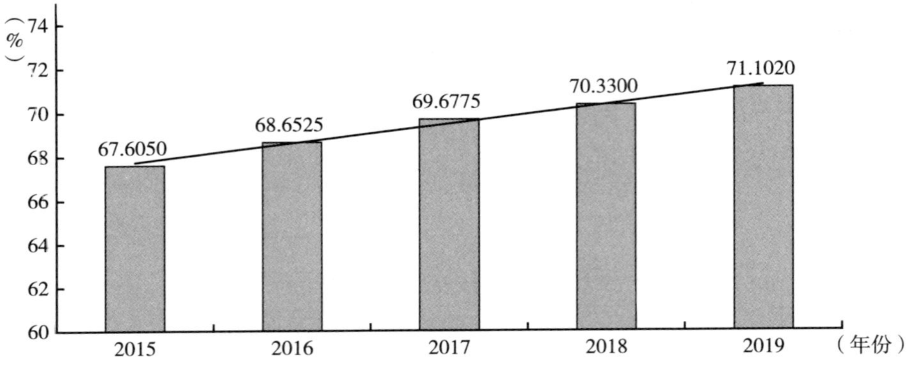

图 3　长三角地区城镇一体化指标

注：城镇化率（权重 0.05），计算公式：城市常住人口/总人口。

多亿元，科技创新投入已经成为拉动长三角经济增长和转型升级的主要动力。

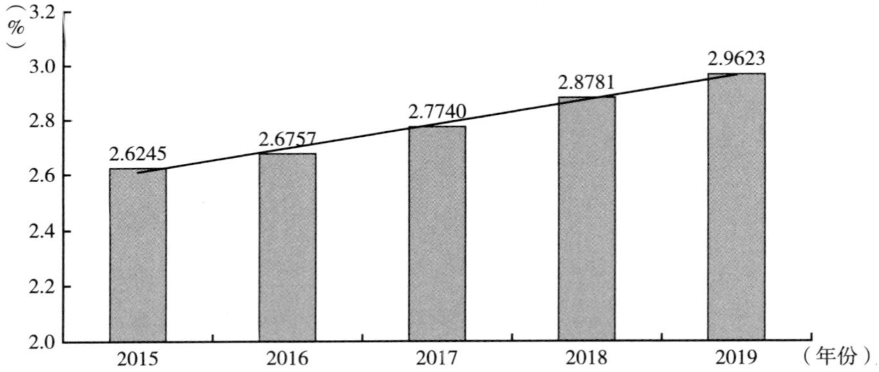

图 4　长三角地区科技创新一体化指标

注：研发投入强度（权重 0.07），计算公式：总研发投入/GDP。

2. 高技术产业增长迅速

2019 年，长三角地区的高技术产业产值达到 8.5 万亿元以上，高技术产业产值占规模以上工业总产值的比重从 2015 年的 23.5% 上升到 2019 年的 29.0%，年均上升约 1.4 个百分点，已经超过了《纲要》中提出的 18% 的目标要求。① 高技术产业的高速发展意味着长三角地区产业的转型升级进入了一个良性循环阶段（见图5）。

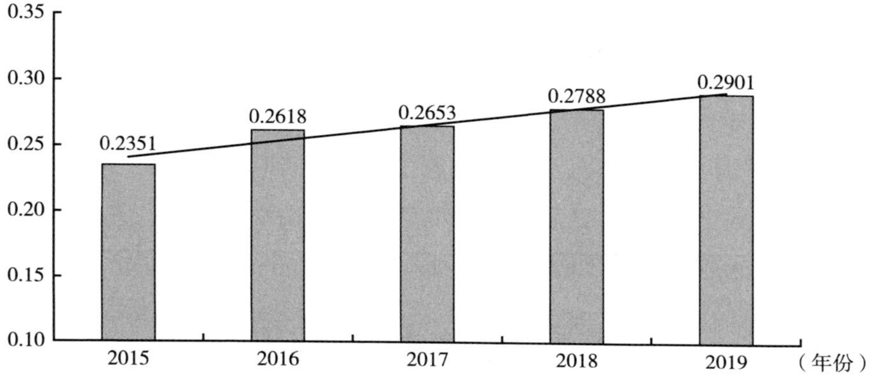

图5　长三角地区科技成果产业化指标

注：高技术产业产值占规模以上工业总产值比重（权重0.07），计算公式：高技术产业总产值/工业总产值（包括科技进步贡献率指标在内，总权重为0.13）。

（三）2019年以来长三角提升基础设施互联互通水平评价指标分析

1. 铁路建设推动一体化都市圈建设效果明显

近年来，由于铁路基础设施投资的加速，长三角地区的铁路总里程已经将近1万公里，单位面积铁路密度从0.027公里上升到0.029公里，离《纲要》中提出的507公里/万平方公里的目标差距较大②，但长三角地区四通八达的铁路网已经基本建成（见图6）。

2. 高速公路建设加快长三角一体化发展

近年来，高速公路作为重要的基础设施在推动长三角地区一体化发展过

① 由于各地高技术产业统计存在计入内容的差异，可能在数据相加过程中存在偏差，但长三角地区高技术产业占比上升的趋势明显。

② 《纲要》中的该指标是否包含城市内地铁等轨道交通不太明确，但即使考虑城市地铁，单位面积里程数有所增长，但差距仍然较大。

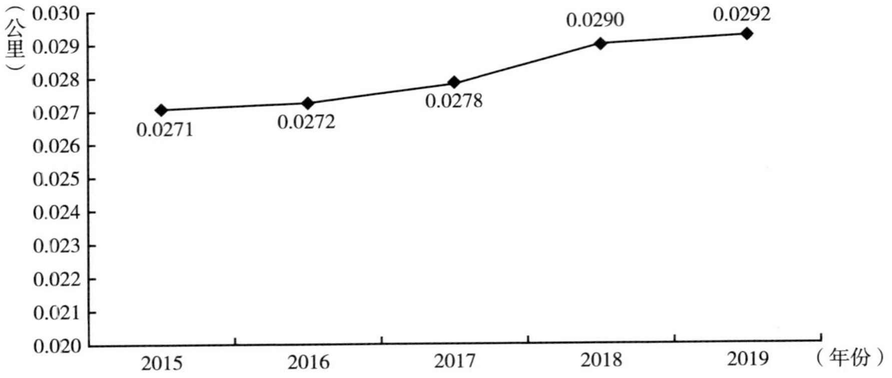

图6　长三角地区铁路交通一体化指标

注：铁路网密度（权重0.06），计算公式：铁路总里程/总面积。

程中发挥了重要作用，截至2019年底，长三角地区的高速公路里程已经超过1.5万公里，单位面积高速公路里程从2015年的0.038公里上升到2019年的0.042公里，与《纲要》中提出的高速公路密度达到5公里/百平方公里的目标有一定差距，但差距不大（见图7）。

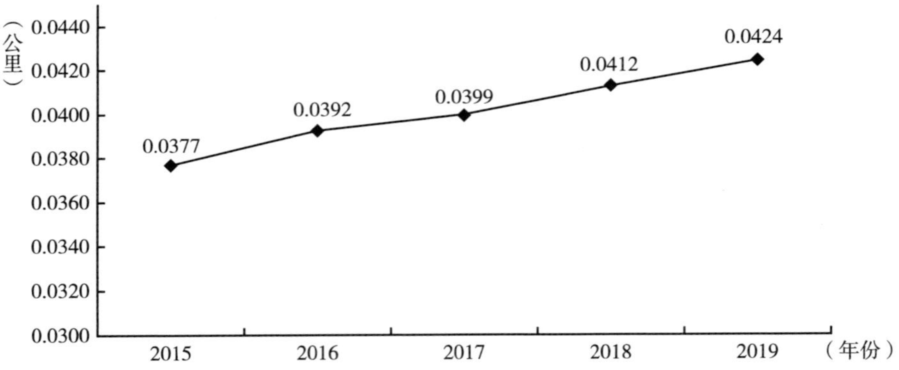

图7　长三角地区高速公路一体化指标

注：高速公路密度（权重0.06），计算公式：高速公路总里程/总面积。

3. 互联网覆盖率提升并同时向5G 升级

根据《中国互联网发展报告（2020）》，截至2020年3月，我国的互联网使用用户已经达到9.04亿，网络覆盖率达到64.5%。长三角地区作为我国经济发达地区，互联网普及率远远高于全国平均水平，互联网覆盖率从2015年的85%上升到2019年的98%，基本实现了网络全覆盖。近年来，互联网基础设施升级快速推进，虽然目前各地刚刚起步，但随着新一轮基础设施投资重点聚焦“新基建”，5G投资将迅速展开，并成为未来长三角经济转型升级的重要支撑力量（见图8）。

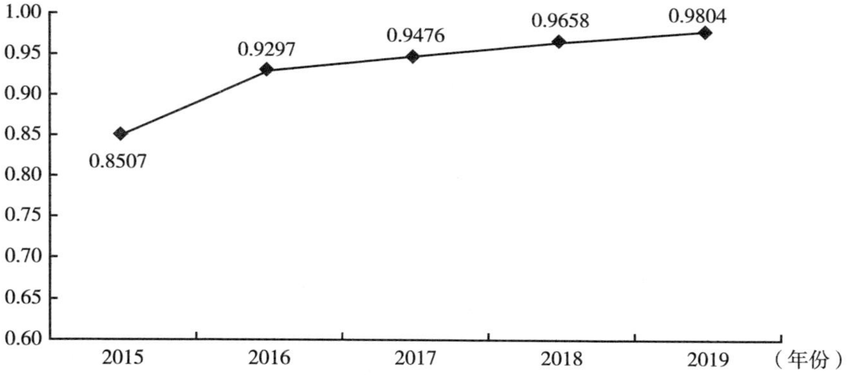

图8 长三角地区互联网一体化指标

注：互联网覆盖率（权重0.08），计算公式：三省一市互联网覆盖率平均值。

（四）2019年以来长三角强化生态环境共保联治评价指标分析

1. PM2.5平均浓度明显下降

近年来，长三角携手治理大气污染。2018年，上海市围绕持续推进空气质量提升开展的“三高三低”企业协同综合整治，完成市级产业结构调整整治1460项；江苏省推进长江经济带化工产业污染整治，关停了“散乱污”企业2800家；浙江省完成工业废气治理项目1075个、涉气“散乱污”企业整治5500家；安徽省一年开展16轮“压茬式”大气强化督查，检查污染源16760个，发现存在问题7864个，整改完成超过85%。目前，长三角地区空气质量改善明显，41 个城市 PM2.5 平均浓度较 2015 年下降 19%，从 2015 年的 53.17 微克/立方米下降到 2019 年的 40.67 微克/立方米（见图 9）。

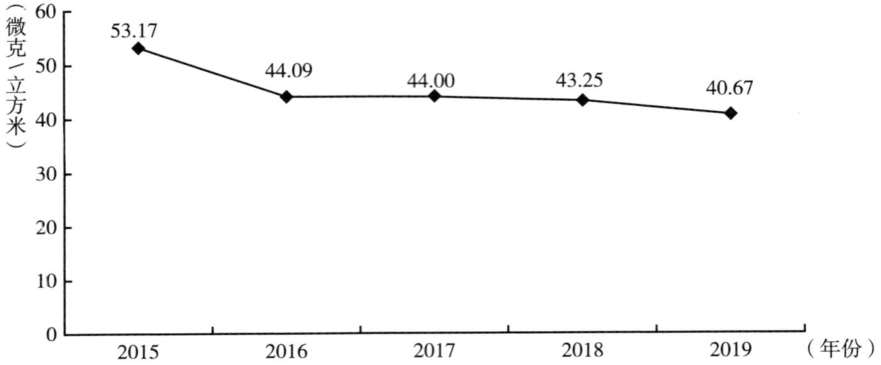

图 9　长三角地区环境治理一体化指标（PM2.5 平均浓度）

注：PM2.5 平均浓度（权重 0.05），计算公式：三省一市平均值。

2. 空气质量优良天数有所增加

随着环境治理工作的逐渐深入，长三角地区的空气质量逐渐提升，除 PM2.5 平均浓度下降外，空气质量优良天数比例逐渐上升，2015 年，空气质量优良天数比例为 73.4%，2016 年上升为 79.5%，2017 年有所下降，为 74.7%，随后回升至 2019 年的 76.4%，逐渐向《纲要》中提出的 80% 的目标迈进（见图 10）。

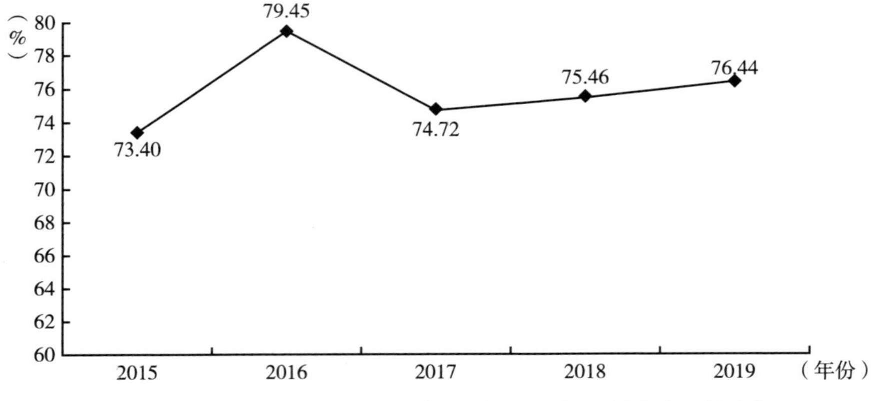

图 10　长三角地区环境治理一体化指标（空气质量优良天数比例）

注：空气质量优良天数比例（权重 0.05），计算公式：三省一市平均值。

3. 治水效果明显，水质达标率上升较快

随着环境治理工作的逐渐深入，长三角地区废水排放量呈逐年下降趋势，废水处理能力明显提高，水质也出现了快速提升，水质达标率从2015年的51.3%的上升到2019年的74.2%，即将接近《纲要》中提出的水质达标率80%的目标（见图11）。

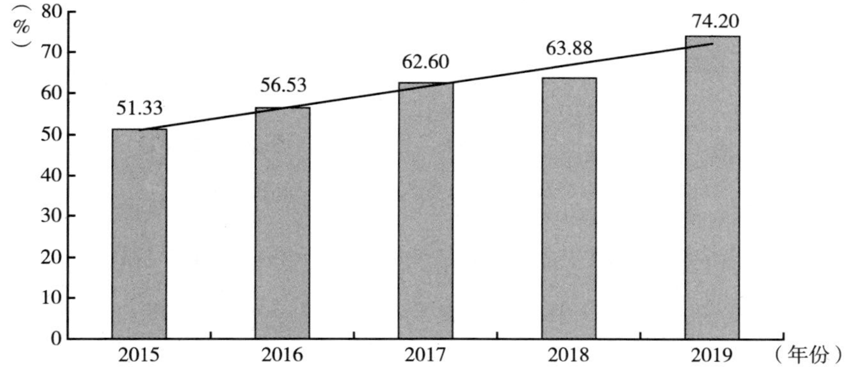

图11　长三角地区环境治理一体化指标（水质达标率）

注：水质达标率（权重0.05），计算公式：三省一市平均值。

4. 单位GDP能耗下降较快，能效提高明显

随着节能减排等新技术在产业中的运用和产业逐渐向高新技术转型升级，长三角地区产业能耗呈现快速下降趋势，2015年单位能耗约为0.49吨标准煤/万元，2019年已经下降至约0.36吨标准煤/万元。节能减排工作的难度越来越大，但预计实现下降10%的目标仍然存在较大可能性（见图12）。

（五）2019年以来长三角加快公共服务便利共享评价指标分析

1. 人均公共支出稳中有升

近年来，随着长三角地区经济稳步增长，各地区政府政策向民生方面倾斜，投入水平逐年增加，如2019年上海常住人口人均财政支出达到3.37万

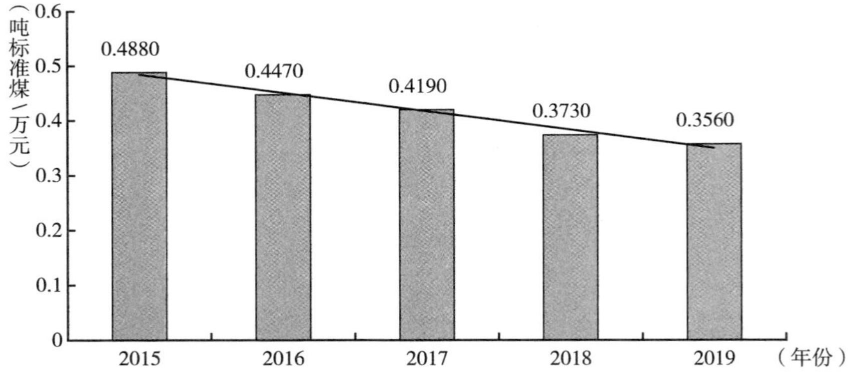

图 12　长三角地区环境治理一体化指标（单位 GDP 能耗）

注：单位 GDP 能耗（权重 0.05），计算公式：三省一市平均值。

元，江苏达到 1.56 万元，浙江达到 1.72 万元，安徽达到 1.16 万元，除上海外，其他省离《纲要》中确定的 2.1 万元目标存在较大差距。

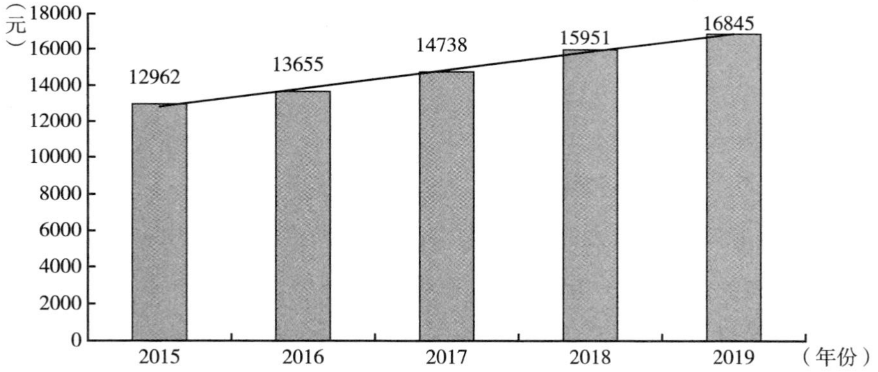

图 13　长三角地区公共服务一体化指标（人均公共财政支出）

注：人均公共财政支出（权重 0.07），计算公式：财政总支出/总人口。

2. 平均受教育年限逐年提升

长三角地区受教育水平逐年上升，从 2015 年的约 9.27 年上升到 2019 年的约 9.42 年，但离《纲要》中提出的 11.5 年的教育目标仍有不小差距（见图 14）。

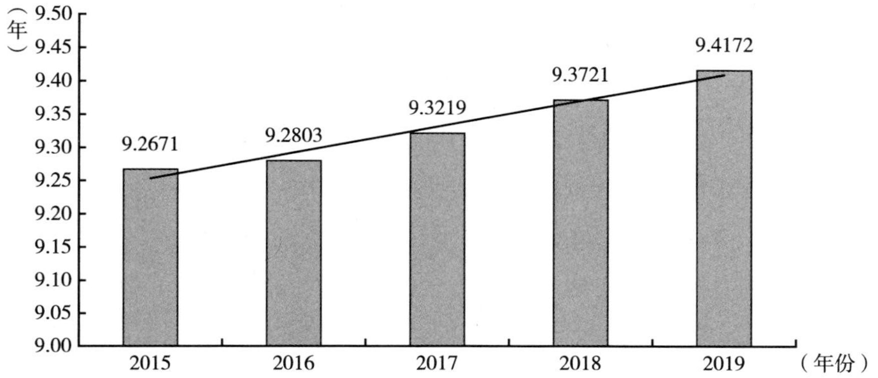

图 14　长三角地区公共服务一体化指标（平均受教育年限）

注：平均受教育年限（权重 0.07），计算公式：三省一市平均值。

3. 人均期望寿命稳步上升

随着人们生活水平的提高和医疗条件的改善，人均期望寿命也在提高，2019 年达到 78.8 岁，略高于全国水平，与《纲要》中提出的 79 岁的目标略有差距，但差距不大（见图 15）。

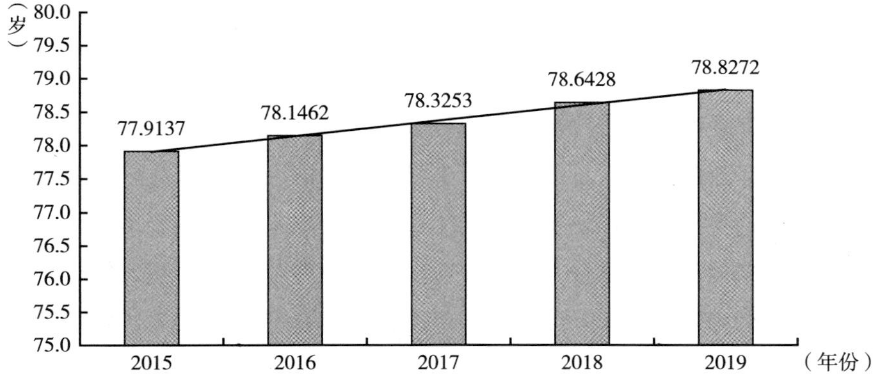

图 15　长三角地区公共服务一体化指标（人均期望寿命）

注：人均期望寿命（权重 0.06），计算公式：三省一市平均值。

五 长三角一体化发展的总体评价分析

从长三角一体化发展综合指数来看，长三角一体化水平呈现明显的上升趋势。2015～2019 年，长三角一体化水平提升了 15.5 个百分点，其中 2016 年上升了 5.5 个百分点，2019 年较上年上升 4.15 个百分点，都是上升较快的时期，说明“十三五”期间长三角一体化发展在整体上呈现出快速融合的趋势（见图 16）。

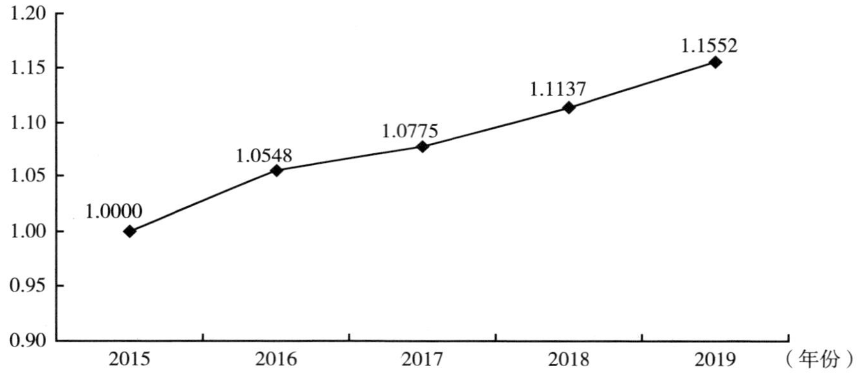

图 16 长三角地区一体化综合指数

这一趋势体现在各分项指标上也比较明显（见图 17），5 个一级指标均呈现明显的上升趋势。但总体而言，各指标之间的增长速度差异性较大，其中增长较快的为产研融合发展指数和生态共治指数联治，分别上升了 19.72 个百分点和 29.13 个百分点，设施互通指数和公共服务指数也上升较快，分别上升了 12.2 个和 11.4 个百分点，特别是后者近三年呈明显上升趋势。但同期，城乡协调发展指数增长较慢，仅上升 5.2 个百分点，但 2019 年开始出现了城乡加速融合的态势，2019 年较上年上升了约 3 个百分点。随着我国新农村建设的加快，相信未来长三角地区的城乡融合发展将提升至新的水平。

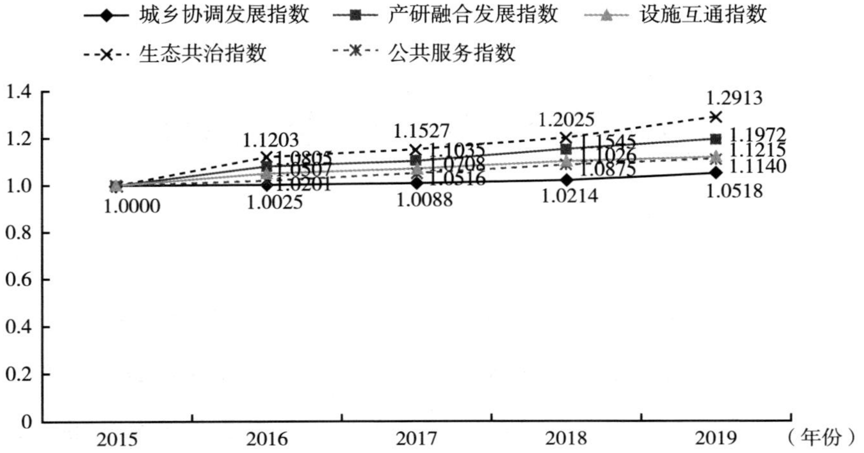

图 17　长三角地区一体化分项指数

B.3

长三角城市群经济发展报告（2019）

薛艳杰*

摘　要： 长三角城市群是辐射带动长三角地区高质量发展的中心区、引领长三角区域一体化的先行区，也是我国区域经济和对外开放格局中的重要功能区。本报告主要基于统计年鉴和公报数据，分析长三角城市群整体、分地区及核心城市的经济发展情况。主要结论如下：近年，长三角城市群区域经济总体呈下行走势，2019 年经济增速进一步下滑，但平均增速高于长三角全域、全国平均水平；区域经济总量持续增长，2019 年地区生产总值突破 20 万亿元，对长三角全域经济起到决定性的支撑作用，对全国经济起到重要的支撑作用；区域经济发展水平稳步提升，主要指标好于长三角全域和全国；区域经济吸引力较强，城市群常住人口及导入人口数量均有增加，城镇化率增长较快。分地区来看，近年长三角城市群各市经济运行走势呈现地区分化特征，但大部分地区经济增速减缓；地区生产总值和常住人口不同程度增长，但总量规模的地区间差距较大；经济发展水平均有提升，但地区之间水平差距较大；人口变动特征地区差异较明显，城镇化率不同程度增长。城市群几大核心城市呈现出较强的发展韧性和领先优势，但核心城市之间发展水平存在梯度差距。

* 薛艳杰，上海社会科学院城市与人口发展研究所副研究员，研究方向：区域经济等。

关键词： 长江三角洲 城市群 经济发展 区域经济

长江三角洲城市群（以下简称“长三角城市群”）是我国形成最早、综合发展实力最强、一体化水平最高的城市群之一，地处长江经济带和“一带一路”交汇区域，在我国区域经济发展及对外开放格局中具有举足轻重的战略地位。2016 年，首部《长江三角洲城市群发展规划》获国务院批复同意，后由国家发展和改革委员会、住房和城乡建设部印发实施，该规划首次将长三角城市群的区域范围扩展到上海、江苏、浙江和安徽，规划范围包括上海市和江苏省的南京、苏州等 9 市，浙江省的杭州、宁波等 8 市，安徽省的合肥、芜湖等 8 市，共 26 市。2019 年 12 月，中共中央、国务院印发《长江三角洲区域一体化发展规划纲要》，提出以中心区辐射带动长三角地区高质量发展，中心区范围涵盖了长三角城市群规划提出的 26 市以及浙江省的温州市，共 27 个城市。因此，本报告分析范围为 27 市，区域总面积约 22.5 万平方公里，2019 年末地区生产总值约 20.4 万亿元，常住总人口约 1.6 亿。在严峻复杂的内外部形势下，长三角城市群 27 市以占全国 1/50 略多的土地面积，稳定产出了全国 1/5 强的经济总量，吸纳了全国 1/10 以上的常住人口，总体发展水平领先全国，是支撑和引领我国区域经济发展的重要功能区。

一 总体发展概况

2019 年，在严峻复杂的内外部形势影响下，长三角城市群地区经济总体仍延续下行走势，但平均增速高于长三角全域、全国经济增速，实现了较快增长；区域经济总量突破万亿元台阶，对全国经济的贡献份额稳中略增；区域经济发展水平稳步提升，主要指标值优于长三角全域和全国；区域经济吸引力较强，人口以导入为主，城镇化率较高，增长速度较快。

（一）经济增速持续下降，但总体实现较快增长

近年，长三角城市群区域经济增速总体呈减缓走势。2019 年，27 市地区生产总值平均增长约 6.8%，较上年区域经济平均增速下降约 0.2 个百分点，较 2015 年区域经济平均增速下降 1.9 个百分点。横向比较，2019 年长三角城市群 27 市平均经济增速较长三角三省一市平均经济增速高约 0.2 个百分点，较全国经济增速高约 0.7 个百分点，较世界经济增速高约 3.9 个百分点，总体实现了较快增长。但是从近五年总体变化趋势来看，长三角全域、全国、世界经济增速与长三角城市群经济增速的差距在缩小，长三角城市群经济增速领先优势弱化（见图 1）。

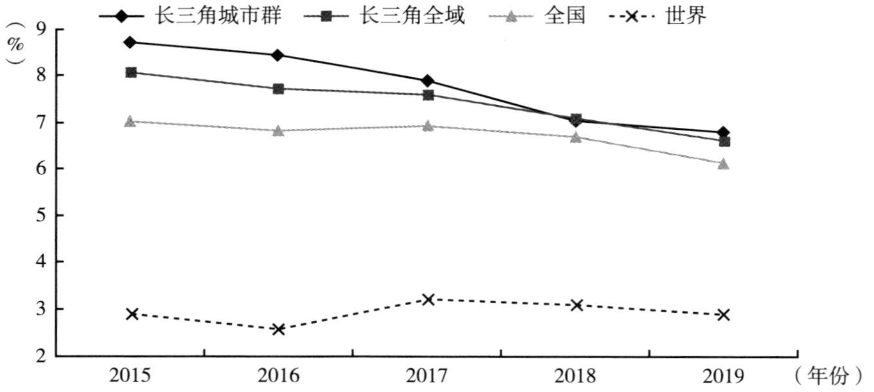

图 1　2015 ~ 2019 年长三角城市群经济增速及与长三角全域、全国和世界比较

资料来源：长三角城市群 27 市及沪、苏、浙、皖三省一市全域 2015 ~ 2018 年数据来自相关省市 2019 年统计年鉴，2019 年数据来自各地 2019 年国民经济和社会发展统计公报；中国数据来自《中华人民共和国 2019 年国民经济和社会发展统计公报》；世界 2015 ~ 2018 年数据来自世界银行数据库，2019 年数据来自国际货币基金组织 2020 年 4 月《世界经济展望》。下文数据若无特别注明，来源相同。

（二）经济总量持续增长，区域经济贡献份额显著

近年，长三角城市群的经济总量规模持续增长，2015 年已突破了 10 万

亿元。2019 年，27 市共实现地区生产总值约 20.4 万亿元，较 2015 年区域经济总量增加 6 万多亿元，年均增量达到 1.5 万亿元以上（见图 2）。

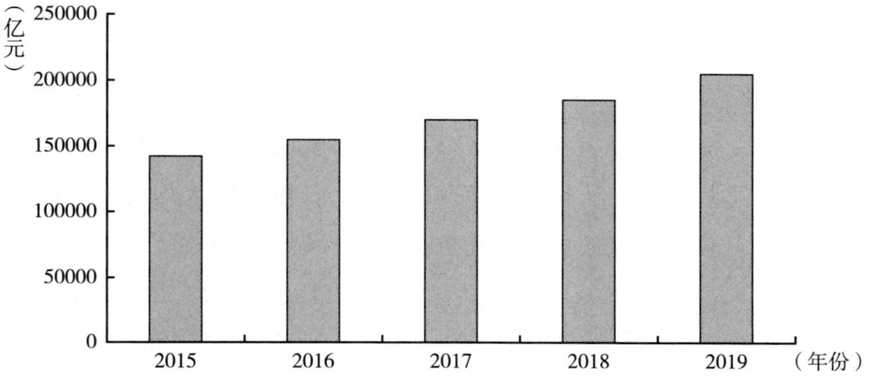

图 2　2015 ~ 2019 年长三角城市群地区生产总值

从区域经济贡献份额来看，2019 年，长三角城市群 27 市地区生产总值约占我国国内生产总值的 20.6%，较 2015 年区域经济比重略有提升，近五年占全国比重基本保持在 20.5% 左右；27 市以占全国 1/50 略多的土地面积，稳定产出了全国 1/5 强的经济总量。在长三角三省一市范围内，长三角城市群 27 市土地面积约占长三角全域土地面积的 62.7%，2019 年，27 市地区生产总值约占长三角全域地区生产总值的 86%，长三角城市群经济在长三角区域经济总量中起着决定性的支撑作用；但是与 2015 年比较，27 市经济总量对长三角区域经济总量的贡献份额有所下降。

（三）发展水平稳步提升，主要指标领先优势较明显

近年，长三角城市群区域经济发展水平不断提升，主要指标呈现稳中向好的发展势头，大部分指标水平高于长三角全域，总体发展水平高于全国。2019 年，长三角城市群 27 市按常住人口计算的人均国内生产总值约为 12.37 万元，较 2015 年提高约 40%；较 2019 年长三角全域人均国内生

产总值高近2万元，较全国人均国内生产总值高5万多元。2019年，27市的地均生产总值已超过9000万元/平方公里，较2015年提高44%以上；较2019年长三角全域的单位面积生产总值高出2000多万元/平方公里，较全国的单位面积生产总值高出8000多万元/平方公里。2019年，27市的城镇常住居民人均可支配收入约5.3万元，农村常住居民人均可支配收入约2.7万元，相较2015年分别增长37%和40%以上；较2019年长三角全域的城镇居民人均可支配收入低2000多元、农村居民人均可支配收入高1800多元；较全国的城镇居民人均可支配收入高10000多元，农村居民人均可支配收入高11000多元。2019年，长三角城市群27市的城乡居民收入比约为1.96，较2015年有所收窄，且低于2019年长三角全域及全国城乡居民收入比。

（四）吸纳人口稳中有增，人口城镇化率持续较快上升

人口流动情况和城镇化率是反映区域经济活力及发展水平的重要指标。近年，长三角城市群区域人口总体以导入为主，净吸纳人口数量有所增加，常住人口城镇化率提升较快。2019年末，27市常住人口总量超过1.6亿人，较2015年常住人口增加470多万人。27市常住总人口约占长三角全域常住总人口的72.6%，约占全国总人口的11.8%，比重均较2015年略有提升。2019年，27市常住总人口比户籍总人口多2400多万人，净吸纳人口较2015年增长110多万人。2019年，27市常住人口密度约732人/平方公里，较2015年人口分布密度增大；约为同期长三角全域人口分布密度的1.2倍，约为同期全国人口分布密度的8.3倍。2019年，27市常住人口城镇化率平均约为68.4%，2015年以来平均每年上升约1个百分点，城镇化发展速度较快；较2019年长三角全域常住人口城镇化率低2个多百分点，较全国常住人口城镇化率高7个多百分点（见表1）。

表1　2019年长三角城市群、长三角全域及全国主要发展指标比较

指标	长三角城市群	长三角全域	全国
土地面积(万平方公里)	22.5	35.9	960
长三角城市群所占比重(%)	100	62.7	2.3
地区生产总值(亿元)	203955.53	237252.82	990865
长三角城市群所占比重(%)	100	86.0	20.6
比上年增长(%)	6.8	6.6	6.1
常住人口(万人)	16483	22714.04	140005
长三角城市群所占比重(%)	100	72.6	11.8
常住人口人均生产总值(万元)	12.37	10.45	7.09
地均生产总值(万元)	9062	6605	1032
常住人口密度(人/平方公里)	732	632	88
常住人口城镇化率(%)	68.4	71.1	60.6
城镇常住居民人均可支配收入(元)	53221	55598	42359
农村常住居民人均可支配收入(元)	27172	25291	16021
城乡收入比(农村居民收入为1)	1.96	2.20	2.64

注：表中长三角城市群27市及长三角三省一市全域的总量数据为所涵盖区域内各省市数据的合计值。由于数据可获得性差异，长三角城市群及全域的常住人口人均生产总值、地均生产总值、常住人口密度数据根据所涵盖各省市的常住总人口、地区生产总值和土地总面积计算，经济增速、常住人口城镇化率、城乡居民收入数据为所涵盖各省市相应数据的平均值，其中上海市城镇化率为2018年值，来自《中国统计年鉴2019》；城乡收入比根据长三角城市群、长三角全域和全国城乡居民平均收入计算。其他资料来源同图1。

二　分地区发展概况

分地区来看，近年长三角城市群各市经济运行态势呈现较明显的地区差异特征，但大部分地区以下行走势为主，所有市的经济增速均已降至10%以下，由高速增长转为中低速增长；各市地区经济总量和常住人口不同程度地增长，但总量规模的地区差距明显；各市经济发展水平均有提升，但地区之间发展水平差距较大，尤其是城市群核心区与外围区之间发展差距显著。

（一）经济增速总体放缓，走势变化呈现地区差异

近年，长三角城市群大部分地区经济呈下行走势，但具体增速及变化态

势地区差异较大。2019年，长三角城市群27市中，26市地区生产总值不同程度地增长，1市生产总值负增长。纵向比较，2/3的地区经济增速低于上年；2015~2019年，24市经济增速不同程度地下滑，其中1/4以上的地区持续下滑，1/2以上的地区波动式下滑。横向比较，2019年长三角城市群27市中，21市经济增速高于全国（6.1%），实现了较快增长；但城市群内比较，27市中最高经济增速9.7%，最低经济增速-1.7%，相差11.4个百分点，区域内经济增速差距较大（见图3）。

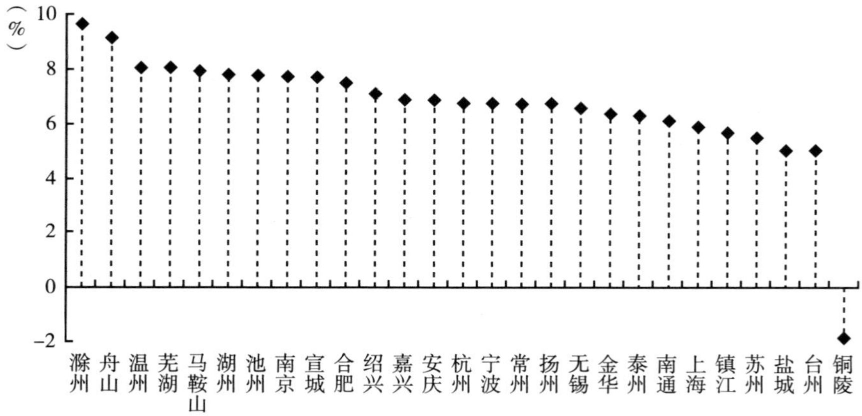

图3　2019年长三角城市群各市经济增速

（二）经济总量总体上升，经济规模地区差距显著

近年，长三角城市群各市经济总量整体呈不断增长态势，但年度总量及年度增量的地区差距显著。2019年，长三角城市群27市中，上海、苏州、杭州、南京、宁波、无锡6个市地区生产总值均达到1万亿元以上，而2015年仅3个市地区生产总值超过1万亿元；6个市以占长三角城市群不足1/4的土地面积，产出了长三角城市群1/2以上的经济总量。

分区间来看，2019年27个市的地区生产总值，1个位于35000亿~40000亿元；2个位于15000亿~20000亿元；3个位于10000亿~15000亿元；10 个位于 5000 亿～10000 亿元；9 个位于 1000 亿～5000 亿元；2 个低于 1000 亿元，地区之间经济总量规模呈现明显的梯度差距。其中，最高市的地区生产总值已超过 3.8 万亿元，最低市尚不到 1000 亿元，相差 40 多倍；与 2015 年比较，两市经济总量的相对差距（比值）从 47.1 降至 45.9，有所缩小，但绝对差距（差值）从约 2.5 万亿元上升至约 3.7 万亿元，差距明显拉大。由于发展基数不同等，2015～2019 年，长三角城市群各市的地区生产总值年均增量也存在显著差别。其中，最小年均增量仅十几亿元，最高年均增量达 3000 亿元以上（见图 4）。

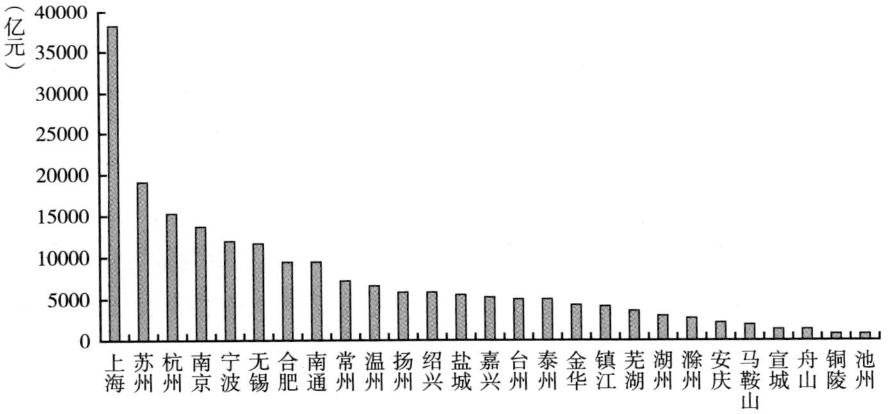

图 4　2019 年长三角城市群各市地区生产总值

（三）经济水平稳步提高，主要指标水平地区差距较大

近年，长三角城市群各市经济发展水平总体呈现稳步提升态势，大部分地区主要指标水平优于全国，但城市群内部发展水平的地区差距较大。

2019 年，长三角城市群 27 市中，22 市按常住人口计算的人均生产总值高于全国（约 7.1 万元）；按 2019 年人民币兑美元平均汇率计算，23 市人均生产总值达到 1 万美元以上，其中 7 市超过 2 万美元。与 2015 年比较，27 市人均生产总值均实现不同程度的增长。区域内比较，2019 年长三角城市群27市中，最高的人均生产总值约达到18万元，最低的5万元略多，相差近13万元（见图5）。

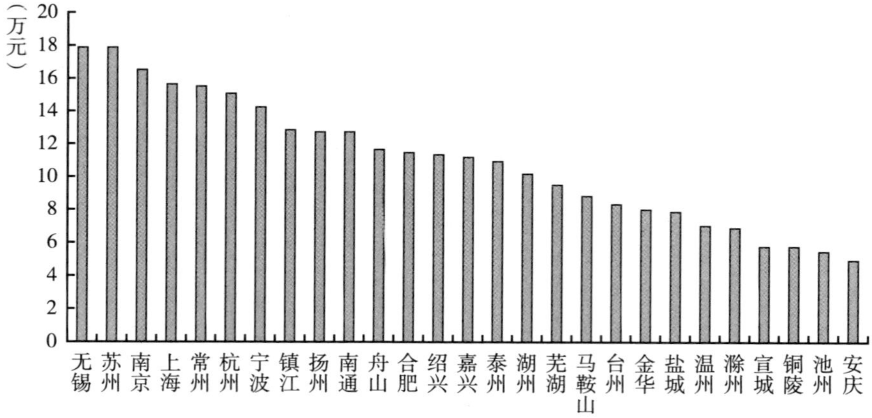

图5　2019年长三角城市群各市常住人口人均地区生产总值

2019年，长三角城市群27市中，26市单位面积创造的地区生产总值高于全国（约1032万元/平方公里）；但地区之间单位面积产出存在显著差距，最高的已超过6万元/平方公里，最低的仅1000多元/平方公里，相差50多倍。与2015年比较，各市地均生产总值均有提升，但增长幅度地区差距明显，最大的超过1倍多，最小的不足10%；由于发展基础不同，年均增量地区差距明显，最大的年均增量高于4900元/平方公里，最小的年均增量不足100元/平方公里。

2019年，长三角城市群27市中，20市城镇常住居民人均可支配收入高于全国（42359元），24市农村常住居民人均可支配收入高于全国（16021元）。与2015年比较，各市城乡居民人均可支配收入均实现不同程度的增长，城乡收入水平稳步提高。其中，27市城镇居民人均可支配收入平均涨幅约37.9%，农村居民人均可支配收入平均涨幅约41.2%。近年，27市城乡收入比均有所收窄，但城乡收入差不同程度地拉大。区域内部比较，2019年，27市城镇常住居民人均可支配收入最高的达到7.3万元以上，最低的超过3.3万多元；农村常住居民人均可支配收入最高的超过3.7万元，最低的1.4万元多，城乡最高收入相当于最低收入的2倍多；而浙江和江苏两省部分地区的农村居民人均可支配收入高于安徽省部分地区的城镇居民人均可支配收入，城乡收入地区差距较大（见图6）。

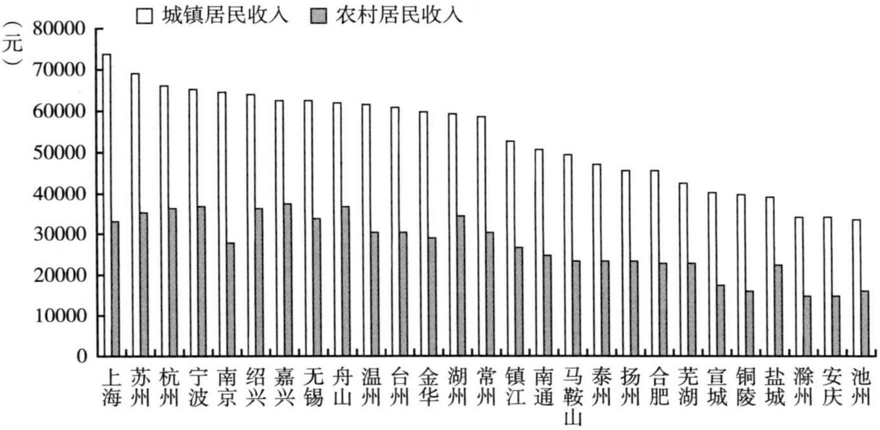

图6　2019年长三角城市群各市城乡常住居民人均可支配收入

（四）人口变动地区分化，人口城镇化率不同程度提升

近年，长三角城市群各市的人口变动特征呈现明显的地区差异。2019年，长三角城市群27市中，17市常住人口大于户籍人口，人口以导入为主。与2015年比较，25市常住人口数量不同程度地增长；27市中，10个人口净流入为主的市吸纳常住人口数量不同程度地增长，6个人口净流入为主的市吸纳常住人口数量减少；10个市人口净流出，但流出人口数量缩减，1个市人口由净流出转为净流入。市域比较，27市中常住人口规模最大的超过2400万人，最小的仅110多万人，相差2300多万人，人口规模等级差距明显（见图7）。

近年，长三角城市群各市常住人口城镇化率不断提高。2019年，长三角城市群27市中，22市常住人口城镇化率高于全国（60.6%），其中10市

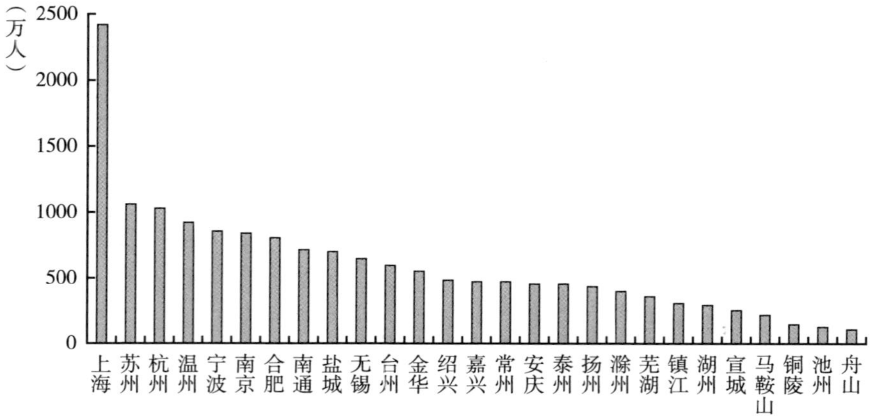

图7　2019 年长三角城市群各市常住人口

常住人口城镇化率达到 70% 以上，2 市常住人口城镇化率超过 80%。与 2015 年比较，27 市人口城镇化率均不同程度地提高。总体来看，已实现高度城镇化的市，近年人口城镇化率增长较慢；处于城镇化加速阶段的市，近年人口城镇化率提升较快。区域内比较，27 市中人口城镇化率最高的达到 88% 以上，最低的尚不到 50%，相差约 38 个百分点，地区差距明显（见图 8）。

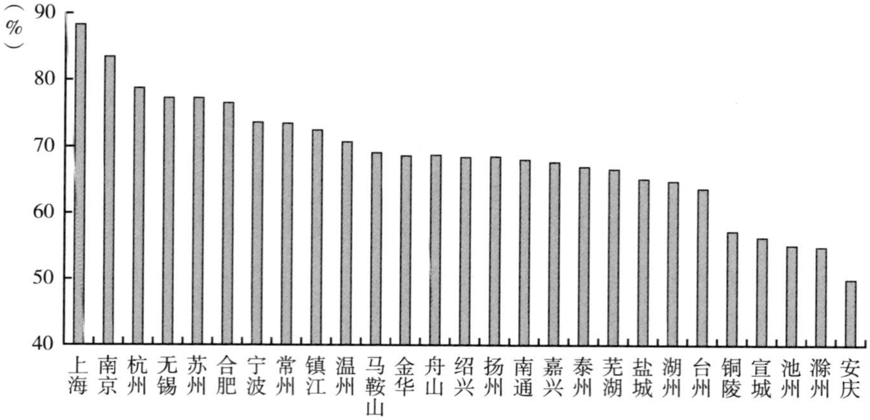

图8　2019 年长三角城市群各市常住人口城镇化率

三　核心城市发展概况

本报告选取长三角城市群一级核心城市上海，以及《长江三角洲城市群发展规划》提出的南京、杭州、合肥、苏锡常、宁波五大都市圈的核心城市进行分析，共包括上海、南京、杭州、合肥、苏州、无锡、常州、宁波8市，土地总面积约6.8万平方公里，2019年地区生产总值约12.7万亿元，年末常住总人口约8195.5万人。从近年发展情况来看，8个核心城市以占长三角城市群约30%的土地面积，稳定产出了长三角城市群60%以上的经济总量，集聚了长三角城市群近50%的常住人口，大部分地区近年经济增速变化幅度相对较小，呈现出较强的发展韧性和较明显的领先优势，但几大核心城市之间发展水平存在较明显的梯度差距。

（一）经济增速相对较低，但大部分地区发展韧性较强

在长三角城市群内比较，几大核心城市的经济增长速度相对较慢。2019年，8个核心城市经济增速在长三角城市群27市中的排名，除南京市和合肥市分列第8位和第10位外，其他各市均处于中后列，增速相对较低。但8市中，6个市的地区生产总值增速快于全国（6.1%），8个市的地区生产总值平均增长约6.8%，与27市平均增速持平，高于全国经济增速。2019年，8市中地区生产总值最高的增长7.8%，最低的增长5.6%，相差2.2个百分点，几大核心城市之间的经济增速差距较小，且近年8市之间的经济增速差距呈缩小趋势。近年，长三角城市群几大核心城市经济增速总体上都以下降走势为主，但其中半数以上地区经济增速下降幅度小于27市平均值，在严峻复杂的内外部环境形势影响下，表现出相对较强的发展韧性（见表2）。

在省域内比较，2019年，南京市经济增速位居江苏省13个地级及以上城市之首，在省内各市中呈现领跑优势；常州、无锡两市经济增速分列江苏

表2　2019年长三角城市群8个核心城市的经济增速

单位：%

27市排序	地区	经济增长
8	南京	7.8
10	合肥	7.6
14	杭州	6.8
15	宁波	6.8
16	常州	6.8
18	无锡	6.7
22	上海	6.0
24	苏州	5.6
8市平均		6.8

省第3位和第5位，在省内各市中经济增长较快；苏州市经济增速居于全省第12位，在省内各市中经济增长较慢。杭州、宁波两市经济增速分列浙江省11个地级及以上城市的第7位和第8位，合肥市经济增速居安徽省16个地级市的第11位，均处于其省内各市后列，经济增速相对较低。

（二）总量规模稳居前列，是区域经济和人口的核心区

从区域经济总量来看，几大核心城市稳居长三角城市群前列。2019年，虽然部分核心城市地区生产总值在城市群内部的排名相对于2015年略有升降变化，但总体都稳定在前9位之内；其中，上海、苏州、杭州、南京4市地区生产总值稳居长三角城市群前4强；8个核心城市囊括了长三角城市群经济总量的前7强。近年，长三角城市群几大核心城市的经济总量均实现持续较快增长。2019年，8个核心城市中，6个市的地区生产总值达到1万亿元以上；8市地区生产总值合计约12.7万亿元，较2015年区域经济总量增加3.9万多亿元。其中，上海市2019年地区生产总值超过3.8万亿元，明显高于其他市，苏州市地区生产总值接近2万亿元，杭州市地区生产总值突破1.5万亿元，南京、无锡、宁波三市地区生产总值在1万亿~1.5万亿元，合肥、常州两市地区生产总值在0.5万亿~1万亿元，8个核心城市的经济总量规模存在较明显的梯度差距。

在省域内比较，苏、浙、皖几大核心城市也是其省内的经济强市。2019年，苏州、南京、无锡3市地区生产总值位列江苏省前3强，常州市地区生产总值排江苏省第5位；杭州、宁波2市地区生产总值稳居浙江省前2位，明显高于省内其他市；合肥市地区生产总值稳居安徽省首位，明显高于省内其他市。

从市域常住人口规模来看，大部分核心城市位居长三角城市群前列。近年，8个核心城市的常住人口规模在长三角城市群27市中的排名总体比较稳定，部分地区略有升降。2019年，除常州市人口总量排名处于长三角城市群中间区段外，其他几大核心城市的人口规模均居前10位之列；其中，上海、苏州、杭州3市的常住人口规模达到千万以上，是长三角城市群的前三位人口大市。近年，长三角城市群8个核心城市人口均保持净流入态势，各市常住人口总量不同程度地增长，但净吸纳的外来人口数量变化呈现出地区分异特征。与2015年比较，上海、杭州、宁波3市净吸纳的外来人口数量不同程度地增加，其他市净吸纳的外来人口数量不同程度地缩减。2019年，长三角城市群8个核心城市的常住总人口约为8195.5万人，较2015年8市常住总人口增加了300多万人，几大核心城市保持了较强的人口吸引力。分地区来看，上海市域常住人口2400多万人，明显高于其他市，稳居长三角城市群第一人口大市之位，在长三角城市群中的城市首位度约为2.3，一定程度上存在人口分布过度集中的问题；苏州和杭州2市的市域常住人口均达到1000万人以上，宁波、南京、合肥和无锡4市的市域常住人口为500万～1000万人，常州市的市域常住人口略低于500万人，8个核心城市之间常住人口规模呈现较明显的规模等级差异（见表3）。

表3　2019年长三角城市群8个核心城市的土地面积、GDP及常住人口

27市排序	地区	土地面积（平方公里）	27市排序	地区	GDP（亿元）	27市排序	地区	常住人口（万人）
2	杭州	16596	1	上海	38155.32	1	上海	2428.14
7	合肥	11445	2	苏州	19235.8	2	苏州	1075

续表

27市排序	地区	土地面积（平方公里）	27市排序	地区	GDP（亿元）	27市排序	地区	常住人口（万人）
10	宁波	9816	3	杭州	15373	3	杭州	1036
12	苏州	8657	4	南京	14030.15	5	宁波	854.2
16	南京	6587	5	宁波	11985	6	南京	850.55
17	上海	6340.5	6	无锡	11852.32	7	合肥	818.9
21	无锡	4627	7	合肥	9409.4	10	无锡	659.15
22	常州	4372	9	常州	7400.9	15	常州	473.6
8市合计		68440.5	8市合计		127441.89	8市合计		8195.54
占27市的比重(%)		30.4	占27市的比重(%)		62.5	占27市的比重(%)		49.7

在省域内比较，苏、浙、皖的大部分核心城市也是其省内的人口大市，部分城市虽然常住人口规模较小，但人口净流入，净吸纳人口数量位居省内前列，几大核心城市均是其省内各市中的人口主要流入地。2019年末，苏州市常住人口居江苏省各市之首，南京市居江苏省第3位，无锡市居江苏省第6位，常州市居江苏省第9位，4市常住人口规模分别位于江苏省前、中、后列，但净吸纳人口数量稳居江苏省前4位；杭州市和宁波市常住人口规模分列浙江省第1位和第3位，但净吸纳人口数量稳居浙江省前2位，明显高于其他各市；合肥市常住人口数量居安徽省第2位，但净吸纳人口数量居安徽省首位。

从区域经济贡献份额来看，长三角城市群3/5以上的经济总量来自8个核心城市；其中，6市对长三角城市群区域经济的贡献份额均达到5%以上。2019年，8个核心城市地区生产总值合计约占长三角城市群区域经济总量的62.5%，较2015年比重略有提升。其中，上海市地区生产总值约占长三角城市群区域经济总量的18.7%，是其土地面积占长三角城市群比重（2.8%）的6倍多，区域经济贡献明显高于其他市；苏州、杭州、南京、宁波、无锡各市生产总值占长三角城市群的比重在5%～10%；合肥、常州2市生产总值占长三角城市群的比重低于5%。从省域内经济贡献来看，苏州、南京、无锡、常州4市2019年地区生产总值约占江苏省的52.7%，4市以占全省不足1/4的土地面积，产出了全省1/2以上的经济总量；杭州、宁波2市2019年地区生产总值约占浙江省的43.9%，2市以占全省约1/4的土地面积，产出了全省2/5以上的经济总量；合肥市2019年地区生产总值约占安徽省的25.4%，以占安徽省不足1/10的土地面积，产出了全省1/4强的经济总量，几大核心城市是其省域经济核心区。

从人口分布结构来看，长三角城市群近一半的常住人口生活在8个核心城市；其中，5市常住人口占长三角城市群常住总人口的比重均高于5%。2019年，8个核心城市的常住总人口约占长三角城市群常住总人口的49.7%，较2015年比重上升约0.4个百分点。其中，上海市常住人口约占长三角城市群常住总人口的14.7%，明显高于其他市；苏州、杭州、宁波、南京4市常住人口比重为5%～7%；合肥市常住人口比重约为5%，无锡市和常州市的常住人口比重低于5%。从省域内来看，2019年末，苏州、南京、无锡、常州4市常住总人口约占江苏省常住人口的37.9%；杭州市和宁波市常住总人口约占浙江省常住人口的32.3%；合肥市常住人口约占安徽省常住人口的12.9%；几大核心城市在其省域内的常住人口比重均高于土地面积比重，是其省域内常住人口的主要分布区。

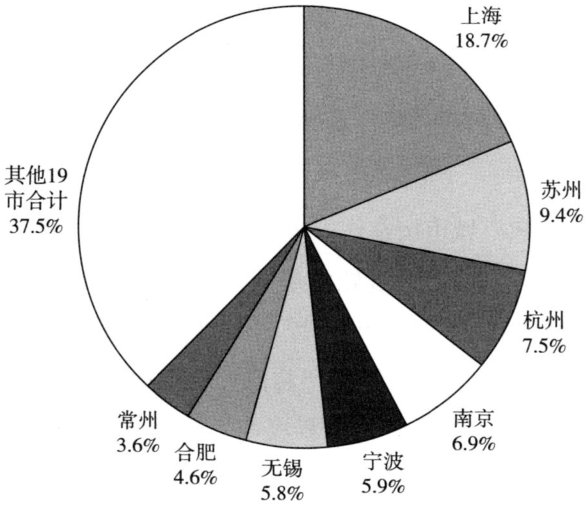

a.地区生产总值地区构成

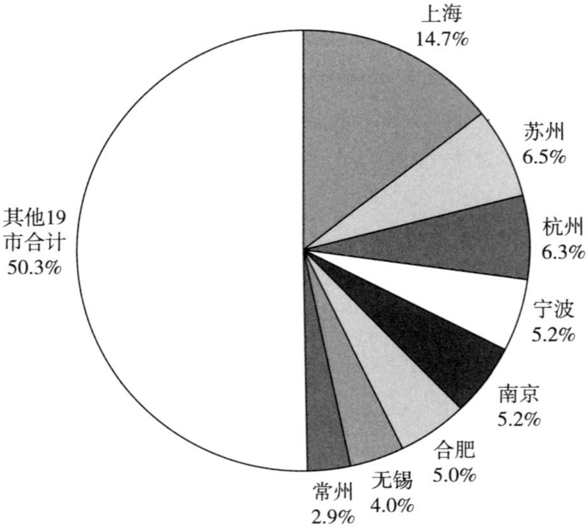

b.常住人口地区分布

图9　2019年8个核心城市地区生产总值和常住人口在长三角城市群中的比重

（三）发展水平明显领先，发展阶段存在较大地区差距

近年，长三角城市群几大核心城市的经济发展水平均持续提升，主要指标水平在27市中具有较明显的领先优势，但8个核心城市之间发展水平存在较明显的梯度差距。

2019年，8个核心城市按常住人口计算的人均国内生产总值在长三角城市群27市中的排名，除合肥市处于中间水平外，其他7市列前7位；与2015年比较，6市排名上升，2市排名下降，但稳居前7位之内。近年，长三角城市群各大核心城市的人均生产总值均稳步提高。2019年，各市常住人口人均生产总值均较2015年不同程度地增长，其中上海、南京等6市年均增加1万元以上。按2019年人民币兑美元平均汇率计算，2019年长三角城市群8个核心城市中，7市人均生产总值达到2万美元以上，其中无锡市和苏州市超过2.5万美元，合肥市人均生产总值在8市中相对较低，但已超过1.6万美元。8市之间比较，2019年最高人均生产总值达18万元，最低不到12万元，地区之间收入差距较大。省域内比较，无锡、苏州、南京、常州4市人均生产总值居江苏省前4位，杭州、宁波2市人均生产总值居浙江省前2位，合肥市人均生产总值居安徽省首位，均明显领先于省内其他市。

2019年，8个核心城市按区域土地面积计算的地均生产总值，上海、无锡、苏州、南京和常州5市稳居长三角城市群前5位，排序与2015年相同；宁波、杭州和合肥3市分列第7位、第10位和第14位，位次均较2015年前移。近年，8个核心城市的地均生产总值均实现不同程度的增长。2019年，6市的地均生产总值达到1亿元以上，其中上海市每平方公里土地创造的地区生产总值已突破6亿元，明显高于其他市，但几大核心城市之间单位面积创造的地区生产总值存在较明显的差距。省域内比较，无锡、苏州、南京、常州4市地均生产总值居江苏省前4位，宁波市和杭州市的地均生产总值分列浙江省第2位和第4位，合肥市地均生产总值居安徽省首位。

表4　2019年长三角城市群8个核心城市的人均和地均生产总值

单位：万元，万元/平方公里

27市排序	地区	人均生产总值	27市排序	地区	地均生产总值
1	无锡	18.00	1	上海	60177
2	苏州	17.92	2	无锡	25616
3	南京	16.57	3	苏州	22220
4	上海	15.73	4	南京	21300
5	常州	15.64	5	常州	16920
6	杭州	15.25	7	宁波	12210
7	宁波	14.32	10	杭州	9263
12	合肥	11.56	14	合肥	8221
8市平均		15.55	8市平均		18620

近年，长三角城市群几大核心城市的产业结构升级转变较快。2015 年，长三角城市群 8 个核心城市中，仅上海、南京、杭州 3 市第三产业增加值在地区生产总值中的比重超过 50%；至 2019 年，已有 7 个市地区生产总值结构发生第三产业比重过半的转变；虽然宁波市第三产业比重尚未达到 50%，但已超过第二产业，8 个市均已形成“三二一”型产业结构。但 8 个核心城市的产业结构发展阶段尚存在较明显的梯度差异。其中，上海市第三产业增加值占地区生产总值的比重已超过 70%，较第二产业增加值比重高 40 多个百分点，服务经济主导的结构特征显著，工业结构向知识和技术密集型产业主导转变，步入后工业化发展阶段。南京、杭州和合肥 3 市第三产业增加值占地区生产总值的比重均已超过 60%，其中南京和合肥 2 市第三产业比重较第二产业比重高 20 多个百分点、杭州市第三产业比重较第二产业比重高 30 多个百分点，第三产业上升为区域经济增长的主要动力，步入工业化后期阶段。苏州、无锡、常州 3 市第三产业增加值占地区生产总值的比重均已超过 50%，但与第二产业的比重差距均不到 5 个百分点，宁波市地区生产总值构成中，第三产业比重低于 50%，略高于第二产业比重，但相差不到 1 个百分点，4 市均呈现第三产业初步领先、第二产业和第三产业基本并重的经济结构，总体仍处于工业化中期向工业化后期迈入的发展阶段（见表 5）。

表 5　2019 年长三角城市群 8 个核心城市的人均 GDP、产业结构及城镇化率

单位：万美元，%

地区	人均 GDP	地区生产总值构成			城镇化率	
		第一产业	第二产业	第三产业	城镇化率	27 市排序
上海	2.28	0.3	27.0	72.7	88.1	1
南京	2.40	2.1	35.9	62.0	83.2	2
杭州	2.21	2.1	31.7	66.2	78.5	3
合肥	1.68	3.1	36.3	60.6	76.3	6
苏州	2.60	1.0	47.5	51.5	77.0	5
无锡	2.61	1.0	47.5	51.5	77.1	4
常州	2.27	2.1	47.7	50.2	73.3	8
宁波	2.08	2.7	48.2	49.1	73.6	7

注：人均 GDP 根据各市 2019 年国民经济和社会发展统计公报数据及 2019 年人民币兑美元平均汇率统一计算；上海市城镇化率为 2018 年的值，来自《中国统计年鉴 2019》。

长三角城市群几大核心城市均已步入城镇化后期阶段，常住人口城镇化率达到70%以上。近年，8个核心城市的常住人口城镇化均不同程度地提升，但大部分地区的增长速度已经趋缓。2019年，8个核心城市的常住人口城镇化率稳居长三角城市群前8位，几乎囊括了长三角城市群所有常住人口城镇化率达到70%以上的市（镇江市、温州市除外）。其中，上海市的常住人口城镇化率高于85%，南京市的常住人口城镇化率高于80%，杭州、无锡、苏州、合肥4市的常住人口城镇化率为75%～80%，宁波和常州2市的常住人口城镇化率为70%～75%，呈现一定的梯度差异。在省域内比较，南京、无锡、苏州、常州4市的常住人口城镇化率居江苏省前4位，杭州市和宁波市的常住人口城镇化率居浙江省前2位，合肥市的常住人口城镇化率居安徽省第一位，几大核心城市的常住人口城镇化率均高于省内其他市。

近年，长三角城市群几大核心城市城乡居民收入稳步增长，大部分地区城乡居民收入水平稳居长三角城市群前列。从城镇居民收入来看，2019年，在8个核心城市城镇常住居民人均可支配收入在长三角城市群27市中的排名方面，除常州和合肥2市处于中后列外，其他6市稳居前8位，其中上海、苏州、杭州、宁波4市稳居前4位，南京市跻身第5位。2019年8市城镇常住居民人均可支配收入方面，上海市已突破7万元，苏州、杭州、宁波、南京、无锡5市为6万～7万元，常州市为5万～6万元，合肥市为4万～5万元，地区差距较大。在省域内比较，苏州、南京、无锡、常州4市城镇常住居民人均可支配收入居江苏省前4位，杭州市和宁波市城镇常住居民人均可支配收入居浙江省前2位，均高于省内其他市；合肥市城镇常住居民人均可支配收入列安徽省第2位，居省内较高水平。

2019年，在8个核心城市的农村常住居民人均可支配收入在长三角城市群27市中的排名方面，除南京和合肥2市处于中后列外，其他6市均居前10位。2019年农村常住居民人均可支配收入方面，宁波、杭州、苏州、无锡、上海、常州6市为3万～4万元，南京、合肥2市为2万～3万元，地区差距相对较小。在省域内比较，苏州、无锡、常州、南京4市农村常住居民人均可支配收入居江苏省前4位，高于省内其他市；宁波和杭州2市农村常住居民人均可支配收入分列浙江省第3位和第4位，合肥市农村常住居民人均可支配收入列安徽省第3位，居省内前列。与城镇居民收入排序比较，浙、皖几大核心城市农村居民收入在省域内的排名相对后移。

近年，长三角城市群8个核心城市的农村常住居民人均可支配收入增幅均高于城镇，城乡收入比趋于缩小。2019年，8个核心城市中，宁波、杭州、无锡、常州、苏州5市城乡收入比低于2，城乡发展比较均衡；合肥、上海、南京3市城乡收入比大于2，但低于全国城乡收入比（2.64），城乡发展相对较均衡（见表6）。

表6　2019年长三角城市群8个核心城市城乡常住居民人均可支配收入及其在27市排序

排序	地区	城镇居民收入(元)	排序	地区	农村居民收入(元)	地区	城乡收入比(农村为1)
1	上海	73615	3	宁波	36632	上海	2.22
2	苏州	68629	4	杭州	36255	南京	2.33
3	杭州	66068	6	苏州	35152	杭州	1.82
4	宁波	64886	8	无锡	33574	合肥	2.02
5	南京	64372	9	上海	33195	苏州	1.95
8	无锡	61915	10	常州	30491	无锡	1.84
14	常州	58345	14	南京	27636	常州	1.91
20	合肥	45404	21	合肥	22462	宁波	1.77
8市平均		62904	8市平均		31925	8市平均	1.98

参考文献

王振：《长三角一体化发展的新使命》，《中国社会科学报》2019年7月5日。

陈雯：《长三角的都市圈：单个还是多个中心城市组成?》，《第一财经日报》2019年7月17日。

倪鹏飞、李博等：《迈入城市的世界300年之变局》，《经济日报》2019年11月

13 日。

范金、张强、落成：《长三角城市群经济发展质量的演化趋势与对策建议》，《工业技术经济》2018 年第 12 期。

吴红星、朱玲燕、李凌云：《长三角城市群区域发展质量及差异探索》，《统计科学与实践》2019 年第 10 期。

指 数 篇

Index Reports

B.4
长三角科技创新驱动力城市排名报告（2019）

杨 凡*

摘 要： 通过构建长三角城市科技创新驱动力指标评价体系，并基于AHP－EVM模型设置主客观综合指标权重，得到科技创新驱动力综合指数，包含科技创新投入、科技创新载体、科技创新产出、科技创新绩效4个专项指数，以及10个二级指标得分，全面、系统地评价了长三角41个城市的科技创新驱动力，并着重分析了长三角科技创新驱动力10强城市。与上年结果相比，江浙城市的绩效表现总体下滑，上海则有所提升，安徽部分头部城市在经济发展的带动下科技创新驱动力有所提升。

* 杨凡，博士，上海社会科学院信息研究所助理研究员，主要从事科技创新与区域发展研究。

关键词： 长三角　科技创新驱动力　指标评价体系　城市发展

上年度研究构建了基于“投入—产出”经典框架的指标评价体系，本年度研究沿用该体系架构，以便于横向和纵向比较分析。本报告的科技创新驱动力指标评价体系由科技创新投入、科技创新载体、科技创新产出和科技创新绩效 4 个一级指标，科技研发投入等 10 个二级指标，研发经费等 35 个三级指标组成。本报告的评价对象为长三角的 41 个城市，具体的指标评价体系和研究方法详见附录。

一　长三角41个城市科技创新驱动力综合指数

表 1 显示了 2018 年长三角 41 个城市的科技创新驱动力综合指数（以下简称“综合指数”）测算结果及排名。综合指数得分排前 20 位的城市是上海、南京、苏州、杭州、合肥、无锡、宁波、镇江、芜湖、常州、南通、嘉兴、扬州、湖州、马鞍山、绍兴、徐州、台州、温州、泰州。其中，除上海外，江苏、浙江和安徽分别有 9 个、7 个和 3 个城市进入前 20 位。而综合指数得分排后 10 位的城市中，安徽城市占了 80%，表明安徽的整体科技创新驱动力与上海、江苏和浙江相比明显偏弱。总的来说，综合指数得分排名与上年的情况大体相当，同时马鞍山的排名比上年有所提升。

上海是长三角科技创新的龙头，科技创新驱动力综合指数得分排首位，为 0.677，远高于排名第 2 的南京。南京、苏州、杭州、合肥的综合指数得分都在 0.4 以上，分别排第 2 ~5 位，是长三角科技创新的领先城市，并且除苏州外，其他都是省会城市。无锡、宁波、镇江、芜湖和常州的综合指数得分在 0.26 以上，分别排第 6 ~10 位，这些是长三角科技创新的重点城市。南通、嘉兴、扬州、湖州、马鞍山、绍兴、徐州、台州、温州、泰州的综合指数得分在 0.17 以上，这些城市的科技创新驱动力也较强，但与领先城市仍有一定差距，却又明显强于其他城市，具有较好的发展潜力。

表1　2018年长三角41个城市科技创新驱动力综合指数得分及排名

排序	城市	得分	排序	城市	得分
1	上海	0.677	22	蚌埠(安徽)	0.157
2	南京(江苏)	0.566	23	舟山(浙江)	0.157
3	苏州(江苏)	0.484	24	盐城(江苏)	0.151
4	杭州(浙江)	0.468	25	金华(浙江)	0.142
5	合肥(安徽)	0.431	26	滁州(安徽)	0.142
6	无锡(江苏)	0.323	27	宣城(安徽)	0.138
7	宁波(浙江)	0.309	28	连云港(江苏)	0.136
8	镇江(江苏)	0.291	29	衢州(浙江)	0.129
9	芜湖(安徽)	0.289	30	池州(安徽)	0.125
10	常州(江苏)	0.266	31	淮安(江苏)	0.111
11	南通(江苏)	0.247	32	丽水(浙江)	0.103
12	嘉兴(浙江)	0.245	33	黄山(安徽)	0.103
13	扬州(江苏)	0.212	34	亳州(安徽)	0.093
14	湖州(浙江)	0.209	35	淮北(安徽)	0.091
15	马鞍山(安徽)	0.195	36	安庆(安徽)	0.083
16	绍兴(浙江)	0.191	37	宿迁(江苏)	0.075
17	徐州(江苏)	0.186	38	淮南(安徽)	0.071
18	台州(浙江)	0.182	39	宿州(安徽)	0.067
19	温州(浙江)	0.174	40	阜阳(安徽)	0.067
20	泰州(江苏)	0.172	41	六安(安徽)	0.062
21	铜陵(安徽)	0.162			

二　长三角41个城市科技创新驱动力专项指数

（一）科技创新投入指数得分及城市排名

科技创新投入指数由3个二级指标构成，分别是科技研发投入、人力资源投入、创新基础投入。表2显示了长三角科技创新投入指数得分及城市排名。排前10位的城市分别是上海、南京、杭州、苏州、合肥、无锡、宁波、常州、镇江和芜湖。其中，除上海外，江苏、浙江和安徽分别有5个、2

个、2 个城市进入。在未进入前 10 位的城市中，有些城市在个别指标上表现突出。例如，南通（排第 13 名）的科技研发投入得分排第 9 位，舟山（排第 24 名）的创新基础投入得分排第 8 位。与上年相比，合肥在科技研发投入方面上升 2 个位次，同时，合肥和芜湖在创新基础投入方面也有进步，均上升 3 个位次。

表 2　2018 年长三角 41 个城市科技创新投入指数得分及排名

一级指标排序	城市	一级指标	二级指标		
			科技研发投入	人力资源投入	创新基础投入
1	上海	0.769	0.872(1)	0.629(2)	0.840(1)
2	南京(江苏)	0.529	0.386(5)	0.697(1)	0.481(4)
3	杭州(浙江)	0.483	0.463(3)	0.493(3)	0.503(3)
4	苏州(江苏)	0.480	0.465(2)	0.430(4)	0.609(2)
5	合肥(安徽)	0.362	0.399(4)	0.376(5)	0.257(13)
6	无锡(江苏)	0.342	0.328(7)	0.293(6)	0.468(6)
7	宁波(浙江)	0.312	0.301(8)	0.245(8)	0.470(5)
8	常州(江苏)	0.271	0.276(10)	0.221(9)	0.362(7)
9	镇江(江苏)	0.260	0.241(12)	0.254(7)	0.312(10)
10	芜湖(安徽)	0.250	0.377(6)	0.155(12)	0.183(21)
11	嘉兴(浙江)	0.244	0.247(11)	0.200(10)	0.326(9)
12	绍兴(浙江)	0.227	0.240(13)	0.185(11)	0.285(11)
13	南通(江苏)	0.217	0.280(9)	0.135(15)	0.256(14)
14	扬州(江苏)	0.192	0.199(17)	0.155(13)	0.251(15)
15	湖州(浙江)	0.191	0.210(14)	0.127(17)	0.283(12)
16	温州(浙江)	0.168	0.161(21)	0.147(14)	0.226(17)
17	徐州(江苏)	0.157	0.192(18)	0.115(18)	0.172(22)
18	金华(浙江)	0.157	0.144(23)	0.130(16)	0.235(16)
19	泰州(江苏)	0.155	0.208(15)	0.083(22)	0.194(19)
20	马鞍山(安徽)	0.149	0.202(16)	0.100(20)	0.144(25)
21	台州(浙江)	0.144	0.139(25)	0.114(19)	0.215(18)
22	盐城(江苏)	0.134	0.180(20)	0.070(24)	0.171(23)
23	蚌埠(安徽)	0.124	0.184(19)	0.086(21)	0.079(33)
24	舟山(浙江)	0.117	0.044(38)	0.079(23)	0.337(8)

续表

一级指标排序	城市	一级指标	二级指标		
			科技研发投入	人力资源投入	创新基础投入
25	铜陵(安徽)	0.098	0.137(26)	0.050(26)	0.115(28)
26	滁州(安徽)	0.092	0.149(22)	0.037(29)	0.090(31)
27	宣城(安徽)	0.091	0.143(24)	0.038(28)	0.095(29)
28	淮安(江苏)	0.088	0.122(28)	0.033(31)	0.130(26)
29	连云港(江苏)	0.088	0.127(27)	0.033(32)	0.119(27)
30	衢州(浙江)	0.083	0.097(30)	0.034(30)	0.152(24)
31	丽水(浙江)	0.081	0.081(31)	0.028(33)	0.188(20)
32	宿迁(江苏)	0.074	0.110(29)	0.028(34)	0.093(30)
33	淮南(安徽)	0.056	0.065(32)	0.056(25)	0.038(39)
34	安庆(安徽)	0.050	0.065(33)	0.020(35)	0.079(34)
35	淮北(安徽)	0.050	0.050(36)	0.039(27)	0.071(35)
36	黄山(安徽)	0.044	0.058(35)	0.013(37)	0.080(32)
37	池州(安徽)	0.039	0.047(37)	0.015(36)	0.070(36)
38	六安(安徽)	0.036	0.060(34)	0.007(38)	0.044(37)
39	阜阳(安徽)	0.022	0.036(39)	0.004(39)	0.027(40)
40	亳州(安徽)	0.012	0.021(40)	0.001(40)	0.016(41)
41	宿州(安徽)	0.012	0.010(41)	0.001(41)	0.038(38)

注：括号中数字是二级指标排名。

（二）科技创新载体指数得分及城市排名

科技创新载体指数由 3 个二级指标构成，分别是科技研发载体、高新产业载体、创新培育载体。表 3 显示了长三角科技创新载体指数得分及城市排名。排前 10 位的城市分别是上海、南京、苏州、杭州、合肥、南通、无锡、宁波、徐州和盐城。其中，除上海外，江苏、浙江和安徽分别有 6 个、2 个、1 个城市进入。在未进入前 10 位的城市中，有些城市在个别指标上表现突出。例如，扬州（排第 12 名）的科技研发载体得分排第 9 位，绍兴（排第 13 名）、宿迁（排第 15 名）和连云港（排第 19 名）的高新产业载体得分分别排第 6、第 9 和第 8 位，常州（排第 14 名）的创新培育载体得分排第 6 位。与上年相比，科技创新载体的排名基本没有变化。

表3　2018年长三角41个城市科技创新载体指数得分及排名

一级指标排序	城市	一级指标	二级指标		
			科技研发载体	高新产业载体	创新培育载体
1	上海	0.774	0.900(1)	0.356(4)	1.000(1)
2	南京(江苏)	0.496	0.578(2)	0.292(5)	0.472(4)
3	苏州(江苏)	0.407	0.198(5)	0.846(1)	0.670(2)
4	杭州(浙江)	0.391	0.367(4)	0.377(3)	0.586(3)
5	合肥(安徽)	0.364	0.458(3)	0.185(7)	0.203(7)
6	南通(江苏)	0.185	0.097(14)	0.415(2)	0.185(9)
7	无锡(江苏)	0.184	0.176(6)	0.160(10)	0.303(5)
8	宁波(浙江)	0.134	0.133(8)	0.117(14)	0.186(8)
9	徐州(江苏)	0.132	0.150(7)	0.078(21)	0.148(11)
10	盐城(江苏)	0.116	0.114(10)	0.099(18)	0.178(10)
11	泰州(江苏)	0.112	0.096(15)	0.158(11)	0.104(16)
12	扬州(江苏)	0.110	0.125(9)	0.063(24)	0.130(14)
13	绍兴(浙江)	0.109	0.085(17)	0.199(6)	0.042(18)
14	常州(江苏)	0.102	0.109(12)	0.020(32)	0.259(6)
15	宿迁(江苏)	0.100	0.087(16)	0.167(9)	0.013(30)
16	镇江(江苏)	0.098	0.110(11)	0.054(25)	0.134(13)
17	温州(浙江)	0.094	0.105(13)	0.069(23)	0.090(17)
18	淮安(江苏)	0.085	0.076(19)	0.131(13)	0.027(24)
19	连云港(江苏)	0.084	0.060(27)	0.169(8)	0.030(21)
20	嘉兴(浙江)	0.081	0.075(20)	0.075(22)	0.139(12)
21	金华(浙江)	0.078	0.061(25)	0.142(12)	0.028(22)
22	芜湖(安徽)	0.077	0.073(21)	0.102(16)	0.039(20)
23	湖州(浙江)	0.075	0.060(26)	0.100(17)	0.108(15)
24	马鞍山(安徽)	0.064	0.071(23)	0.054(26)	0.040(19)
25	蚌埠(安徽)	0.062	0.081(18)	0.028(30)	0.020(25)
26	滁州(安徽)	0.053	0.062(24)	0.042(27)	0.020(27)
27	宣城(安徽)	0.052	0.036(35)	0.111(15)	0.005(35)
28	安庆(安徽)	0.050	0.036(34)	0.097(19)	0.027(23)
29	舟山(浙江)	0.047	0.071(22)	0.000(35)	0.003(36)
30	池州(安徽)	0.045	0.031(37)	0.094(20)	0.012(32)
31	铜陵(安徽)	0.041	0.048(32)	0.033(28)	0.020(26)
32	衢州(浙江)	0.041	0.050(30)	0.030(29)	0.010(33)
33	台州(浙江)	0.036	0.052(29)	0.000(36)	0.019(28)

续表

一级指标排序	城市	一级指标	二级指标		
			科技研发载体	高新产业载体	创新培育载体
34	丽水(浙江)	0.035	0.052(28)	0.005(34)	0.000(37)
35	黄山(安徽)	0.033	0.048(31)	0.000(38)	0.017(29)
36	淮南(安徽)	0.027	0.035(36)	0.016(33)	0.000(39)
37	六安(安徽)	0.026	0.030(38)	0.020(31)	0.013(31)
38	阜阳(安徽)	0.025	0.038(33)	0.000(39)	0.000(40)
39	亳州(安徽)	0.014	0.020(39)	0.000(41)	0.005(34)
40	宿州(安徽)	0.013	0.020(40)	0.000(40)	0.000(41)
41	淮北(安徽)	0.007	0.011(41)	0.000(37)	0.000(38)

注：括号中数字是二级指标排名。

（三）科技创新产出指数得分及城市排名

科技创新产出指数由2个二级指标构成，分别是科技研发成果、成果转化与产业化。表4显示了长三角科技创新产出指数得分及城市排名。排前10位的城市分别是上海、南京、苏州、杭州、合肥、镇江、无锡、宁波、常州和芜湖，镇江和宁波的排名比上年有所提升。其中，除上海外，江苏、浙江和安徽分别有5个、2个、2个城市进入。科技创新产出指数排前10名城市的二级指标也均排前10位，这与上年相比有较大不同，表明长三角科技创新产出能力的各个方面都进一步向核心城市集聚。

表4　2018年长三角41个城市科技创新产出指数得分及排名

一级指标排序	城市	一级指标	二级指标	
			科技研发成果	成果转化与产业化
1	上海	0.703	0.752(2)	0.655(1)
2	南京(江苏)	0.624	0.783(1)	0.465(4)
3	苏州(江苏)	0.564	0.498(4)	0.630(2)
4	杭州(浙江)	0.466	0.582(3)	0.350(9)
5	合肥(安徽)	0.426	0.330(5)	0.522(3)
6	镇江(江苏)	0.336	0.278(7)	0.395(5)

续表

一级指标排序	城市	一级指标	二级指标	
			科技研发成果	成果转化与产业化
7	无锡(江苏)	0.331	0.291(6)	0.371(7)
8	宁波(浙江)	0.305	0.266(8)	0.344(10)
9	常州(江苏)	0.285	0.191(9)	0.378(6)
10	芜湖(安徽)	0.270	0.183(10)	0.357(8)
11	嘉兴(浙江)	0.223	0.167(12)	0.278(12)
12	湖州(浙江)	0.207	0.156(13)	0.257(13)
13	南通(江苏)	0.200	0.091(19)	0.309(11)
14	绍兴(浙江)	0.173	0.182(11)	0.163(17)
15	扬州(江苏)	0.169	0.088(20)	0.249(14)
16	台州(浙江)	0.160	0.121(15)	0.199(15)
17	徐州(江苏)	0.138	0.082(21)	0.193(16)
18	马鞍山(安徽)	0.135	0.111(17)	0.159(18)
19	温州(浙江)	0.122	0.139(14)	0.104(24)
20	泰州(江苏)	0.101	0.059(22)	0.143(20)
21	舟山(浙江)	0.093	0.115(16)	0.072(31)
22	金华(浙江)	0.093	0.092(18)	0.094(26)
23	盐城(江苏)	0.087	0.051(24)	0.122(22)
24	铜陵(安徽)	0.083	0.018(32)	0.149(19)
25	蚌埠(安徽)	0.083	0.037(26)	0.128(21)
26	衢州(浙江)	0.071	0.051(25)	0.092(27)
27	滁州(安徽)	0.068	0.031(27)	0.104(23)
28	宣城(安徽)	0.065	0.052(23)	0.078(30)
29	连云港(江苏)	0.060	0.018(33)	0.102(25)
30	淮安(江苏)	0.053	0.019(31)	0.088(28)
31	黄山(安徽)	0.052	0.016(34)	0.087(29)
32	淮北(安徽)	0.038	0.021(30)	0.054(33)
33	池州(安徽)	0.036	0.011(36)	0.062(32)
34	安庆(安徽)	0.030	0.015(35)	0.045(34)
35	丽水(浙江)	0.027	0.027(28)	0.027(36)
36	淮南(安徽)	0.018	0.022(29)	0.014(39)
37	阜阳(安徽)	0.016	0.008(38)	0.024(37)
38	宿迁(江苏)	0.015	0.002(40)	0.029(35)
39	亳州(安徽)	0.012	0.010(37)	0.014(40)
40	六安(安徽)	0.009	0.002(41)	0.017(38)
41	宿州(安徽)	0.009	0.007(39)	0.010(41)

注：括号中数字是二级指标排名。

（四）科技创新绩效指数得分及城市排名

科技创新绩效指数由 2 个二级指标构成，分别是投入产出绩效、驱动转型绩效。表 5 显示了长三角科技创新绩效指数得分及城市排名。排前 10 位的城市分别是合肥、南京、芜湖、杭州、铜陵、马鞍山、宁波、池州、镇江和苏州。与上年相比，科技创新绩效的排名变化最大，合肥超越南京，排名榜首，同时安徽还有 4 个城市同时进入前 10 位。其中，江苏、浙江和安徽分别有 3 个、2 个、5 个城市进入。在未进入前 10 位的城市中，嘉兴、南通和无锡在驱动转型绩效上有较好表现，但投入产出绩效表现欠佳，舟山、亳州、宣城、黄山的投入产出绩效较好，但驱动转型绩效表现欠佳。

表 5　2018 年长三角 41 个城市科技创新绩效指数得分及排名

一级指标排序	城市	一级指标	二级指标	
			投入产出绩效	驱动转型绩效
1	合肥（安徽）	0.611	0.437(6)	0.727(2)
2	南京（江苏）	0.605	0.571(2)	0.628(7)
3	芜湖（安徽）	0.588	0.377(8)	0.728(1)
4	杭州（浙江）	0.524	0.336(13)	0.649(5)
5	铜陵（安徽）	0.498	0.273(17)	0.649(4)
6	马鞍山（安徽）	0.486	0.261(20)	0.636(6)
7	宁波（浙江）	0.485	0.216(30)	0.664(3)
8	池州（安徽）	0.469	0.413(7)	0.507(20)
9	镇江（江苏）	0.459	0.340(12)	0.539(12)
10	苏州（江苏）	0.445	0.250(22)	0.575(11)
11	嘉兴（浙江）	0.444	0.192(35)	0.612(8)
12	南通（江苏）	0.426	0.187(36)	0.585(10)
13	无锡（江苏）	0.423	0.176(38)	0.588(9)
14	舟山（浙江）	0.422	0.534(3)	0.348(29)
15	台州（浙江）	0.419	0.249(24)	0.533(15)
16	滁州（安徽）	0.415	0.264(19)	0.516(19)
17	蚌埠（安徽）	0.414	0.236(28)	0.532(16)
18	亳州（安徽）	0.413	0.581(1)	0.301(32)
19	扬州（江苏）	0.408	0.214(31)	0.538(13)

续表

一级指标排序	城市	一级指标	二级指标	
			投入产出绩效	驱动转型绩效
20	宣城(安徽)	0.405	0.356(9)	0.437(23)
21	上海	0.404	0.237(27)	0.516(18)
22	常州(江苏)	0.397	0.197(34)	0.531(17)
23	连云港(江苏)	0.373	0.225(29)	0.472(21)
24	湖州(浙江)	0.371	0.249(23)	0.453(22)
25	衢州(浙江)	0.370	0.303(14)	0.416(24)
26	泰州(江苏)	0.364	0.106(40)	0.536(14)
27	徐州(江苏)	0.358	0.298(16)	0.398(25)
28	温州(浙江)	0.343	0.268(18)	0.394(28)
29	黄山(安徽)	0.336	0.440(5)	0.266(35)
30	丽水(浙江)	0.319	0.203(32)	0.397(27)
31	淮北(安徽)	0.318	0.341(11)	0.302(31)
32	盐城(江苏)	0.309	0.177(37)	0.397(26)
33	宿州(安徽)	0.293	0.521(4)	0.142(41)
34	金华(浙江)	0.259	0.243(26)	0.269(34)
35	阜阳(安徽)	0.257	0.342(10)	0.200(37)
36	淮安(江苏)	0.256	0.161(39)	0.320(30)
37	安庆(安徽)	0.247	0.302(15)	0.210(36)
38	绍兴(浙江)	0.246	0.199(33)	0.278(33)
39	淮南(安徽)	0.218	0.258(21)	0.191(40)
40	六安(安徽)	0.217	0.247(25)	0.198(38)
41	宿迁(江苏)	0.142	0.062(41)	0.196(39)

注：括号中数字是二级指标排名。

三　长三角科技创新驱动力10强城市分析

依据综合指数得分，上海、南京、苏州、杭州、合肥、无锡、宁波、镇江、芜湖和常州是长三角科技创新驱动力最强的10个城市（见图1）。根据自然断裂点法，按综合指数得分的大小进一步将上述城市分为三个等级，上海是第一梯队，南京、苏州、杭州、合肥是第二梯队，无锡、宁波、镇江、芜湖、常州是第三梯队（见图2）。可以看出，长三角科技创新驱动力的区域差异仍较大，排第 1 名的上海综合指数得分是排第 10 名的常州的 2.5 倍以上，而第 6 ~ 10 名的差距相对较小。

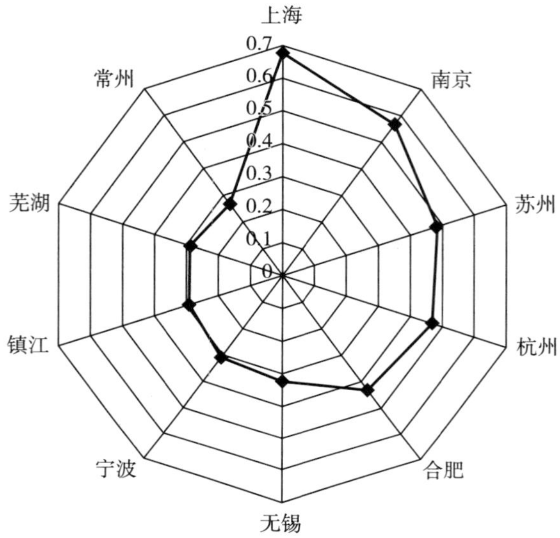

图 1　2018 年长三角科技创新驱动力 10 强综合指数比较

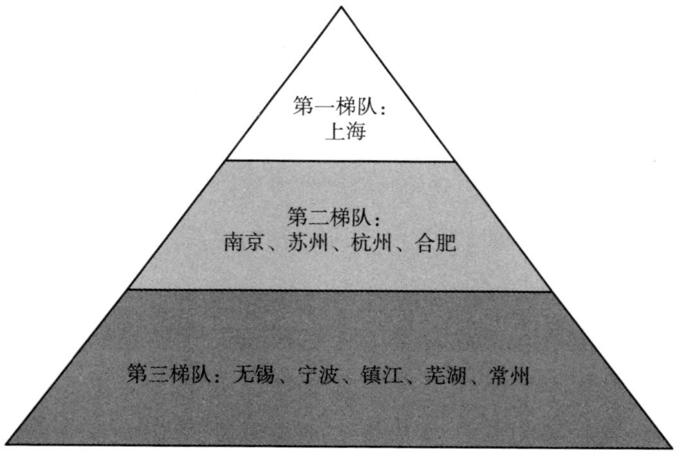

图 2　长三角科技创新驱动力 10 强城市梯队分布

上海在科技创新投入、载体和产出方面都位居榜首，在二级指标上，除人力资源投入排名第2、高新产业载体排名第4、科技研发成果排名第2外，其他都排首位，表明上海在科技创新方面的投入、产出和载体平台的体量都较大，但在科技创新绩效方面表现不佳，排第21位，只处在长三角的中游水平，这与上海在其他方面的优势形成巨大反差，但与上年相比已提升6个位次（见表6）。

表6 2018年上海科技创新驱动力一、二级指标得分及排名

一级指标	得分	排名	二级指标	得分	排名
科技创新投入	0.769	1	科技研发投入	0.872	1
			人力资源投入	0.629	2
			创新基础投入	0.840	1
科技创新载体	0.774	1	科技研发载体	0.900	1
			高新产业载体	0.356	4
			创新培育载体	1.000	1
科技创新产出	0.703	1	科技研发成果	0.752	2
			成果转化与产业化	0.655	1
科技创新绩效	0.404	21	投入产出绩效	0.237	27
			驱动转型绩效	0.516	18

从科技创新投入来看，2018年，上海的研发经费高达1359亿元，而在其他城市中，与上年相比，苏州的研发经费超过杭州，排第2位，达到517亿元，但与上海相比差距明显。上海的研发强度超过4%，研发人员超过27万名，同时，地方财政实力雄厚，科技支出达到8352亿元，人均教育投入超过3787元，这些为其科技创新发展奠定了扎实的基础。从科技创新载体来看，上海的高等教育资源丰富，拥有64所高校，其中一流大学4所、一流学科建设大学9所，国家重点实验室和国家重大科学装置等科学基础设施集中布局在上海。同时，企业是创新的主体，虽然上海的规模以上企业中设立研发机构的占比不高，但根据科技部2018年数据，上海的独角兽企业数量达到44家，约是排名第2位杭州（19家）的2倍，这些企业是未来科创板的备选企业，具有较大的创新潜力。此外，上海的创新培育载体优势尤为

突出，国家级科技孵化器、众创空间数远超其他城市，各类风险投资机构高度聚集，数量高达3200余家，并且国家级园区和国家级大学科技园区的规模也位居前列。从科技创新产出来看，上海的SSCI论文和发明专利产出数量分别超过38万篇和2.1万件，成果转化成绩斐然，技术合同交易额达到1303亿元，高新技术产业产值高达10669亿元。从科技创新绩效来看，尽管上海的科技创新产出很大，但由于投入也很大，投入产出绩效不佳，而在驱动转型绩效方面，除了生产性服务业占服务业比重领先，上海在高新技术产业产值占工业总产值比重和从业人员人均规模以上工业增加值方面的表现都不尽如人意，但较上年有一定改善。综上所述，上海科技创新的资源丰富，产出总量庞大，但效率有待提升。

南京、苏州、杭州、合肥是仅次于上海的长三角科技创新中坚力量，表7显示了这四个城市的一级指标得分和排名，与上海不同的是，它们在科技创新投入、载体、产出、绩效四个方面的表现比较均衡，但与上年相比，苏州的绩效排名有所下滑，合肥的绩效表现超过南京，上升至首位。

表8显示了这四个城市的二级指标得分与排名。合肥的科技创新绩效优势主要体现在驱动转型绩效方面，而南京的科技创新绩效优势主要体现在投入产出绩效方面。同时，南京的高校和科研院所众多，科研能力突出，因此，南京在人力资源投入和科技研发成果方面一直有较大优势。苏州在高新产业载体方面表现优异，得分居首位，而苏州的短板是投入产出绩效指标排名不高，仅处在长三角的中游水平，同时与上年相比，驱动转型绩效排名也有所下滑，导致其综合绩效排名下滑。杭州各方面表现比较均衡，在科技创新投入、载体和产出方面都有一定优势，相对而言，杭州在成果转化与产业化和投入产出绩效方面的表现相对不佳，技术合同交易额和高新技术产业产值都有待提升，这与杭州的新兴产业主要优势在互联网等信息服务业有关。合肥拥有众多科学基础设施，在科技研发方面具有一定优势，成果转化与产业化的表现也不错，技术合同交易额和高新技术产业产值的体量都较大。此外，驱动转型绩效排名第二位，但主要问题是经济发展水平仍滞后于江浙沪

地区，虽然与上年相比差距已有缩小，但创新基础投入仍有待加强，科技创新与区域经济的互动协同应进一步提升。

表7　2018年南京、苏州、杭州、合肥科技创新驱动力一级指标得分及排名

一级指标	南京		苏州		杭州		合肥	
	得分	排名	得分	排名	得分	排名	得分	排名
科技创新投入	0.529	2	0.480	4	0.483	3	0.362	5
科技创新载体	0.496	2	0.407	3	0.391	4	0.364	5
科技创新产出	0.624	2	0.564	3	0.466	4	0.426	5
科技创新绩效	0.605	2	0.445	10	0.524	4	0.611	1

表8　2018年南京、苏州、杭州、合肥科技创新驱动力二级指标得分及排名

一级指标	二级指标	南京		苏州		杭州		合肥	
		得分	排名	得分	排名	得分	排名	得分	排名
科技创新投入	科技研发投入	0.386	5	0.465	2	0.463	3	0.399	4
	人力资源投入	0.697	1	0.430	4	0.493	3	0.376	5
	创新基础投入	0.481	4	0.609	2	0.503	3	0.257	13
科技创新载体	科技研发载体	0.578	2	0.198	5	0.367	4	0.458	3
	高新产业载体	0.292	5	0.846	1	0.377	3	0.185	7
	创新培育载体	0.472	4	0.670	2	0.586	3	0.203	7
科技创新产出	科技研发成果	0.783	1	0.498	4	0.582	3	0.330	5
	成果转化与产业化	0.465	4	0.630	2	0.350	9	0.522	3
科技创新绩效	投入产出绩效	0.571	2	0.250	22	0.336	13	0.437	6
	驱动转型绩效	0.628	7	0.575	11	0.649	5	0.727	2

无锡、宁波、镇江、芜湖、常州是长三角科技创新的重要节点城市。其中，浙江和安徽各有1个城市，其余均为江苏的城市。表9显示了这五个城市的一级指标得分排名。芜湖的科技创新绩效依然表现突出，排名第3位，但科技创新载体排名不高。与上年相比，常州的绩效排名有所下滑。

表10显示了这五个重要节点城市的二级指标得分排名。无锡在创新培育载体方面，宁波和芜湖在驱动转型绩效方面，镇江在成果转化与产业化方面，常州在创新培育载体和成果转化与产业化方面的表现比其他方面更优异。与

上年相比，芜湖在创新基础投入，镇江在成果转化与产业化方面有所提升，但除芜湖外，其他城市都在投入产出绩效方面出现一定程度的下滑，同时常州在驱动转型绩效方面也出现了下滑。在科技创新驱动力均衡性上，江浙城市有向上海趋同的趋势，即在投入、产出和载体上有优势，但绩效表现不佳。

表 9　2018 年无锡等 5 个第三梯队城市的科技创新驱动力一级指标排名

城市	科技创新投入	科技创新载体	科技创新产出	科技创新绩效
无锡	6	7	7	13
宁波	7	8	8	7
镇江	9	16	6	9
芜湖	10	22	10	3
常州	8	14	9	22

表 10　2018 年无锡等 5 个第三梯队城市的科技创新驱动力二级指标排名

一级指标	二级指标	无锡	宁波	镇江	芜湖	常州
科技创新投入	科技研发投入	7	8	12	6	10
	人力资源投入	6	8	7	12	9
	创新基础投入	6	5	10	21	7
科技创新载体	科技研发载体	6	8	11	21	12
	高新产业载体	10	14	25	16	32
	创新培育载体	5	8	13	20	6
科技创新产出	科技研发成果	6	8	7	10	9
	成果转化与产业化	7	10	5	8	6
科技创新绩效	投入产出绩效	38	30	12	8	34
	驱动转型绩效	9	3	12	1	17

附录：长三角科技创新驱动力评价方法

本报告构建的长三角科技创新驱动力指标评价体系如附表 1 所示。指标计算采用的主要科技和经济统计资料来源于《中国城市统计年鉴》，各省市统计年鉴和统计公报，科技部、各省科技厅、各市科技局及相关部门网站。

此外，论文数据根据 web of science 网站检索得到，风险投资机构数据根据清科数据库的投资界网站得到。需要说明的是，信息化水平指标采用人均互联网宽带接入用户数衡量；高等院校数量指标的统计方法是，1 所一流大学折算为 2 所一流学科建设大学，1 所一流学科建设大学折算为 2 所普通高校；国家级重点实验室指标的统计方法是，1 家国家级实验室折算为 3 家国家级重点实验室；国家级园区指标在统计中包括国家级高新区和国家级经济技术开发区；生产性服务业占比指标采用生产性服务业的从业人数占服务业总从业人数的比重表示。①

指标得分的具体计算过程如下：首先，运用极值法对各项三级指标的变量数据进行 0～1 标准化处理；其次，基于 AHP－EVM 模型，分别采用层次分析法（AHP）和熵值法（EVM）得到主观指标权重和客观指标权重，再基于客观指标权重对主观综合指标权重进行修正，从而得到综合指标权重；最后，通过将标准化后的各三级指标数值乘以权重再加总得到各城市的二级指标得分，同理可得各城市的科技创新驱动力专项指数（一级指标得分）和综合指数。

附表 1　长三角科技创新驱动力指标评价体系

一级指标	二级指标	三级指标
科技创新投入	科技研发投入	研发经费(亿元)
		研发强度(%)
		科技经费占地方财政支出比重(%)
	人力资源投入	研发人员数(人)
		每万人从业人口中研发人员数(人)
		每十万城市人口中的在校研究生数量(人)
		人均 GDP(元)

① 根据《中国城市统计年鉴》中的服务业类别，本研究将交通运输、仓储和邮政业，信息传输、计算机服务和软件业，金融业，租赁和商务服务业，科学研究、技术服务和地质勘查业认定为生产性服务业；批发和零售业、住宿和餐饮业等其他类别认定为生活性服务业。

续表

一级指标	二级指标	三级指标
科技创新投入	创新基础投入	地方财政支出(亿元)
		人均教育投入(元)
		信息化水平(户/百人)
科技创新载体	科技研发载体	高等院校(所)
		国家工程技术中心、国家级企业技术中心(家)
		国家级重点实验室(家)
		国家重大科学装置(家)
		规模以上工业企业中设立研发机构企业占比(%)
		独角兽企业数(家)
	高新产业载体	国家级园区面积(平方公里)
		国家级大学科技园区(家)
	创新培育载体	国家级科技企业孵化器(家)
		国家级众创空间(家)
		风险投资机构(家)
科技创新产出	科技研发成果	国内授权发明专利总量(件)
		万人国内授权发明专利数(件)
		科技论文发表总量(篇)
		万人科技论文发表量(篇)
	成果转化与产业化	技术合同交易额总量(亿元)
		人均技术合同交易额(元)
		高新技术产业产值总量(亿元)
		人均高新技术产业产值(元)
科技创新绩效	投入产出绩效	每亿元研发投入产生的国内授权发明专利数(件)
		每亿元研发投入形成的高新技术产业产值(亿元)
		每亿元科技经费产生的科技论文数(篇)
	驱动转型绩效	高新技术产业产值占工业总产值比重(%)
		从业人员人均规模以上工业增加值(元)
		生产性服务业占服务业比重(%)

参考文献

王振等：《长江经济带创新驱动发展的协同战略研究》，上海人民出版社，2018。

黄亮、王振、范斐：《基于突变级数模型的长江经济带50座城市科技创新能力测度与分析》，《统计与信息论坛》2017年第4期。

王振、卢晓菲：《长三角城市群科技创新驱动力的空间分布与分层特征》，《上海经济研究》2018年第10期。

B.5
长三角地区产业转型升级城市排名报告（2019）

马 双*

摘 要： 本报告从结构优化、质量提升、产业创新、环境友好四个维度，系统而全面地评价了2018年长三角地区41个城市的产业转型升级水平，并依据综合指数得分对41个城市进行了排名。结果显示，上海、南京、苏州、杭州、无锡位列长三角地区产业转型升级指数前5位。

关键词： 长三角地区　结构优化　质量提升　产业创新　环境友好

产业转型升级是长三角地区城市高质量发展的重要组成部分。本报告在之前研究的基础上，沿用包括4个领域（一级指标）、9个主题（二级指标）、23项具体指标的产业转型升级指数指标体系（详见本报告附录），对2018年长三角地区范围内41个城市的产业转型升级情况进行全面评价，以期为相关研究和政府决策提供参考。

一 长三角41个城市产业转型升级综合指数

2018年长三角城市产业转型升级综合指数测算结果及排名如表1所

* 马双，博士，上海社会科学院信息研究所助理研究员，主要研究方向为区域经济与创新发展。

示。在41个城市中，排前5位的城市分别为上海、南京、苏州、杭州、无锡。在排前10位的城市中，上海占1席、江苏占5席、浙江占3席、安徽1席。

上海在长三角41个城市中处于龙头地位，产业转型升级综合得分高达0.780，远远高于其他城市，龙头地位十分凸显。在结构优化、质量提升、产业创新3个一级指标领域中，上海均位列第1，仅环境友好领域排名欠佳，在41个城市中列第11位。因此，上海在未来产业转型升级中，应在保持创新驱动的基础上，更加重视绿色发展能力的提升。

南京、苏州、杭州、无锡、宁波、常州分列第2～7位，综合得分均在0.5以上。这些城市具备雄厚的产业基础和强劲的创新发展动能，是长三角地区内重要的节点城市。这些城市的优势领域同样集中在结构优化、质量提升和产业创新方面，但彼此略有不同。如南京在结构、创新产出上排名第2，但在创新投入上仅排第23位；苏州产业结构排名第2，但就业结构、创新投入排名较靠后；杭州结构优化、质量提升和产业创新3个一级指标得分较为均衡，排名均列前10位；无锡的生产效率超过上海，列41个城市首位，但就业结构仅排第20位；宁波在其他二级指标方面均列前10位，但创新投入上仅排第28位；常州在质量提升方面列前5位。

合肥、台州、镇江3个城市的得分均在0.43以上，分列第8～10位。这些城市具备较强的产业转型升级基础和前景，在长三角地区产业转型升级发展中起到了重要作用，对标上海、南京等领军城市，存在巨大的产业转型升级空间。其中，合肥在产业创新上的表现与第二梯队相当，成果转化排第3名，创新产出排第5名，创新投入排第7名；台州在成果转化、投资效益、创新投入上表现较好，在41个城市中均列前10位；镇江生产效率排第5名，创新产出排第8名，在41个城市中名列前茅。

排名相对靠后的城市有安徽的淮南、六安、亳州、宿州以及江苏的宿迁，这些城市的产业转型升级状况欠佳，亟待政策和各种资源的输入。

表 1　2018 年长三角地区城市产业转型升级综合指数及排名

排序	城　市	得分	排序	城　市	得分
1	上　海	0. 780	22	丽　水	0. 395
2	南　京	0. 573	23	淮　安	0. 392
3	苏　州	0. 563	24	连云港	0. 392
4	杭　州	0. 559	25	宣　城	0. 390
5	无　锡	0. 549	26	蚌　埠	0. 386
6	宁　波	0. 509	27	铜　陵	0. 385
7	常　州	0. 508	28	湖　州	0. 381
8	合　肥	0. 465	29	马鞍山	0. 377
9	台　州	0. 443	30	黄　山	0. 364
10	镇　江	0. 434	31	阜　阳	0. 360
11	嘉　兴	0. 429	32	盐　城	0. 359
12	舟　山	0. 416	33	安　庆	0. 356
13	芜　湖	0. 414	34	池　州	0. 354
14	扬　州	0. 410	35	衢　州	0. 353
15	徐　州	0. 408	36	淮　北	0. 347
16	温　州	0. 404	37	宿　州	0. 341
17	滁　州	0. 403	38	亳　州	0. 341
18	绍　兴	0. 402	39	宿　迁	0. 327
19	金　华	0. 401	40	六　安	0. 309
20	泰　州	0. 401	41	淮　南	0. 284
21	南　通	0. 399			

资料来源：《中国城市统计年鉴 2019》、三省一市 2019 年统计年鉴、2018 年度各市统计公报。

二　长三角41个城市产业转型升级分项指数

产业转型升级综合指数包含结构优化、质量提升、产业创新、环境友好四个领域，各领域分项得分情况存在差异。

（一）结构优化指数及城市排名

结构优化领域包含产业结构和就业结构两个子领域。2018 年长三角地区城市结构优化指数测算结果及排名如表 2 所示。在 41 个城市中，排前 5 位的城市分别为上海、南京、杭州、苏州、舟山。在排前 10 的城市中，浙江的城市占据 7 席，表现突出。

上海排名第 1，得分为 0.783。在产业结构、就业结构两个子领域，上海均位列第 1，得分分别为 0.641 和 0.995，优势明显。在第三产业增加值占 GDP 比重、产业集聚度、先进生产性服务业从业人员比重 3 个指标上，上海均位列区域第 1，其他指标均列前 5 位，整体优势明显，无显著短板。

南京、杭州、苏州、舟山、宁波分列第 2～6 位，结构优化得分分别为 0.600、0.592、0.581、0.577、0.542，城市产业结构和就业结构整体水平较高。其中，南京在就业结构上排名第 2，先进生产性服务业从业人员比重近 20%，仅次于上海，但产业结构仅排名第 8。杭州在就业结构上排名第 3，各指标与南京差异不大，产业结构排名第 6，主要是外贸依存度较低。苏州产业结构排名第 2，其中外贸依存度位列第 1，高达 831.8，产业集聚度位列第 2，仅次于上海；但就业结构仅在 41 个城市中排第 32 位。舟山的产业结构排名第 4，就业结构排名第 6，舟山得分高的原因主要是产业结构和就业结构的服务业特性极为明显，先进生产性服务业从业人员比重、第三产业增加值占 GDP 比重、非农产业从业人员比重等指标均列前 5 位，外贸依存度高达 590.7，名列第 3，仅次于苏州、上海。宁波在产业结构上排名第 5，在就业结构上排名第 9，其中第二产业增加值占 GDP 比重达到 51.3%，外贸依存度达 528.2，两项指标表现较好。

金华、无锡、丽水、嘉兴分列第 7～10 位，结构优化得分分别为 0.526、0.504、0.501、0.496。其中，金华产业结构排名第 3，第二、三产业增加值占 GDP 比重、产业集聚度、外贸依存度各项指标均表现较好，但就业结构仅排第 43 位。无锡与金华得分类似，在产业结构上表现不如金华，但在就业结构上表现优于金华；丽水与金华、无锡的得分正好相反，在就业结构上排名第 4，但在产业结构上仅排第 20 名。嘉兴的领域得分较为均衡，两项指标均列前 15 位。

排名相对靠后的城市有安徽的滁州、六安、安庆以及江苏的宿迁、盐城，这些城市的各项经济结构指标的优化调整空间相对较大。

表 2　2018 年长三角地区城市结构优化指数排名

排序	城　市	得分	排序	城　市	得分
1	上　海	0.783	22	马鞍山	0.423
2	南　京	0.600	23	阜　阳	0.418
3	杭　州	0.592	24	绍　兴	0.417
4	苏　州	0.581	25	淮　安	0.408
5	舟　山	0.577	26	亳　州	0.407
6	宁　波	0.542	27	芜　湖	0.407
7	金　华	0.526	28	宿　州	0.405
8	无　锡	0.504	29	蚌　埠	0.403
9	丽　水	0.501	30	南　通	0.399
10	嘉　兴	0.496	31	宣　城	0.391
11	衢　州	0.488	32	徐　州	0.390
12	温　州	0.480	33	淮　南	0.389
13	常　州	0.469	34	扬　州	0.387
14	合　肥	0.455	35	泰　州	0.381
15	连云港	0.454	36	淮　北	0.380
16	镇　江	0.452	37	盐　城	0.379
17	台　州	0.449	38	滁　州	0.373
18	黄　山	0.443	39	六　安	0.364
19	湖　州	0.442	40	宿　迁	0.349
20	铜　陵	0.434	41	安　庆	0.347
21	池　州	0.429			

资料来源：《中国城市统计年鉴 2019》、三省一市 2019 年统计年鉴、2018 年度各市统计公报。

（二）质量提升指数及城市排名

质量提升领域包含生产效率和投资效益两个子领域。2018 年长三角城市质量提升指数测算结果如表3所示。在41个城市中，排名前5的城市分别为上海、无锡、常州、苏州、南京。在排名前10的城市中，上海1席，江苏占据6席，浙江占据2席，安徽1席。

上海排名第1，得分为0.798。在投资效益方面上海列第1位，表现优秀，在生产效率方面列第2位，仅次于无锡。在投资效益系数、工业企业固定资产利润率、建设用地土地生产率3个指标上，上海均列第1位，数值分别为33.869、37.784%和5.154万元/平方公里。

无锡、常州、苏州、南京分列第2～5位，质量提升得分分别为0.678、0.647、0.639、0.570，产业发展质量整体较为优异。其中，无锡在生产效率领域排名第1，人均GDP高达174270元，位列41个城市中第1，但投资效益方面仅列第8位。常州在生产效率和投资效益两个领域分别排第3和第5位，主要是因为人均GDP、全员劳动生产率、投资效益系数等指标表现不俗。苏州的生产效率和投资效益均列第4位，其中人均GDP达173765元，仅次于无锡，全员劳动生产率、建设用地土地生产率、投资效益系数均列前5位，但工业企业固定资产利润率表现一般。南京在生产效率和投资效益方面分别位列第6和第8，优劣势指标与苏州类似。

杭州、宁波、滁州、扬州、镇江分列质量提升领域的第6～10位，得分分别为0.552、0.541、0.422、0.420、0.417。其中，杭州在投资效益方面得分排名第2，仅次于上海，但在生产效率方面仅排名第9位。宁波发展均衡，生产效率和投资效益两个领域分列第6和第7位。滁州排名第8，主要得益于优异的投资效益，仅排在上海、杭州之后，位列第3。其中，工业企业固定资产利润率高达49.3%，居整个长三角首位。但滁州的生产效率仅排41个城市中的第34位。扬州、镇江在生产效率和投资效益两个方面排名分别列第11和第16、第5和第38。

排名最后5位的城市有4个在安徽，1个在浙江，分别为池州、温州、亳州、淮南、六安，这些城市产业发展质量相对较差，生产效率和投资效益亟待提高。

表 3　2018 年长三角地区城市质量提升指数及排名

排序	城　市	得分	排序	城　市	得分
1	上　海	0. 798	22	衢　州	0. 324
2	无　锡	0. 678	23	铜　陵	0. 322
3	常　州	0. 647	24	连云港	0. 320
4	苏　州	0. 639	25	安　庆	0. 312
5	南　京	0. 570	26	宿　迁	0. 308
6	杭　州	0. 552	27	湖　州	0. 303
7	宁　波	0. 541	28	丽　水	0. 296
8	滁　州	0. 422	29	舟　山	0. 291
9	扬　州	0. 420	30	蚌　埠	0. 287
10	镇　江	0. 417	31	盐　城	0. 279
11	泰　州	0. 404	32	金　华	0. 276
12	台　州	0. 398	33	阜　阳	0. 276
13	绍　兴	0. 393	34	黄　山	0. 276
14	南　通	0. 371	35	宿　州	0. 244
15	徐　州	0. 368	36	淮　北	0. 242
16	合　肥	0. 367	37	池　州	0. 240
17	淮　安	0. 366	38	温　州	0. 227
18	嘉　兴	0. 364	39	亳　州	0. 215
19	宣　城	0. 355	40	淮　南	0. 160
20	芜　湖	0. 350	41	六　安	0. 130
21	马鞍山	0. 349			

资料来源：《中国城市统计年鉴 2019》、三省一市 2019 年统计年鉴、2018 年度各市统计公报。

（三）产业创新指数及城市排名

产业创新领域包含创新投入、创新产出、成果转化三个子领域，2018 年长三角城市产业创新指数测算结果如表 4 所示。在 41 个城市中，排名前 5 的城市分别为上海、杭州、南京、合肥、苏州。在排名前 10 的城市中，上海 1 席，江苏 3 席，浙江 4 席，安徽 2 席。

上海排名第 1，得分为 0.837，远远高于其他城市。其中，在创新产出和成果转化方面，上海均位列第 1。2018 年，上海授权发明专利数量、高水平期刊科技类论文发表数量、技术合同交易额、国家级企业技术中心数量分别达到 21331 件、3133 篇、867.53 亿元、69 家，均列长三角首位。在创新投入方面，上海位列第 11，主要是因为 R&D 人员投入强度、科教支出占财政预算支出比重较低，但 R&D 经费投入强度达 4.2%，依然高居 41 个城市中的第 1 位。

杭州、南京、合肥、苏州分列第 2 ~ 5 位，产业创新得分分别为 0.452、0.437、0.384、0.329。其中，杭州的成果转化领域排名第 2，创新产出领域排名第 3。2018 年，杭州的技术合同交易额、国家级企业技术中心数量、高水平期刊科技类论文发表数量分别达到 222.73 亿元、37 家和 1359 篇，在长三角 41 个城市中均列前 3 位；授权发明专利数量达 10267 件，列长三角第 4 位，但创新投入排名稍差一些，排名第 8；南京在创新产出和成果转化上分列第 2 和第 4 位，因高校和科研院所汇聚，在单项指标高水平期刊科技类论文发表数量方面超过上海，居区域榜首。合肥表现较为均衡，在创新投入、创新产出、成果转化三个领域分别排第 7、第 5 和第 3 位；苏州在创新产出和成果转化上分列第 4 和第 5 位，这得益于苏州 10845 件授权发明专利、155.98 亿元技术合同交易额和 24 家国家级企业技术中心，这几个单项指标均列前 4 位。

无锡、芜湖、嘉兴、绍兴、台州分列第 6 ~ 10 位，产业创新指数得分分别为 0.309、0.282、0.253、0.250、0.242。其中，芜湖、嘉兴、无锡这 3 个城市在创新投入领域表现突出，在长三角 41 个城市中列前 3 位。芜湖的科教支出占财政预算支出比重达 28.2%，高居榜首；无锡和嘉兴的 R&D 人员投入强度分别达 7.6% 和 7.5%，位居前 2。绍兴、台州在 3 个领域排名均较为平衡，单项指标中没有显著的短板。

排名最后 5 位的城市分别为亳州、六安、宿迁、舟山、黄山，其中舟山因产业结构偏重服务业而缺乏制造业的创新基础，而其他城市产业创新能力相对欠缺，产业创新驱动转型的动力不足。

表 4　2018 年长三角地区城市产业创新指数及排名

排序	城　市	得分	排序	城　市	得分
1	上　海	0. 837	22	宣　城	0. 143
2	杭　州	0. 452	23	扬　州	0. 133
3	南　京	0. 437	24	丽　水	0. 132
4	合　肥	0. 384	25	金　华	0. 132
5	苏　州	0. 329	26	衢　州	0. 129
6	无　锡	0. 309	27	盐　城	0. 127
7	芜　湖	0. 282	28	泰　州	0. 119
8	嘉　兴	0. 253	29	连云港	0. 112
9	绍　兴	0. 250	30	淮　南	0. 109
10	台　州	0. 242	31	安　庆	0. 105
11	温　州	0. 239	32	淮　北	0. 104
12	宁　波	0. 222	33	阜　阳	0. 083
13	蚌　埠	0. 185	34	淮　安	0. 083
14	马鞍山	0. 179	35	池　州	0. 074
15	常　州	0. 176	36	宿　州	0. 073
16	湖　州	0. 166	37	亳　州	0. 072
17	南　通	0. 159	38	六　安	0. 071
18	镇　江	0. 159	39	宿　迁	0. 065
19	徐　州	0. 159	40	舟　山	0. 063
20	铜　陵	0. 153	41	黄　山	0. 051
21	滁　州	0. 149			

资料来源：《中国城市统计年鉴 2019》、三省一市 2019 年统计年鉴、2018 年度各市统计公报。

（四）环境友好指数及城市排名

环境友好领域包含资源利用、环境保护两个子领域。2018 年长三角城市环境友好指数测算结果如表 5 所示。在 41 个城市中，排名前 5 的城市分别为徐州、温州、舟山、淮安、六安。在排名前 10 的城市中，江苏占 5 席，浙江占 2 席，安徽占 3 席。

徐州排名第 1，得分为 0. 740，是长三角区域环境友好指数最高的城市。在资源利用方面，徐州位列第 3，单位工业增加值用电量高达 11. 1 元/千瓦时，排名第3。在环境保护领域，徐州排名第1，单位工业增加值废水排放量仅为1.25吨/亿元，该指标得分在41个城市中最高。

温州、舟山、淮安、六安分列第2～5位，环境友好指数得分分别为0.737、0.737、0.730、0.728。其中，温州在环境保护方面表现更为突出，排名第5，舟山则在资源利用方面高居榜首，淮安、六安的得分表现则比较均衡。其中，舟山的单位工业增加值用电量高达29.1元/千瓦时。温州的单位工业增加值烟粉尘排放量不到1吨/亿元，仅为0.911吨/亿元，在长三角41个城市中最低，表现最好。

镇江、扬州、亳州、蚌埠、泰州分列第6～10位，环境友好指数得分分别为0.726、0.724、0.722、0.722、0.718。其中，亳州、扬州两地在资源利用方面表现更为突出，分别位列第2和第8，其中亳州的单位工业增加值用电量高达16.8元/千瓦时，仅次于舟山。泰州在环境保护方面表现更为优异，位列第4。2018年，泰州的单位工业增加值废水排放量和烟粉尘排放量分别为2.2吨/亿元和3.0吨/亿元。镇江、蚌埠的得分表现则比较均衡。

排名最后5位的城市分别为池州、宿迁、淮南、衢州、马鞍山，这些城市产业发展的环境友好程度欠佳，在产业转型升级的同时，环境治理和管控任务艰巨。

表5　2018年长三角地区城市环境友好指数及排名

排序	城　市	得分	排序	城　市	得分
1	徐　州	0.740	10	泰　州	0.718
2	温　州	0.737	11	上　海	0.718
3	舟　山	0.737	12	宁　波	0.717
4	淮　安	0.730	13	台　州	0.717
5	六　安	0.728	14	南　通	0.715
6	镇　江	0.726	15	合　肥	0.711
7	扬　州	0.724	16	盐　城	0.710
8	亳　州	0.722	17	常　州	0.708
9	蚌　埠	0.722	18	黄　山	0.704

续表

排序	城市	得分	排序	城市	得分
19	安庆	0.701	31	杭州	0.673
20	淮北	0.701	32	嘉兴	0.672
21	金华	0.698	33	湖州	0.667
22	连云港	0.696	34	芜湖	0.646
23	苏州	0.691	35	绍兴	0.638
24	南京	0.690	36	铜陵	0.633
25	滁州	0.686	37	池州	0.628
26	阜阳	0.685	38	宿迁	0.613
27	无锡	0.683	39	淮南	0.544
28	宣城	0.682	40	衢州	0.533
29	宿州	0.680	41	马鞍山	0.521
30	丽水	0.675			

资料来源：《中国城市统计年鉴2019》、三省一市2019年统计年鉴、2018年度各市统计公报。

附录：产业转型升级评价方法

本报告使用权重优化模型，运用层次分析法和熵值法对各子系统进行了综合权重分析，指标体系如附表1。首先，需要确定各级指标的具体权重，通过运用层次分析法（AHP）和熵值法（EVM）对各子系统进行了综合权重分析。该研究方法的主要目的是尽可能避免出现指标权重的不确定性，以达到各指标赋权的主客观一致性，同时也确保各子系统内部权重之和为1。

附表1　产业转型升级指数指标体系

一级指标		二级指标		三级指标	
名称	权重	名称	权重	名称	权重
结构优化	0.3	产业结构	0.6	第二产业增加值占GDP比重	0.2
				第三产业增加值占GDP比重	0.3
				产业集聚度	0.2
				外贸依存度	0.3
		就业结构	0.4	非农产业从业人员比重	0.5
				先进生产性服务业从业人员比重	0.5

续表

一级指标		二级指标		三级指标	
名称	权重	名称	权重	名称	权重
质量提升	0.3	生产效率	0.5	人均 GDP	0.4
				全员劳动生产率	0.3
				建设用地土地生产率	0.3
		投资效益	0.5	投资效益系数	0.5
				工业企业固定资产利润率	0.5
产业创新	0.2	创新投入	0.3	R&D 经费投入强度	0.35
				R&D 人员投入强度	0.35
				科教支出占财政预算支出比重	0.3
		创新产出	0.3	授权发明专利数量	0.5
				高水平期刊科技类论文发表数量	0.5
		成果转化	0.4	技术合同交易额	0.5
				国家级企业技术中心数量	0.5
环境友好	0.2	资源利用	0.5	单位工业增加值用电量	0.5
				一般工业固体废弃物综合利用率	0.5
		环境保护	0.5	单位工业增加值废水排放量	0.4
				单位工业增加值废气排放量	0.3
				单位工业增加值烟粉尘排放量	0.3

B.6 长三角区域绿色发展指数城市排名报告（2019）

海骏娇*

摘　要： 本报告对长三角区域41个城市2018年度的绿色发展情况进行了全面评价。通过构建绿色发展指数指标体系，对各城市绿色发展综合指数以及绿色生态、绿色生产、绿色生活三个分领域依次进行排名。长三角区域绿色发展综合指数排名前10位的城市分别为黄山、湖州、丽水、南通、无锡、扬州、上海、台州、舟山、杭州。

关键词： 绿色发展　长三角区域　绿色生态　绿色生产　绿色生活

自长三角一体化发展上升为国家战略以来，打造绿色发展样板区成为题中应有之义，以绿色发展培育新经济增长点是重要的实践方向。本报告通过构建绿色发展指数指标体系，对长三角区域41个城市2018年度绿色发展情况进行全面评价。在延续上一年度指标体系总体框架的基础上，根据数据可得性和逻辑完整性，更新了部分三级指标，形成了包括3个一级指标、7个二级指标、21个三级指标的绿色发展指数指标体系（见表1）。

* 海骏娇，上海社会科学院信息研究所助理研究员，主要研究方向为区域经济可持续发展。

表 1　长三角区域绿色发展指数指标体系

一级指标		二级指标		三级指标	
名称	权重	名称	权重	名称	权重
绿色生态	0.3	自然禀赋	0.4	林木覆盖率	0.3
				农田与水域面积占比	0.2
				人均水资源量	0.3
				人均耕地面积	0.2
		环境质量	0.6	考核断面水环境质量	0.3
				PM2.5 年均浓度	0.4
				土壤侵蚀度	0.3
绿色生产	0.4	节能减排	0.5	单位工业增加值用电量	0.25
				单位工业增加值用水量	0.25
				单位工业增加值废水排放量	0.25
				单位工业增加值二氧化硫排放量	0.25
		绿色科技	0.5	人均 GDP	0.3
				全社会研发经费占 GDP 比重	0.35
				人均环保经费投入	0.35
绿色生活	0.3	污染治理	0.4	生活垃圾无害化处理率	0.2
				污水处理厂集中处理率	0.4
				一般工业固体废弃物综合利用率	0.4
		城市绿化	0.4	建成区绿化覆盖率	0.5
				人均公园绿地面积	0.5
		环境压力	0.2	单位 GDP 能耗	0.6
				人口密度	0.4

评价数据主要来源于《中国城市统计年鉴 2019》、三省一市 2019 年统计年鉴、土地调查数据以及 2018 年度国家和地方政府各类公开数据。数据评价时期为 2018 年。

一　绿色发展综合指数排名

绿色发展综合指数包含绿色生态、绿色生产、绿色生活三个子领域。2018 年长三角区域绿色发展综合指数测算结果如表 2 所示。在 41 个城市中，排名前10位的城市分别为黄山、湖州、丽水、南通、无锡、扬州、上海、台州、舟山、杭州。在这些城市中，除上海以外，浙江占据5席，江苏占据3席，安徽仅黄山一地上榜，且排名首位。

表2　2018年长三角区域绿色发展综合指数排名

排序	城　市	得分	排序	城　市	得分
1	黄　山	65.07	22	蚌　埠	53.89
2	湖　州	64.69	23	芜　湖	53.31
3	丽　水	64.48	24	宣　城	53.30
4	南　通	63.92	25	铜　陵	53.25
5	无　锡	63.51	26	徐　州	53.14
6	扬　州	62.67	27	绍　兴	52.75
7	上　海	61.98	28	淮　北	51.90
8	台　州	61.13	29	马鞍山	51.86
9	舟　山	60.26	30	金　华	51.38
10	杭　州	60.11	31	温　州	51.10
11	苏　州	59.19	32	六　安	50.94
12	合　肥	58.73	33	滁　州	50.55
13	南　京	58.51	34	淮　安	50.39
14	盐　城	58.18	35	连云港	49.14
15	镇　江	56.97	36	宿　州	48.69
16	宁　波	56.94	37	亳　州	47.87
17	嘉　兴	56.38	38	阜　阳	47.53
18	泰　州	56.34	39	宿　迁	46.86
19	常　州	56.29	40	安　庆	46.84
20	池　州	54.69	41	淮　南	40.32
21	衢　州	54.00			

资料来源：《中国城市统计年鉴2019》、三省一市2019年统计年鉴、土地调查数据、2018年度国家和地方政府各类公开数据。

黄山综合排名第1位，得分为65.07，是2018年度长三角区域绿色发展水平最高的城市。在绿色生活、绿色生态两个领域，黄山分别位列第1、第2，领先优势明显；然而在绿色生产领域排名中等偏下，仅位列第29。因此，黄山市在未来的绿色发展过程中，应该在保持生态宜居优势的基础上，加大节能减排和绿色科研投入力度，提升区域经济实力。

湖州、丽水、南通、无锡分别居第 2 ~5 位，综合得分分别为 64.69、64.48、63.92、63.51，城市绿色发展整体水平优异。这些城市的优势领域各不相同，其中，湖州和南通的得分结构较为相似，两地的绿色生活发展水平很高，分别位列第 2、第 4，绿色生态发展水平相对较高，而绿色生产发展水平相对滞后。丽水在绿色生态领域居榜首，在绿色生活和绿色生产领域的表现相对欠佳。无锡在绿色生产领域优势显著，高居第 2 名，而绿色生态领域得分在长三角 41 个城市中为倒数第 5 位。

扬州、上海、台州、舟山、杭州分列第 6 ~10 位，综合得分分别为 62.67、61.98、61.13、60.26、60.11，城市绿色发展整体状况良好。其中，上海和杭州的得分结构较为相似，以绿色生产为优势领域，分别居第 1、第 7 位，而在绿色生活领域排名末尾。扬州在绿色生产、绿色生活领域得分优异，分别排名第 5、第 6 位，在绿色生态方面存在短板。台州的得分结构与黄山市类似，在绿色生活、绿色生态两个领域分别位列第 3、第 4，存在区域优势，而在绿色生产领域排名中等。舟山的三大领域排名相对均衡，处于第 10 ~20 位，其中绿色生态领域排名相对靠前。

排名相对靠后的城市有淮南、安庆、宿迁、阜阳和亳州等。除了阜阳的绿色生态领域得分位居第 9 名，表现尚佳，其他城市在各领域表现均整体偏弱，绿色发展相关的各项政策和资源输入需求很高。

二　绿色生态指数排名

绿色生态领域包含自然禀赋和环境质量两个主题。2018 年度长三角区域绿色生态指数测算结果如表 3 所示。在 41 个城市中，排名前 10 位的城市分别为丽水、黄山、衢州、台州、金华、湖州、池州、盐城、南通、宣城。在这些城市中，浙江占据 5 席，优势突出；此外，安徽占据 3 席，江苏占据 2 席。

表 3　2018 年长三角区域绿色生态指数排名

排序	城　市	得分	排序	城　市	得分
1	丽　水	82.45	22	阜　阳	37.74
2	黄　山	67.20	23	亳　州	36.40
3	衢　州	56.35	24	蚌　埠	35.73
4	台　州	53.25	25	安　庆	35.26
5	金　华	51.10	26	滁　州	35.16
6	湖　州	50.23	27	扬　州	35.16
7	池　州	50.13	28	芜　湖	34.50
8	盐　城	47.66	29	合　肥	34.31
9	南　通	47.30	30	宿　迁	34.21
10	宣　城	47.16	31	淮　南	33.64
11	舟　山	46.84	32	南　京	32.83
12	宁　波	46.32	33	宿　州	32.45
13	温　州	45.08	34	铜　陵	32.40
14	杭　州	45.00	35	淮　北	32.16
15	嘉　兴	43.58	36	淮　安	31.37
16	上　海	41.71	37	无　锡	31.03
17	马鞍山	40.86	38	连云港	30.25
18	绍　兴	40.46	39	镇　江	27.18
19	泰　州	40.18	40	常　州	26.50
20	苏　州	40.06	41	徐　州	21.58
21	六　安	39.14			

资料来源：《中国城市统计年鉴 2019》、三省一市 2019 年统计年鉴、土地调查数据、2018 年度国家和地方政府各类公开数据。

丽水排名第 1，得分远高于其他城市，达到 82.45，绿色生态优势显著。在自然禀赋和环境质量两个主题上，丽水得分均高居榜首。就具体指标而言，丽水的林木覆盖率、农田与水域面积占比、考核断面水环境质量等 3 个指标，均在 41 个城市中列第 1 位，整体优势明显，无显著短板，仅人均耕地面积和土壤侵蚀度指标得分相对略低。

黄山、衢州、台州、金华分列第 2 ~ 5 位，绿色生态得分分别为 67. 20、56. 35、53. 25、51. 10，城市自然禀赋和环境质量方面得分整体较高。其中，黄山市得分远高于其他城市，在自然禀赋领域排名第 2 位，在环境质量领域排名第 11 位。在具体指标方面，黄山人均水资源量位列区域第 1，林木覆盖率、农田与水域面积占比、PM2. 5 年均浓度等指标均列区域第 2 位，区域生态优势显著。在自然禀赋和环境质量两个主题上，衢州市自然禀赋得分较高，排名第 5 位，林木覆盖率、农田与水域面积占比、人均水资源量等指标成绩优异；台州市与之相反，环境质量排名相对靠前，位居第 8 名，PM2. 5 年均浓度等指标得分相对较高。金华市各方面排名相对平衡，自然禀赋和环境质量两个主题分别排名第 11、第 12 位。

湖州、池州、盐城、南通、宣城分列第 6 ~ 10 位，绿色生态得分分别为 50. 23、50. 13、47. 66、47. 30、47. 16。其中，湖州市的自然禀赋和环境质量指标得分相对均衡，分别居第 13 位和第 9 位，具体指标中无显著短板。池州和宣城两市得分结构较为相似，自然禀赋及其下属具体指标排名明显高于环境质量，分别居区域第 3、第 4 位。与之相对，南通和盐城两市的环境质量水平相对更高，分别居区域第 3、第 7 位。

排名相对靠后的城市均位于江苏省，分别是徐州、常州、镇江、连云港和无锡，这些城市的自然禀赋较差，环境质量也存在很大改善空间。

三　绿色生产指数排名

绿色生产领域包含节能减排和绿色科技两个主题。2018 年度长三角区域绿色生产指数测算结果如表 4 所示。在 41 个城市中，排名前 10 位的城市分别为上海、无锡、南京、合肥、扬州、苏州、杭州、常州、镇江、泰州。在这些城市中，江苏具有绝对优势，占据 7 席，上海、安徽、浙江各 1 席。

表 4 2018 年长三角区域绿色生产指数排名

排序	城 市	得分	排序	城 市	得分
1	上 海	85.76	22	台 州	51.22
2	无 锡	78.84	23	连云港	49.78
3	南 京	73.76	24	马鞍山	48.70
4	合 肥	72.77	25	宿 迁	47.00
5	扬 州	70.04	26	宿 州	45.95
6	苏 州	68.98	27	绍 兴	45.19
7	杭 州	68.92	28	淮 北	44.84
8	常 州	68.82	29	黄 山	44.81
9	镇 江	67.87	30	滁 州	44.57
10	泰 州	65.78	31	温 州	43.88
11	宁 波	63.27	32	宣 城	42.91
12	南 通	62.83	33	丽 水	41.91
13	芜 湖	62.39	34	六 安	41.76
14	舟 山	61.64	35	池 州	41.00
15	徐 州	59.18	36	亳 州	40.51
16	盐 城	57.63	37	金 华	40.46
17	嘉 兴	57.19	38	安 庆	38.45
18	湖 州	57.05	39	衢 州	34.00
19	淮 安	53.83	40	阜 阳	33.02
20	蚌 埠	53.48	41	淮 南	23.96
21	铜 陵	51.62			

资料来源：《中国城市统计年鉴 2019》、三省一市 2019 年统计年鉴、2018 年度国家和地方政府各类公开数据。

上海排名第 1，得分为 85.76，领先地位较为明显。在绿色科技方面，上海位列第 1，得分远高于其他城市；在节能减排方面仅列第 11 位，表现相对欠佳。就具体指标而言，上海的全社会研发经费占 GDP 比重、人均环保经费投入、单位工业增加值二氧化硫排放量等 3 个指标均高居榜首，人均 GDP、单位工业增加值用电量等指标也表现不俗，均进入区域前 10 位。

无锡、南京、合肥、扬州分列第 2 ~5 位，绿色生产得分分别为 78. 84、73. 76、72. 77、70. 04，绿色生产整体水平较为优异。其中，无锡和南京的优势领域较为相似，绿色科技水平优于节能减排。两个城市的绿色科技排名分列区域第 2、第 4 位，该主题下属的 3 个指标也均进入区域前 8 位，尤其是无锡市的人均 GDP 指标，在长三角 41 个城市中得分最高。合肥市在绿色科技和节能减排方面表现均较为平衡，分别列区域第 5 位和第 8 位，单位工业增加值用电量、单位工业增加值废水排放量、单位工业增加值二氧化硫排放量、全社会研发经费占 GDP 比重、人均环保经费投入等指标得分均列区域前 5 名。扬州市的节能减排水平相对更高，排名第 3 位，单位工业增加值用电量和用水量得分均进入区域前 5 名。

苏州、杭州、常州、镇江、泰州分列第 6 ~10 位，绿色生产指数得分分别为 68. 98、68. 92、68. 82、67. 87、65. 78。其中，苏州、杭州、常州三地的得分结构与无锡、南京较为相似，这些区域具有坚实的经济基础，人均 GDP 都列区域前 5 位，绿色科技水平也相对较高，分别排名第 3、第 6、第 8 位。镇江市的得分结构与合肥市略为相似，在绿色科技和节能减排方面表现较为平衡，均排名第 9 位。泰州市的得分结构与扬州较为相似，均以节能减排为优势领域，泰州节能减排水平在 41 个城市中居第 2 位。

排名最后 5 位的城市包括淮南、阜阳、衢州、安庆和金华，这些城市在具体指标上均存在显著短板，某一或某几个指标在区域中排名末位。因此，聚焦短板、精准发力是这些城市提高绿色生产水平的发展要务。

四　绿色生活指数排名

绿色生活领域包含污染治理、城市绿化、环境压力三个主题。2018 年度长三角区域绿色生活指数测算结果如表 5 所示。在 41 个城市中，排前 10 位的城市分别为黄山、湖州、台州、南通、淮北、扬州、衢州、池州、阜阳、徐州。其中，安徽占据 4 席，江苏、浙江各 3 席，地区分布相对平衡。此外，在三大领域中，绿色生活指数的区域差异相对最小。

表 5　2018 年长三角区域绿色生活指数排名

排序	城　市	得分	排序	城　市	得分
1	黄　山	89.94	22	盐　城	69.44
2	湖　州	89.34	23	常　州	69.39
3	台　州	82.21	24	亳　州	69.16
4	南　通	82.01	25	淮　南	68.82
5	淮　北	81.04	26	宿　州	68.58
6	扬　州	80.36	27	嘉　兴	68.10
7	衢　州	78.32	28	连云港	67.18
8	池　州	77.50	29	马鞍山	67.07
9	阜　阳	76.67	30	温　州	66.75
10	徐　州	76.65	31	金　华	66.21
11	丽　水	76.59	32	苏　州	65.28
12	铜　陵	76.28	33	淮　安	64.83
13	无　锡	75.55	34	合　肥	64.44
14	绍　兴	75.12	35	南　京	63.85
15	六　安	74.98	36	杭　州	63.48
16	滁　州	73.91	37	芜　湖	60.02
17	宣　城	73.30	38	泰　州	59.92
18	蚌　埠	72.58	39	宿　迁	59.32
19	镇　江	72.21	40	宁　波	59.13
20	舟　山	71.83	41	上　海	50.54
21	安　庆	69.61			

资料来源：《中国城市统计年鉴 2019》、三省一市 2019 年统计年鉴。

黄山和湖州分列第 1、第 2 位，得分为 89.94 和 89.34，在绿色生活领域优势显著，得分远高于其他城市。其中，黄山市的环境压力最小，得分位列区域第 1；污染治理和城市绿化方面同样表现不俗，分别位居第 3、第 6。就具体指标而言，黄山的建成区绿化覆盖率高居榜首，达到 47.15%；人口密度和单位 GDP 能耗均排名区域第 2 位，综合得分优异。湖州市在污染治理、城市绿化两个方面均表现出色，均排名第 1 位，但是环境压力较大，在长三角 41 个城市中排第 34 位，处于末尾位置。就具体指标而言，湖州的污水处理厂集中处理率、一般工业固体废弃物综合利用率、建成区绿化覆盖率等指标得分均列区域前5名。

台州、南通、淮北分列第3～5位，绿色生活得分分别为82.21、82.01、81.04。其中，台州市的各主题排名较为平衡，环境压力、污染治理、城市绿化排名分别为第7、第10、第10位。南通市的环境压力和城市绿化得分较高，分别居区域第2、第3位，尤其是环境压力下属的单位GDP能耗指标，得分排名区域第1位。淮北市的优势领域是城市绿化，在长三角城市中位居第2，建成区绿化覆盖率和人均公园绿地面积分别排名第3、第7位。

扬州、衢州、池州、阜阳、徐州分列第6～10位，绿色生活指数得分分别为80.36、78.32、77.50、76.67、76.65。其中，扬州和池州两地的优势是城市绿化，排名分别为第4、第8位。衢州、阜阳两地的优势是污染治理，排名分别为区域第2、第9位，其中阜阳的人均公园绿地面积排名第1位，达到19.7平方米。徐州市在三个主题上的排名均较为平衡，处于第10～20位，无明显优势，各单项指标也没有显著短板。

排名最后5位的城市包括上海、宁波、宿迁、泰州和芜湖。其中，上海的城市绿化和环境压力得分分别排名倒数第1、倒数第2位，其余4个城市的污染治理均列后5位。这些城市人口和经济密度较高，同时污染治理和绿化建设投入不足，造成城市生活宜居度相对欠缺，现状亟待改善。

产 业 篇

Industry Reports

B.7
长三角地区农业发展报告（2019）

戴伟娟*

摘　要： 2019年，长三角地区的农业增加值占全国的比重为14.5%左右。从产业结构来看，长三角以种植业为主，渔牧业并重，渔业和服务业对全国农业经济的贡献度相对较高；从产出效率来看，长三角地区的谷物和油菜籽的土地产出率明显高于全国平均水平，长三角劳动生产率高于全国平均水平，主要得益于江浙两省；从农业现代化水平来看，长三角地区的机械化和设施化程度相对较高，基本实现机械化，八成以上的耕地为可灌溉地，上海和江苏表现突出；从发展趋势来看，近年来长三角地区耕地面积有所下降，粮食产量仍维持在高位，第一产业就业比重逐年下降，农业从业人口占全国的比重相对稳定。2020年，长三角地区各省市将

* 戴伟娟，上海社会科学院城市与人口发展研究所助理研究员，研究方向农业经济。

继续落实乡村振兴战略，继续保障主要农产品供给，坚持绿色生态和特色发展导向，推动产业融合发展，促进农业现代化。

关键词： 长三角地区　农业发展　现代农业

长三角地区在我国农业发展总格局中具有重要战略地位，按照《全国农业可持续发展规划（2015～2030年）》，长江三角洲三省一市（上海、江苏、浙江和安徽）均属于优化发展区，其中江苏省和安徽省是我国重要的农业大省。

一　长三角地区农业发展总体概况

（一）农业投入

1. 农业用地逐年减少，但其全国占比保持不变

2017年，长三角地区三省一市农用地总面积约26495千公顷，占全国农用地总面积的比重连续四年保持在4.1%。与2007年相比，长三角区域的农业用地减少了约500千公顷。与上年相比，长三角农业用地面积下降37千公顷（见表1）。

表1　长三角地区农业用地面积变化及与全国比较

单位：千公顷，%

项目	2007年	2013年	2015年	2016年	2017年
长三角	26995	26671	26579	26532	26495
全国	950693	646168	645457	645127	644864
比重	2.8	4.1	4.1	4.1	4.1

注：2019年统计年鉴中的农业用地相关数据无更新，仍沿用2017年的数据。

资料来源：《中国统计年鉴》（2008～2017）。下文关于农业用地的数据，若无特殊注明，来源相同。

与占全国3.7%的土地面积相比，长三角地区的耕地和园地资源相对丰富，林地资源一般，牧草地资源极少。2017年，长三角地区耕地面积、园地面积和牧草地面积分别约为12608.7千公顷、1234.5千公顷和0.9千公顷，占全国总面积的比重分别为9.3%、8.7%和0。关于林地，根据第三次全国农业普查数据报告，2016年底，长三角地区林地经营面积约为7559.5千公顷，占全国比重为3.7%。与第二次土地调查时期（2009年）相比，耕地、林地、园地和牧草地面积占全国的比重均有所下降。① 与上年相比，2017年长三角地区耕地、园地、牧草地面积占全国的比重基本持平（见表2）。

表2　长三角地区各类农地面积及其占全国比重

单位：千公顷，%

项目	耕地面积	林地经营面积	园地面积	牧草地面积	其他
长三角	12608.7	7559.5	1234.5	0.9	5091.0
占全国的比重	9.3	3.7	8.7	0.0	6.9

资料来源：林地经营面积来源于第三次全国农业普查数据报告，耕地、园地和牧草地面积资料来源于《中国统计年鉴2018》。下文关于农业用地的分类数据，若无特殊注明，来源相同。

2. 农业人力投入相对稳定，农业就业占比较低

长三角地区农业劳动力的投入在绝对数上虽然逐年减少，但占全国的比重相对稳定。与前几年相比，长三角地区农业从业人口数量呈逐年下降趋势，占全国的比重相对稳定在12.7%左右。2018年，长三角地区农业从业人员继续减少，为2597万人，比上年减少56万人。与4.1%的农业用地占有率相比，长三角地区人口聚集比重为12.8%，是我国重要的农业从业人员集聚区（见表3）。

① 根据第二次土地调查结果，至2009年底，长三角三省一市耕地、园地、林地和牧草地分别有1271万公顷、132万公顷、978万公顷和23万公顷，占全国四类农用地面积的比重分别为9.4%、8.9%、3.9%和0.1%。

表 3　2014～2018 年长三角地区第一产业从业人口及其占全国比重

单位：万人，%

项目	2014 年	2015 年	2016 年	2017 年	2018 年
长三角	2881	2811	2737	2653	2597
全国	22790	21919	21496	20944	20258
占全国的比重	12.6	12.8	12.7	12.7	12.8

资料来源：全国及长三角各省市 2015～2019 年统计年鉴。下文关于农业从业人口的数据，若无特殊注明，来源相同。

从就业结构来看，长三角第一产业从业人口占全部从业人口的比重继续下降，与全国平均水平的差异有所缩小。近年来，长三角地区第一产业从业人口比重逐年下降。2018 年底，长三角三省一市第一产业从业人口比重为 18.1%，比全国平均比重低 8 个百分点，与 2017 年相比，差距有所缩小（见图 1）。

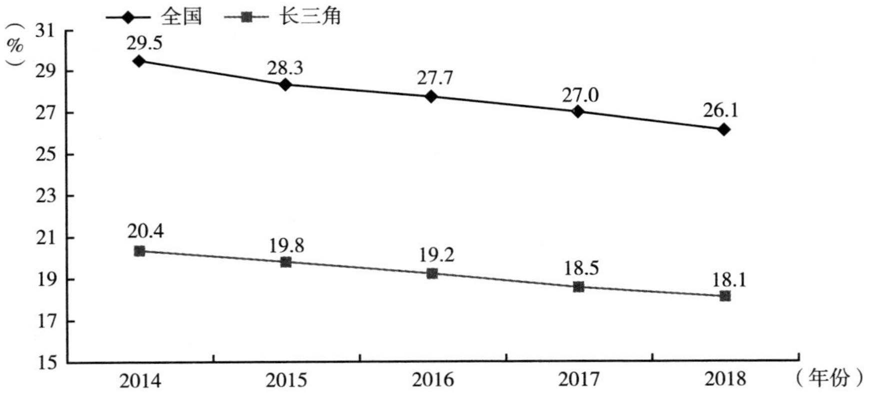

图 1　2014～2018 年长三角地区第一产业从业人口比重及与全国比较

3. 农业投资有所下降，占总投资比重明显偏低

2017 年，长三角地区农林牧渔业固定资产投资额为 1814 亿元，约是 2011 年的 2.9 倍，占全国农林牧渔业固定资产投资总额的 7.9%，比 2011 年提高 0.7 个百分点。从 2013 年到 2017 年，长三角地区年平均农林牧渔业固定资产投资额为 1532 亿元，占全国农林牧渔业固定资产投资额的比重为

7.7%。

2011 年以来，长三角地区对农业的投入整体呈上升趋势，占全国农业投资的比重在 2014 年、2015 年和 2017 年达到较高水平，2016 年有所下降，降幅为 0.4 个百分点。2017 年长三角地区农业投资虽然有所下降，但下降幅度低于全国平均水平，故投资额占全国农业投资的比重不降反升（见图 2）。

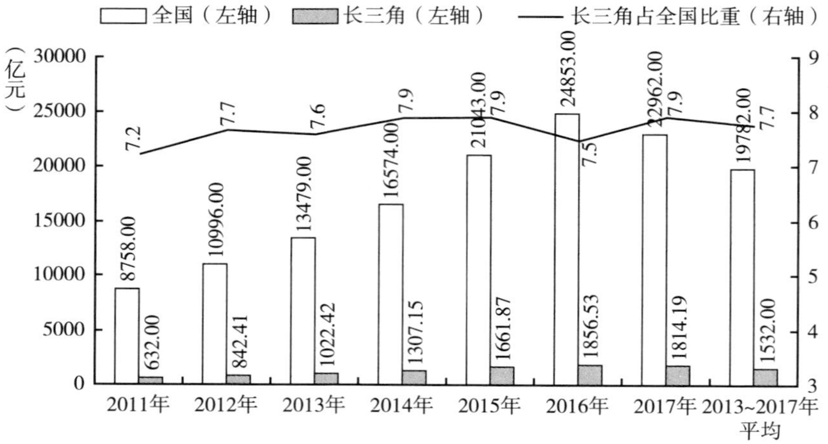

图 2　2011～2017 年长三角地区农林牧渔业固定资产投资额及其占全国比重

注：2019 年统计年鉴中的农业用地相关数据无更新，仍沿用 2017 年的数据。

资料来源：各省市数据来自国家统计局网站的“地区数据/分省年度数据”，全国数据来自国家统计局网站的“年度数据”。下文关于农林牧渔业固定资产投资的数据，若无特殊注明，来源相同。

从农业投资在各地区总投资中的地位来看，2017 年，长三角地区对农林牧渔业固定资产投资占总投资额的比重为 1.5%，比全国平均农业投资比重低 2.1 个百分点。从 2013～2017 年的情况来看，长三角地区对农林牧渔业的投入占固定资产总投入的比重先升后降，年均增长率为 1.5%，比全国平均低 2.1 个百分点。与第一产业在国民经济总收入中的比重相比，长三角地区对农林牧渔业的投资比重明显偏低（见图 3）。

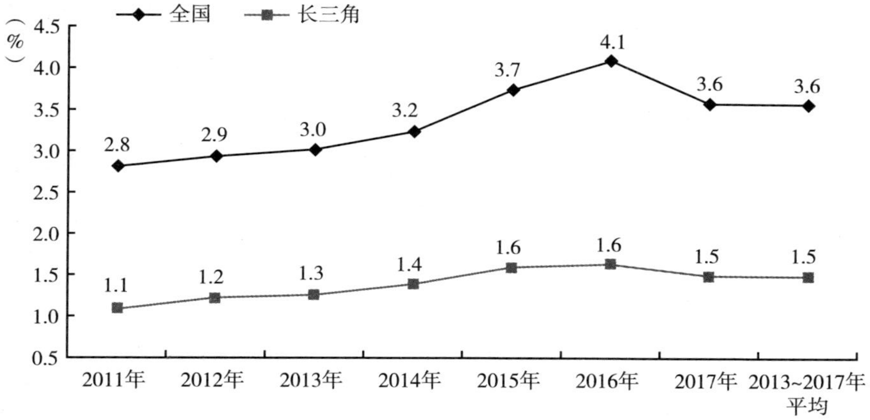

图 3　2011 ~ 2017 年长三角地区农林牧渔业固定资产投资额占总投资的比重

（二）农业规模

1. 农业增加值显著增加，对全国的贡献有所回升

近年来，长三角地区农业经济总量持续增长。2019 年，长三角三省一市共实现农业增加值 9413 亿元，在全国农业经济总量中的比重为 14.5%（见表 4），在我国农业经济发展中发挥了重要作用。与 2018 年相比，长三角地区的农业增加值比上年平均增长 6.2%，比全国的平均增速低 2.6 个百分点。三省一市除上海外均实现了不同程度的增长，其中安徽省和江苏省的增速相对较快，分别为 10.5% 和 6.1%。

表 4　2017 ~ 2019 年长三角地区第一产业增加值

单位：亿元，%

项目	长三角第一产业增加值	占全国的比重	长三角第一产业增加值贡献率	全国第一产业增加值贡献率
2017 年	8672	14.0	4.4	7.6
2018 年	8851	13.7	4.2	7.2
2019 年	9413	14.5	4.0	7.1
增长率	6.2	—	—	—

资料来源：国家统计局网站。下文有关第一产业增加值的数据，若无特殊注明，来源相同。

近年来，长三角地区第一产业增加值在地区生产总值中的比重呈逐年下降趋势，2019 年为 4.0%，较 2018 年降低 0.2 个百分点。

2. 农业总产值增长显著，对全国的贡献有所下降

2019 年，长三角地区农业总产值继续保持增长态势。三省一市共实现农业总产值约 1.6 万亿元，占全国农业总产值的 13.2%。与上年相比，长三角地区的农业总产值增加明显，但占全国的比重有所下降（见表 5）。

表 5　2017～2019 年长三角地区农业总产值及其占全国比重

单位：亿元，%

项目	2017 年	2018 年	2019 年
长三角	15145	15312	16305
全国	109332	113580	123968
占全国的比重	13.9	13.5	13.2

资料来源：国家统计局网站。下文有关农业总产值的数据，若无特殊注明，来源相同。

从增速来看，近年来，长三角地区农业总产值增速变化的地区差异比较明显，上海 2014 年开始持续为负增长，2017 年后有所回升，2019 年接近 2016 年的水平。近年来江苏、浙江和安徽三省增速均明显下降，2019 年增速有所提高，分别为 4.3%、6.3% 和 10.5%。

从各子行业来看，长三角地区的渔业和农林牧渔服务业的规模相对较大，2019 年分别占全国的 27.0% 和 14.9%。

3. 粮食总产量再创新高

我国高度重视粮食自给能力，坚持“米袋子”省长负责制，长期鼓励粮食生产，扶持粮田基础设施建设。长三角地区和全国一样，粮食产量长期呈现上升趋势，在 2016 年小幅调整后，2017～2019 年保持了增长态势。

2019 年，长三角地区三省一市粮食总产量 8448 万吨，高于上年的总产量（见图 4）；2014 年，长三角地区粮食产量占我国粮食总产量的

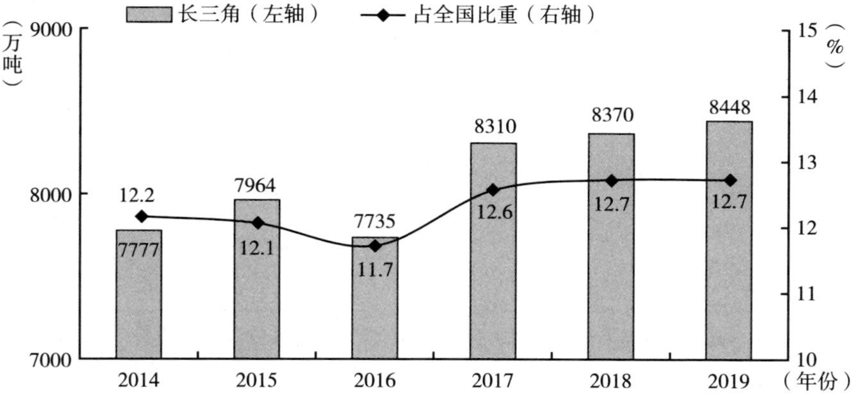

图4　2014～2019年长三角地区粮食产量及其占全国比重

资料来源：国家统计局网站。下文有关粮食产量的数据，若无特殊注明，来源相同。

比重为12.2%，2015～2016年逐渐降低，2017年显著增加，2018～2019年稳定在12.7%左右。从粮食作物种类来看，长三角地区稻谷生产规模较大。除粮食外，长三角地区也是我国油料、茶叶、蚕茧、柑橘、水产品等特色农产品的重要产区。其中，安徽、江苏是我国棉花主产区，也是我国油菜籽的主要产区。

（三）农业结构

1. 农地结构以耕地和林地为主

从农用地结构来看，2017年，长三角地区耕地面积、园地面积和牧草地面积的比重分别为47.6%、4.7%和0，如以2016年的林地经营面积估计2017年林地经营面积，则林地经营面积占比为28.5%。长三角地区的农业用地以耕地和林地为主（见表6）。

与全国农地结构相比，长三角地区的耕地和园地资源较为丰富，林地资源一般，牧草地资源极少，其他用地资源相对较多。其中，耕地面积比重比全国高约27个百分点，其他农用地面积比全国高7.8个百分点，园地面积比全国高2.5个百分点。

表 6　长三角地区各类农地面积及与全国比较

单位：千公顷，%

项目	耕地面积 2017 年	林地经营面积 2016 年	园地面积 2017 年	牧草地面积 2017 年	其他 2017 年
长三角	12608. 7	7559. 5	1234. 5	0. 9	5091. 0
农地结构	47. 6	28. 5	4. 7	0. 0	19. 2
全国	134881. 2	203046. 0	14214. 2	219320. 3	73401. 9
农地结构	20. 9	31. 5	2. 2	34. 0	11. 4

资料来源：林地面积数据来源于全国和各省市第三次农业普查报告中的数据，为 2016 年底数据；其他数据为 2017 年数据，来源于《中国统计年鉴 2018》。下文关于农业用地的分类数据，若无特殊注明，来源相同。

2. 以种植业为主，渔牧业并重

2019 年，长三角地区农业总产值构成中种植业占 48. 7%，其次是渔业和畜牧业，分别占 20. 8% 和 20. 1%，林业及农林牧渔服务业占比较低，分别占 4. 4% 和 5. 9%（见图 5）。与上年相比，种植业和渔业的比重下降较为明显，畜牧业比重有所上升。

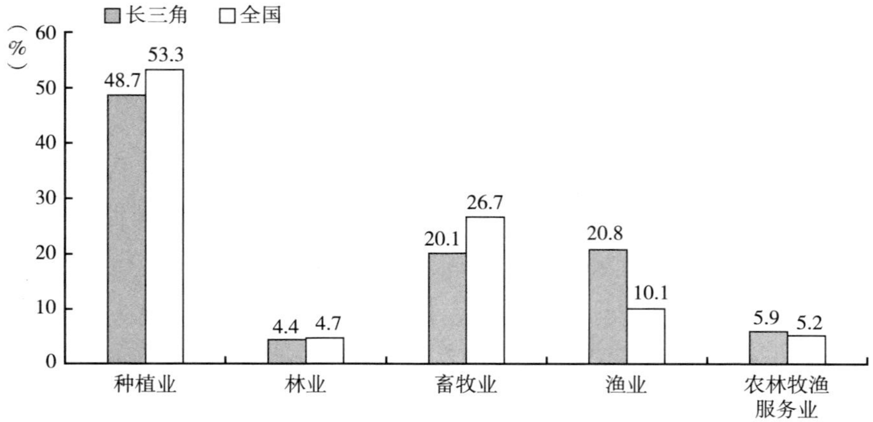

图 5　2019 年长三角地区农业结构及与全国比较（农业总产值）

3. 与全国相比渔业贡献较大

长三角地区农业经济结构与全国平均水平类似，以种植业为主。但与全国的畜牧业一业次强相比，长三角特点明显，为渔业和畜牧业两业次强。2019 年，与全国平均水平相比，长三角地区的种植业和畜牧业占比明显低于全国平均水平，分别低 4.6 个百分点和 6.6 个百分点，渔业占比显著高于全国平均水平，高 10.7 个百分点。

二 长三角农业发展的地区比较

对现代农业发展水平的衡量，目前在我国应用最广、最权威的仍属“国家现代农业示范区建设水平监测评价指标体系”。本报告将继续以 2013 年农业部办公厅印发的《国家现代农业示范区建设水平监测评价办法（试行）》为依据，兼顾可比性和数据可获得性，继续选择农业经济增速、农业劳动生产效率、农业物质装备水平等指标对长三角地区各地的农业发展水平进行简要的比较分析。

（一）农业经济增速回升，安徽表现突出

2019 年，从对长三角地区的农业增加值的贡献来看，江苏省表现突出，农用地资源排第 3 位，耕地资源和农业从业人口均排在安徽之后，但江苏省农业增加值占长三角地区的比重为 45.6%，高出安徽 14.6 个百分点。浙江省以较少的农地资源和人力资源，贡献了 22.3% 的农业增加值。

表 7　长三角第一产业增加值比较

单位：亿元，%

区域	2017 年	2018 年	2019 年	增长率
上海	111	104	104	-0.5
江苏	4045	4142	4296	3.7
浙江	1934	1967	2097	6.1
安徽	2582	2638	2916	10.5
长三角	8672	8851	9413	6.2

从增速来看，除上海的增长率为负以外，2019年长三角各地第一产业增加值增长较快，增长较快的是安徽省，为10.5%，其次是浙江省和江苏省，增长率分别为6.1%和3.7%。与全国平均水平相比，长三角各省市只有安徽的农业经济增速超过全国平均水平。

（二）江苏省生产效率表现突出

农业劳动生产率①是衡量农业生产效率的重要指标之一。从农业从业人口创造的农业增加值来看，2018年，长三角三省一市的劳动生产率仍然呈现明显的梯度特征，江浙地区较高，其次为上海，安徽较低，其中上海和安徽的农业劳动生产率低于全国平均水平。2018年，江苏和浙江的农业劳动生产率分别为5.41万元/人和4.51万元/人，上海和安徽分别为2.56万元/人和1.95万元/人（见表8）。

表8　2018年长三角各省市农业劳动生产率比较

地区	农业增加值(亿元)	农业从业人口(万人)	农业劳动生产率(万元/人)	农业劳动生产率增长率(%)
上海	104	41	2.56	-2.1
江苏	4142	765	5.41	7.0
浙江	1976	438	4.51	4.5
安徽	2638	1354	1.95	3.1
长三角	8860	2597	3.41	4.3
全国	63671	20258	3.14	5.8

从增速来看，与2017年相比，上海农业劳动生产率下降了2.1%，长三角地区其他三省的农业劳动生产率均有所提高。其中，江苏的增长率较高，为7.0%，浙江和安徽的增长率分别为4.5%和3.1%。2018年，长三角地区只有江苏的农业劳动生产率增长率增幅超过全国平均水平。

① 根据国家核算方案，2012~2015年全员劳动生产率为地区生产总值（以2010年价格计算）与全部从业人员之比，依此口径，农业劳动生产率为第一产业增加值与第一产业从业人员之比。

农业土地生产率也是衡量农业生产效率的重要指标之一。总体来看，作为谷物和油菜籽的主产区，长三角地区这两类产品的单产普遍较高，棉花和花生单产普遍较低（其中安徽省的花生单产较高）。由于长三角各地区的自然条件和设施条件差异，除了各地的油菜籽单产均较高外，其他主要农产品的土地生产率具有一定的差异。如上海的谷物单产较高，安徽的花生单产较高，江苏的谷物和花生单产均较高。

从谷物单产来看，2018 年，全国谷物平均单产为 6120 公斤/公顷，长三角地区有两省一市的谷物单产高于全国平均水平，其中，上海在长三角地区最高，为 8023 公斤/公顷，其次是江苏和浙江每公顷产出均超过 6700 公斤（见表 9）。

表 9　2017 年长三角地区主要农产品单产比较

单位：公斤/公顷

项目	谷物	棉花	花生	油菜籽
全国平均	6120	1819	3752	2027
上海	8023	1177	2786	2563
江苏	6892	1241	3998	2873
浙江	6782	1422	2992	2225
安徽	5921	1026	4929	2361

资料来源：国家统计局网站地方年度数据。

从棉花单产来看，2018 年，长三角地区三省一市单产仍均低于全国平均水平。从花生单产来看，长三角地区的安徽和江苏两个省单产均高于全国平均水平，其中，安徽省花生单产在全国名列前茅；从油菜籽单产来看，长三角地区三省一市的单产全部高于全国平均水平，其中江苏省单产高出全国平均水平近 850 公斤/公顷，表现突出。

（三）农机投入较大，沪苏综合机械化水平较高

总体来看，2018 年，长三角地区农业机械投入力度较大，农业机械总动力占全国的比重为 13.30%，与 2017 年相比，长三角的农业机械总动力

占全国的比重下降了 0.36 个百分点。分省市来看，安徽和江苏两省的农业机械总动力规模较大，分别占全国的 6.37% 和 4.89%。

从农业用地面积和农业机械投入来看，长三角各省市农业机械总动力占全国比重超出农业用地面积占全国比重，说明整个长三角的农业机械投入力度较大。从单位面积机械投入来看，长三角三省一市的每亩农地总动力均超过全国平均水平（0.10 千瓦），其中，江苏和安徽两地的每亩农地总动力较大，分别为 0.51 千瓦和 0.38 千瓦（见表 10）。

表 10　长三角各省市农业机械总动力比较

地区	总动力(万千瓦)					2018 年总动力比重(%)	2017 年每亩农地总动力(千瓦)
	2013 年	2015 年	2016 年	2017 年	2018 年		
上海	113	119	122	122	94	0.09	0.26
江苏	4406	4826	4907	4991	5018	4.89	0.51
浙江	2462	2361	2137	2072	2009	1.96	0.16
安徽	6140	6581	6868	6313	6544	6.37	0.38
长三角	13121	13887	14033	13498	13665	13.30	0.34

资料来源：国家统计局网站地方年度数据。

与上年相比，2018 年长三角地区农业机械总动力有所回升，但仍未超过 2016 年的水平。其中，江苏省和安徽省的农业机械总动力有所增加，上海与江苏均有所减少。随着农业机械化的基本实现，可以预见，长三角地区的农业机械总动力将逐渐停止持续增长趋势。

从主要农作物综合机械化水平来看，2019 年全国农作物耕种收综合机械化率超过 70%，小麦、水稻、玉米三大粮食作物生产基本实现机械化。[①] 长三角地区的机械化水平较高，均已超过 70%。如 2017 年上海市主要农作

① 许肖茜、于文静：《全国农作物耕种收综合机械化率超 70%》，新华网，2020 年 1 月 8 日。

物机械化综合水平达89.3%，[①] 2018年江苏省农业综合机械化水平达到84%，[②] 2017年浙江省粮食生产耕种收综合机械化水平74.9%，[③] 安徽省2019年印发《关于加快推进农业机械化和农机装备产业转型升级的实施意见》，要求2020年农作物耕种收综合机械化水平达到80%以上。[④]

（四）设施化水平整体较高，沪苏表现突出

2017年，从耕地有效灌溉面积比重来看，长三角地区为81.5%，八成以上的耕地为可灌溉耕地，该比重高出全国平均水平近31个百分点。2017年，长三角地区的上海市和江苏省两地的灌溉面积占耕地面积的比重较高，分别为99.6%和90.3%，浙江省和安徽省两地的耕地灌溉面积占比均高于70%。

2018年，长三角地区有效灌溉面积约为1035万公顷，与2015年相比，增加了3.77%。从三省一市情况来看，与2015年相比，2018年各省市的有效灌溉面积均有所增加，其中增幅较大的是江苏省和安徽省，分别为5.75%和3.13%（见表11）。

表11　长三角各省市耕地有效灌溉面积比较

单位：千公顷，%

地区	2015年	2016年	2017年	2018年	2018年较2015年增长
上海	188	190	191	191	1.35
江苏	3953	4054	4132	4180	5.75
浙江	1432	1446	1445	1441	0.60
安徽	4400	4437	4504	4538	3.13
长三角	9973	10128	10272	10350	3.77
全国	65873	67141	67816	68272	3.64

资料来源：根据国家统计局地区年度数据中的耕地面积和耕地灌溉面积计算。

① 上海市农业机械化管理办公室：《上海市三个区被评为全国主要农作物生产全程机械化示范县（市、区）》，上海农业委员会网站，2018年1月5日。

② 《2019年江苏省政府工作报告》。

③ 张超等：《我省水稻耕种收综合机械化水平达74.9%》，浙江在线，2018年4月11日。

④ 彭旖旎：《机械化水平8成以上　安徽加快农机装备产业转型升级》，中安在线，2019年4月17日。

三 长三角地区农业发展：2020年展望

从横向来看，长三角三省一市因经济发展水平差异而导致在农业发展方面的区域差异非常明显，安徽、浙江、江苏和上海的农业发展水平呈现梯度式上升态势；从纵向来看，长三角地区各省市的农业发展水平逐年提高。2020 年是中国全面建成小康社会收官之年，也是实施乡村振兴的关键之年。长三角地区各省市为促进农业发展，将贯彻落实 2020 年中央一号文件和《国务院关于促进乡村产业振兴的指导意见》精神，继续以实施乡村振兴战略为总抓手，加快农村一二三产业融合，促进农业高质量发展。将重点聚焦重要农产品有效供给和粮食安全，致力于农业的绿色发展和高效发展，以及农业现代化水平的提升。

（一）继续保障重要农产品有效供给

2020 年，长三角地区各省市将继续稳定粮食生产，恢复生猪生产供应。推动“藏粮于地、藏粮于技”落实落地，确保粮食播种面积基本稳定。如上海提出稳定市内外生猪生产规模。江苏、浙江、安徽等省都提出将进一步压实“米袋子”“菜篮子”负责制，稳定粮食生产，恢复生猪生产。浙江省还提出扩大粮食尤其是早稻生产，粮食播种面积达到 1467 万亩以上、总产达到 120 亿斤以上，全省口粮自给率达到 50% 以上。新建 50 万亩高标准农田，提标改造 50 万亩粮食生产功能区。将加快 70 家以上年出栏万头以上大型规模猪场建设，创建 10 个渔业健康养殖示范县，稳定蔬菜播种面积。安徽省提出将加强生猪疫病防控，取消不合理的禁养限养规定。安徽省还提出将加强现代农业基础设施建设，新建高标准农田 380 万亩。

（二）继续鼓励绿色发展和特色培育

2020 年，长三角地区各省市将继续聚焦绿色生产，注重培育品牌和区域特色，促进农业高效发展。一是鼓励绿色生产。如上海市 2020 年将继续实施

“绿色田园”工程，发展都市现代绿色农业。计划创建 17 个绿色田园示范基地，建设 10 万亩水稻绿色生产基地，新建 9 个绿叶菜机械化生产示范基地，健全绿色农业科技支撑体系。浙江省将建成绿色发展先行县 30 个、示范区 500 个（省级 100 个）、生态拦截沟渠 100 条、高标准美丽牧场 100 家、水产养殖尾水处理 10 万亩。新增绿色农产品基地面积 10 万亩，绿色食品 300 个。实现“一证一码”食用农产品合格证特色产业和规模主体全覆盖。二是鼓励特色培育。如江苏 2020 年将着力培育地理标志产品和农产品品牌，重点打造 8 个千亿元级优势特色产业。浙江省将建设一批省级现代农业园区、省级特色农业强镇、省级特色农产品优势区。将实施地理标志农产品保护工程，计划培育农产品地理标志 30 个。将建设一批省级现代农业园区、省级特色农业强镇、省级特色农产品优势区。计划打造“品字标”浙江农产品区域公共品牌 20 个，支持 200 家农业龙头企业做大做强自主品牌。安徽省 2020 年将建设一批现代农业特色种养项目，新培育“三品一标”农产品 1000 个以上、新增产值超 50 亿元农产品加工园区 3 个、产值超 10 亿元龙头企业 10 家。

（三）继续促进农业现代化

一是将继续培育职业农民队伍，提高农业组织化程度。如上海将加快培育农业经理人、青年农场主等新型职业农民。江苏将深化供销合作社综合改革，大力发展家庭农场和农民合作社等新型经营主体，实施高素质职业农民培育工程，壮大引领农村发展的实用人才队伍。二是将继续提高机械化水平和科技贡献度。如江苏省提出 2020 年将继续提升农业机械化水平，加大科技兴农力度，完善社会化服务体系，增强农业综合生产能力。浙江省将推广 100 个农业新品种，建设 100 个新品种示范基地，新增农业“机器换人”示范县 10 个、示范基地 50 个。三是继续关注农业生产中的环境保护，大力发展循环经济。如浙江省提出将加快推进肥药实名制购买、定额制施用县域全覆盖。主要农作物测土配方施肥技术覆盖率 92% 以上，农作物病虫害绿色防控推广面积 1000 万亩。安徽省 2020 年将完成大规模畜禽养殖场粪污处理设施建设，秸秆和畜禽粪污综合利用率分别超过 90% 和 80% 。

（四）继续推进农业与非农产业的融合发展

2020 年，长三角地区将继续推进一二三产业融合发展，大力推动农产品加工业、农村电商和农村旅游业发展。如江苏省 2020 年将科学布局农产品加工业，建设省级农产品加工集中区。将大力发展农业社会化服务，推进“一站式”区域农业生产性服务综合平台、农村科技服务超市等建设。将全面推进数字乡村建设，加快江苏省农业农村大数据云平台建设，加快物联网、大数据、区块链等技术在农业农村领域的应用。完善现代气象为农服务体系。浙江省将全面发展休闲产业。建设 56 个省级休闲乡村和 67 个农家乐集聚村项目。推进农家小吃等乡愁产业发展，培育农家小吃 100 个，销售额突破 500 亿元。安徽省 2020 年要发展富民乡村产业，深入实施农产品加工业“五个一批”工程，将启动农产品仓储保鲜冷链物流设施建设工程，推进光纤网络和 4G 网络向自然村延伸，推进农村电商提质增效，拓展快递服务网络，培育农村产品上行超千万元的电商经营主体 100 家以上。

参考文献

戴伟娟：《长三角地区农业发展报告（2018～2019）》，载《长三角地区经济发展报告（2018～2019）》，社会科学文献出版社，2019。

许肖茜、于文静：《全国农作物耕种收综合机械化率超 70%》，新华网，2020 年 1 月 8 日。

上海市农业机械化管理办公室：《上海市三个区被评为全国主要农作物生产全程机械化示范县（市、区）》，上海农业委员会网站，2018 年 1 月 5 日。

张超等：《我省水稻耕种收综合机械化水平达 74.9%》，浙江在线，2018 年 4 月 11 日。

彭旖旎：《机械化水平 8 成以上　安徽加快农机装备产业转型升级》，中安在线，2019 年 4 月 17 日。

B.8

长三角地区工业发展报告（2019）

樊福卓*

摘　要： 2019年是“十三五”规划落实的重要之年，长三角地区工业经济健康运行，工业平稳发展，大类行业差异化发展，工业投资增速回落，经济效益持续下滑。分行业看，长三角地区计算机、通信和其他电子设备制造业地区发展差异较大，化学原料和化学制品制造业健康发展，电气机械和器材制造业发展态势良好，汽车制造业保持平稳发展态势。2020年是全面建成小康社会和“十三五”规划收官之年，面对复杂多变的国际国内形势，长三角地区要在巩固提升实体经济能级、先进制造业集群打造、向全球价值链中高端迈进等方面精准施策，积极作为，推动区域工业经济平稳健康发展。

关键词： 长三角地区　工业　制造业集群

2019年是“十三五”规划落实的重要之年，长三角地区工业经济总体平稳，稳中有进。2020年是全面建成小康社会和“十三五”规划收官之年，长三角地区要坚持以供给侧结构性改革为主线，奋力推动区域高质量发展走在前列，推动区域工业经济平稳健康发展。

---

* 樊福卓，经济学博士，上海社会科学院应用经济研究所副研究员，研究方向为区域经济理论与政策。

一　2019年长三角地区工业经济运行概况

（一）工业生产平稳发展

长三角地区经济运行总体平稳。2019 年，全国经济运行总体平稳，发展水平迈上新台阶，发展质量稳步提升。全国全年实现生产总值 990865 亿元，比上年增长 6.1%；人均国内生产总值为 70892 元，比上年增长 5.7%；国民总收入为 988458 亿元，比上年增长 6.2%。分三次产业看，第一产业实现增加值 70467 亿元，比上年增长 3.1%；第二产业完成增加值 386165 亿元，比上年增长 5.7%；第三产业完成增加值 534233 亿元，比上年增长 6.9%。第一产业、第二产业和第三产业占国内生产总值的比重分别为 7.1%、39.0% 和 53.9%，第三产业所占份额比上年增加 1.7 个百分点。

2018 年，长三角地区实现地区生产总值 237253 亿元，比上年增长 6.5%，增速较上年减少 0.5 个百分点，高出全国平均水平 0.4 个百分点。分成员地区看，上海实现地区生产总值 38155 亿元，比上年增长 6.0%，增速比上年减少 0.6 个百分点，低于长三角地区平均水平 0.5 个百分点；江苏实现地区生产总值 99632 亿元，比上年增长 6.1%，增速比上年减少 0.6 个百分点，低于长三角地区平均水平 0.4 个百分点；浙江实现地区生产总值 62352 亿元，增长比上年 6.8%，增速比上年减少 0.3 个百分点，高于长三角地区平均水平 0.3 个百分点；安徽实现地区生产总值 37114 亿元，比上年增长 7.5%，增速比上年减少 0.5 个百分点，高于长三角地区平均水平 1.0 个百分点（见表 1）。对长三角及其成员地区而言，区域生产总值增速连续 2 年有所回落。

长三角地区工业经济平稳运行。2019 年，全国实现工业增加值 317109 亿元，比上年增长 5.7%，其中规模以上工业增加值比上年增长 5.7%。在规模以上工业中，不同经济类型发展有所差异，私营企业增长最快，股份制企业和国有控股企业增速次之，外商及港澳台商投资企业增长最慢，分别为 7.7%、6.8%、4.8% 和 2.0%。从不同门类的情况看，电力、热力、燃气

表1　2017～2019 年长三角地区生产总值及工业增加值

单位：亿元，%

地区	地区生产总值				工业增加值			
	规模	增速			规模	增速		
	2019 年	2017 年	2018 年	2019 年	2019 年	2017 年	2018 年	2019 年
全　国	990865	6.9	6.6	6.1	317109	6.4	6.1	5.7
长三角	237253	7.5	7.0	6.5	76472	7.7	5.9	5.6
上　海	38155	6.9	6.6	6.0	9671	6.4	1.9	0.4
江　苏	99632	7.2	6.7	6.1	32588	7.3	4.9	6.0
浙　江	62352	7.8	7.1	6.8	22758	8.3	7.3	6.3
安　徽	37114	8.5	8.0	7.5	11455	8.9	9.2	7.5

资料来源：相关年份中国及长三角成员地区统计公报。

及水生产和供应业增长最快，为7.0%，高出平均水平1.3个百分点；制造业增速次之，为6.0%，高出平均水平0.3个百分点；采矿业增长最慢，仅为5.0%，低于平均水平0.7个百分点。长三角地区实现工业增加值76472亿元，比上年增长5.6%，增速较上年减少0.3个百分点，比全国平均水平略低0.1个百分点。分成员地区看，上海实现工业增加值9671亿元，比上年增长0.4%，低于长三角平均水平5.2个百分点；江苏实现工业增加值32588亿元，比上年增长6.0%，高于长三角平均水平0.4个百分点；浙江实现工业增加值22758亿元，比上年增长6.3%，高出长三角平均水平0.7个百分点；安徽实现工业增加值11455亿元，比上年增长7.5%，高出长三角平均水平1.9个百分点。

2019年，长三角地区不同城市工业发展存在较大的差别（见表2）。从长三角地区各城市实现的地区生产总值看，滁州市、舟山市、芜湖市和马鞍山市增速领先，分别实现地区生产总值2909亿元、1372亿元、3618亿元和2111亿元，比上年增长9.7%、9.2%、8.2%和8.0%；台州市、盐城市、苏州市和镇江市增速较慢，分别实现地区生产总值5134亿元、5702亿元、19236亿元和4127亿元，比上年增长5.1%、5.1%、5.6%和5.8%。从长三角地区各城市实现的规模以上工业增加值看，舟山市、滁州市、池州市和宣城市增速领先，分别比上年增长43.2%、11.6%、11.0%和10.0%；上海市、台州市、盐城市和苏州市增速较慢，分别比上年增长0.4%、1.3%、1.6%和2.8%。把规模以上工业增加值增速与地区生产总值增速进行比较，可以发现，有14个城市规模以上工业增加值增速较快（或持平），舟山市、池州市、常州市和宣城市规模以上工业增加值增速分别领先34.0个、3.1个、2.3个和2.2个百分点；有9个城市地区生产总值增速较快，上海市、台州市、盐城市和苏州市地区生产总值增速分别领先5.6个、3.8个、3.5个和2.8个百分点。

表2　2019年长三角地区部分城市经济发展指标

单位：亿元，%

城　市	地区生产总值		第二产业		第三产业		规模以上工业增加值
	规模	增速	规模	增速	规模	增速	增速
上海市	38155	6.0	10299	0.5	27752	8.2	0.4
南京市	14030	7.8	5041	6.7	8700	8.6	7.0
无锡市	11852	6.7	5628	7.6	6102	6.0	7.8
常州市	7401	6.8	3529	8.4	3715	5.8	9.1
苏州市	19236	5.6	9130	5.1	9909	6.3	2.8
南通市	9383	6.5	4602	6.9	4353	5.7	7.2
盐城市	5702	5.1	2372	3.2	2711	7.5	1.6
扬州市	5850	6.8	2778	7.6	2779	6.6	8.5
镇江市	4127	5.8	2005	4.9	1982	7.2	4.9
泰州市	5133	6.4	2526	5.9	2315	7.6	6.4
杭州市	15373	6.8	4875	5.0	10172	8.0	5.1
宁波市	11985	6.8	5783	6.2	5880	7.6	6.4
嘉兴市	5370	7.0	2893	5.9	2357	8.5	6.8
湖州市	3122	7.9	1595	7.6	1393	8.7	8.4
绍兴市	5781	7.2	2771	7.0	2802	7.8	8.4
金华市	4560	6.5	1833	6.3	2581	6.9	6.6
舟山市	1372	9.2	476	17.6	750	5.7	43.2
台州市	5134	5.1	2340	3.6	2512	6.9	1.3
芜湖市	3618	8.2	1757	9.6	1715	7.1	8.9
马鞍山市	2111	8.0	1033	9.6	984	6.6	9.1

续表

城　市	地区生产总值		第二产业		第三产业		规模以上工业增加值
	规模	增速	规模	增速	规模	增速	增速
滁州市	2909	9.7	1428	11.7	1232	8.4	11.6
池州市	832	7.9	367	9.7	381	7.1	11.0
宣城市	1561	7.8	738	9.9	673	6.3	10.0

资料来源：宁波市统计局，http：//tjj. ningbo. gov. cn/index. html。

（二）大类行业差异发展

在长三角地区工业发展中，不同大类行业发展存在较大的差别。2019年，在上海规模以上工业中，从35个工业细分行业看，有16个行业生产同比有所增长（或持平），比上年减少了4个行业，其中燃气生产和供应业，化学原料和化学制品制造业，石油加工、炼焦和核燃料加工业，医药制造业增长较快，分别比上年增长18.6%、11.2%、8.8%和8.3%；有19个行业生产同比有所下滑，其中，木材加工和木、竹、藤、棕、草制品业，纺织服装、服饰业，有色金属冶炼和压延加工业，皮革、毛皮、羽毛及其制品和制鞋业下滑较多，分别下滑了16.6%、14.2%、13.5%和12.0%。增长最快的燃气生产和供应业与下降最快的木材加工和木、竹、藤、棕、草制品业增速相差高达35.2个百分点（见表3）。

表3　2019年上海规模以上工业大类行业总产值和营业收入

单位：亿元，%

行　业	总产值		营业收入	
	规模	增速	规模	增速
石油和天然气开采业	40	-5.0	23	-1.0
农副食品加工业	312	-4.9	401	-1.1
食品制造业	695	5.3	817	7.5
酒、饮料和精制茶制造业	104	4.3	153	3.7
烟草制品业	978	2.9	1031	2.7
纺织业	174	-0.9	200	1.2

续表

行　业	总产值		营业收入	
	规模	增速	规模	增速
纺织服装、服饰业	280	-14.2	335	-9.6
皮革、毛皮、羽毛及其制品和制鞋业	159	-12.0	148	-17.8
木材加工和木、竹、藤、棕、草制品业	40	-16.6	51	-11.5
家具制造业	297	-9.9	316	-12.7
造纸和纸制品业	237	-6.9	299	-6.3
印刷和记录媒介复制业	195	-4.9	209	-3.0
文教、工美、体育和娱乐用品制造业	450	-0.9	637	10.1
石油加工、炼焦和核燃料加工业	1394	8.8	1426	1.8
化学原料和化学制品制造业	2929	11.2	3307	-1.2
医药制造业	944	8.3	966	9.7
化学纤维制造业	25	7.7	27	-5.0
橡胶和塑料制品业	871	-4.0	985	-4.1
非金属矿物制品业	672	1.6	782	6.2
黑色金属冶炼和压延加工业	1170	-2.5	1698	-2.6
有色金属冶炼和压延加工业	319	-13.5	551	-17.7
金属制品业	937	-5.1	1097	-2.3
通用设备制造业	2899	-3.0	3223	-1.8
专用设备制造业	1338	-0.3	1461	4.6
汽车制造业	6410	-4.4	7923	-11.4
铁路、船舶、航空航天和其他运输设备制造业	759	3.9	843	18.2
电气机械和器材制造业	2231	0.3	2527	1.2
计算机、通信和其他电子设备制造业	5135	-2.0	5321	-1.2
仪器仪表制造业	418	-1.6	468	1.0
其他制造业	46	0.0	49	-7.8
废弃资源综合利用业	45	4.5	48	11.7
金属制品、机械和设备修理业	224	6.5	222	15.1
电力、热力生产和供应业	1189	0.9	1226	-1.2
燃气生产和供应业	433	18.6	504	23.5
水的生产和供应业	80	2.7	127	7.0
总计	34427	-0.3	39404	-2.3

资料来源：上海统计网。

在江苏规模以上工业中，不同经济类型工业发展存在差别，国有企业、股份制企业、外商及港澳台投资企业、集体企业增速分别为 18.2%、

8.5%、2.2%、0.2%。江苏先进制造业发展较快，高技术产业增加值比上年增长6.8%，高于规模以上工业平均水平0.6个百分点，装备制造业增加值比上年增长6.0%，低于规模以上工业平均水平0.2个百分点，二者对规模以上工业增加值增长的贡献率分别达23.8%和46.5%。从大类行业看，电气机械和器材制造业、医药制造业、专用设备制造业等先进制造业增加值分别比上年增长16.9%、19.0%、8.2%，高于规模以上工业平均水平10.7个、12.8个和2.0个百分点。

在浙江规模以上工业中，私营企业、港澳台商投资企业、国有及国有控股企业和外商投资企业增加值增速依次递减，分别为8.0%、6.1%、4.7%和2.1%。浙江高技术、高新技术、装备制造、战略性新兴产业增加值分别比上年增长14.3%、8.0%、7.8%和9.8%，高于规模以上工业平均水平7.7个、1.4个、1.2个和1.3个百分点。17个传统制造业增加值合计比上年增长6.4%，其中，10个重点传统制造业增加值增长7.1%，高于规模以上工业平均水平0.3个百分点。

安徽规模以上工业增加值比上年增长7.3%，居全国第10位。从不同经济类型看，外商及港澳台商投资企业、国有及国有控股企业、股份制企业增速分别为14.6%、7.6%和6.6%。从不同门类看，采矿业，制造业，电力、热力、燃气及水生产和供应业增速分别为1.6%、7.7%和8.0%。从细分行业看，在40个工业大类行业中，有35个行业增速为正。在工业新产品中，微型计算机设备、集成电路、移动通信手持机产量分别增长11.5%、14.6%和16.7%。

（三）工业投资增速回落

长三角地区固定资产投资增速与上年持平。2019年，全国完成全社会固定资产投资560874亿元，较上年增长5.1%；[①] 其中，完成固定资产投资

① 根据第四次全国经济普查、统计执法检查和统计调查制度，对2018年固定资产投资数据进行修订，2019年增速按可比口径计算。

（不含农户）551478 亿元，比上年增长 5.4%。从不同区域之间的比较看，中部地区增速领先：中部地区、西部地区、东部地区和东北地区固定资产投资增速依次减少，分别为 9.5%、5.6%、4.1%和 -3.0%。[①] 2019 年，长三角地区固定资产投资增速为 7.4%，与上年持平。分成员地区看，浙江固定资产投资增速领先，为 10.1%，高出长三角平均水平 2.7 个百分点；安徽、上海和江苏固定资产投资增速分别为 9.2%、5.1%和 5.1%。长三角地区工业投资增速下滑。2019 年，全国工业投资比上年增长 4.1%，增速比上年减少了 3.1 个百分点。其中，采矿业投资增长最快，为 24.1%，制造业增速为 3.1%，电力、热力、燃气及水生产和供应业增速为 4.5%。2019 年，长三角地区工业投资增速为 6.5%，增速比上年减少 5.5 个百分点。分成员地区看，上海工业投资增速最快，为 11.3%，高于长三角地区平均水平 4.8 个百分点；浙江工业投资增速为 9.7%，高于长三角地区平均水平 3.2 个百分点；安徽工业投资增速为 8.7%，高于长三角地区平均水平 2.2 个百分点；江苏工业投资增速为 3.9%，低于长三角地区平均水平 2.6 个百分点（见表 4）。

表 4　2016～2019 年长三角地区固定资产投资及工业投资增速

单位：%

地　区	固定资产投资				工业投资			
	2016 年	2017 年	2018 年	2019 年	2016 年	2017 年	2018 年	2019 年
全　国	8.1	7.2	5.9	5.4	3.6	3.6	7.2	4.1
长三角	9.3	8.6	7.4	7.4	7.4	8.1	12.0	6.5
上　海	6.3	7.3	5.2	5.1	2.3	5.3	17.7	11.3
江　苏	7.5	7.5	5.5	5.1	7.9	6.7	8.0	3.9
浙　江	10.9	8.6	7.1	10.1	4.0	6.1	5.0	9.7
安　徽	11.7	11.0	11.8	9.2	9.6	12.7	24.8	8.7

资料来源：相关年份中国及长三角成员地区统计公报。

① 《中华人民共和国 2019 年国民经济和社会发展统计公报》，2020 年 2 月 28 日。

（四）经济效益持续下滑

全国规模以上工业企业经济效益持续下滑，利润总额有所下降，亏损企业亏损总额大幅增长。2019 年，全国规模以上工业实现利润总额 61996 亿元，较上年下降 3.3%，增速比上年大幅减少 13.6 个百分点。从不同经济类型工业企业看，股份制企业实现利润总额 45284 亿元，比上年下降 2.9%；国有控股企业实现利润总额 16356 亿元，比上年下降 12.0%；私营企业实现利润总额 18182 亿元，比上年增长 2.2；外商及港澳台商投资企业实现利润总额 15580 亿元，比上年下降 3.6%。从不同门类工业看，采矿业实现利润总额 5275 亿元，比上年增长 1.7%；制造业实现利润总额 51904 亿元，比上年下降 5.2%；电力、热力、燃气及水生产和供应业实现利润总额 4816 亿元，比上年增长 15.4%。[①] 2019 年，全国规模以上工业亏损企业亏损总额大幅提高，为 9415 亿元，比上年增长 16.0%，增速较上年增加 7.5 个百分点。

长三角地区规模以上工业企业经济效益持续下滑，利润总额增速由正转负，亏损企业亏损总额大幅增加。2019 年，长三角地区规模以上工业企业实现利润总额 16527 亿元，比上年下降 4.1%，增速较上年减少 13.5 个百分点，低于全国平均水平 0.8 个百分点。长三角地区规模以上工业亏损企业亏损总额为 1978 亿元，比上年增长 21.4%，高于全国平均水平 5.4 个百分点，增速比上年增加 7.4 个百分点。分成员地区看，浙江规模以上工业企业经济效益领先，实现利润总额 4760 亿元，比上年增长 5.4%，高于长三角平均水平 9.5 个百分点，增速比上年略增 0.1 个百分点；亏损企业亏损总额为 480 亿元，比上年增长 12.2%，低于长三角平均水平 9.2 个百分点，增速比上年下降 14.5 个百分点（见表 5）。

---

① 《中华人民共和国 2019 年国民经济和社会发展统计公报》，2020 年 2 月 28 日。

表5 2017～2019长三角地区规模以上工业企业利润总额和亏损企业亏损总额

单位：亿元，%

地区	利润总额				亏损企业亏损总额			
	规模	增速			规模	增速		
	2019年	2017年	2018年	2019年	2019年	2017年	2018年	2019年
全国	61996	21.0	10.3	-3.3	9415	-18.1	8.5	16.0
长三角	16527	13.8	9.4	-4.1	1978	-2.1	14.0	21.4
上海	2875	10.6	3.7	-14.2	264	7.4	-17.6	10.6
江苏	6734	12.4	9.4	-5.4	998	-9.0	20.3	30.2
浙江	4760	16.6	5.3	5.4	480	-2.1	26.7	12.2
安徽	2160	19.7	27.8	-3.7	236	10.1	20.4	20.2

资料来源：中华人民共和国国家统计局（http：//www. stats. gov. cn/）。

（五）政府重视工业发展[①]

上海制定实施投资促进工业稳增长等政策措施，推动工业平稳发展，工业投资连续21个月保持两位数增长。江苏大力发展13个先进制造业集群；大力实施“百企引航”“千企升级”行动计划；着力推动工业化和信息化融合发展，建成一批智能工厂、智能车间、工业互联网平台和标杆工厂。浙江持续推进标准强省、质量强省、品牌强省建设，新增“浙江制造”标准565个、“品字标”企业345家；建立“1+N”工业互联网平台体系，新增上云企业6万家，在役工业机器人达到8.9万台。安徽启动“高新基”全产业链项目建设，实施重大新兴产业基地新三年建设规划，启动第四批重大工程、重大专项建设；新增国家级工业设计中心5个，与现代供应链相衔接的新型服务业不断生成。

二　2019年长三角地区重要行业发展态势

（一）计算机、通信和其他电子设备制造业

计算机、通信和其他电子设备制造业在长三角地区工业发展中的地位非

① 主要参考长三角成员地区2020年政府工作报告。

常重要。2018 年，长三角地区计算机、通信和其他电子设备制造业完成主营业务收入30109.4亿元，占规模以上工业的11.0%，比上年增加0.6个百分点；实现利润总额1437.5亿元，占规模以上工业的7.5%，比上年减少0.5个百分点。分成员地区看，上海计算机、通信和其他电子设备制造业完成主营业务收入5675.3亿元，占规模以上工业的14.6%，比上年减少1.1个百分点；实现利润总额152.4亿元，占规模以上工业的4.5%，比上年减少1.3个百分点。江苏计算机、通信和其他电子设备制造业完成主营业务收入17448.3亿元，占规模以上工业的13.6%，比上年增加1.2个百分点；实现利润总额766.9亿元，占规模以上工业的9.0%，比上年减少0.2个百分点。浙江计算机、通信和其他电子设备制造业完成主营业务收入4372.6亿元，占规模以上工业的6.3%，比上年增加0.7个百分点；实现利润总额372.8亿元，占规模以上工业的8.0%，比上年增加0.7个百分点。安徽计算机、通信和其他电子设备制造业完成主营业务收入2613.2亿元，占规模以上工业的7.0%，比上年增加1.0个百分点；实现利润总额145.5亿元，占规模以上工业的5.5%，比上年减少1.6个百分点。比较地看，上海计算机、通信和其他电子设备制造业经济效益与其在工业中的地位不匹配（见表6）。

表6　2016～2018年长三角地区计算机、通信和其他电子设备制造业情况

单位：亿元

地区	主营业务收入			利润总额		
	2016年	2017年	2018年	2016年	2017年	2018年
长三角	29959.8	30737.9	30109.4	1522.8	1614.9	1437.5
上海	5082.0	5945.8	5675.3	132.5	189.7	152.4
江苏	19199.8	18530.6	17448.3	964.6	922.9	766.9
浙江	3291.9	3687.4	4372.6	301.2	335.8	372.8
安徽	2386.2	2574.1	2613.2	124.6	166.6	145.5

注：2016年为总产值数据，2017年和2018年为主营业务收入数据。

资料来源：2017～2019年长三角成员地区统计年鉴。

2019 年，全国计算机、通信和其他电子设备制造行业完成营业收入 113718 亿元，比上年增长 4.5%，高于规模以上工业平均水平 0.7 个百分点；增加值增长 9.3%，高于规模以上工业 3.6 个百分点；实现利润总额共计 5013 亿元，比上年增长 3.1%，高于规模以上工业平均水平 6.4 个百分点；亏损总额共计 1010 亿元，比上年增长 30.5%，高于规模以上工业平均水平 14.5 个百分点。从产品看，完成集成电路 2018 亿块，比上年增长 7.2%；完成程控交换机 791 万线，比上年下降 20.5%；完成移动通信手持机 170101 万台，比上年减少 6.0%；完成微型计算机设备 34163 万台，比上年略增 7.7 个百分点。

2019 年，长三角地区计算机、通信和其他电子设备制造业平稳发展。上海计算机、通信和其他电子设备制造业完成总产值 5135.3 亿元，比上年下降 2.0%，低于规模以上工业平均水平 1.7 个百分点；完成营业收入 5320.5 亿元，比上年下降 1.2%，高于规模以上工业平均水平 1.1 个百分点；实现利润总额 171.8 亿元，比上年增长 17.8%，高于规模以上工业平均水平 31.5 个百分点；完成集成电路 207.6 亿块，比上年下降 11.0%；完成智能手机产量 4173 万台，比上年下降 11.4%；完成 3D 打印设备 780 台，比上年增长 34.9%。江苏完成集成电路 516.3 亿块，比上年增长 0.6%；完成微型电子计算机 6042.4 万台，比上年下降 3.1%。浙江完成集成电路 143.5 亿块，比上年增长 21.3%；完成电子元件 978.7 亿只，比上年增长 2.8%；完成微型计算机设备 277.7 万台，比上年增长 35.2%；完成智能手机 4359.2 万台，比上年下降 12.0%。安徽计算机、通信和其他电子设备制造业发展较快，增加值比上年增长 21.1%，高于规模以上工业 13.8 个百分点；完成集成电路 59.7 亿块，比上年增长 14.6%；完成微型计算机设备 2253.8 万台，比上年增长 11.5%；完成移动通信手持机 81.7 万台，比上年增长 16.7%。

（二）化学原料和化学制品制造业

化学原料和化学制品制造业是长三角地区重要的基础产业。2018 年，长三角地区化学原料和化学制品制造业完成主营业务收入24366.7亿元，占规模以上工业的8.9%，比上年减少0.3个百分点；实现利润总额2069.1亿元，占规模以上工业的10.8%，比上年减少0.2个百分点。分成员地区看，江苏化学原料和化学制品制造业在工业中地位相对突出。上海化学原料和化学制品制造业完成主营业务收入3360.8亿元，占规模以上工业的8.6%，比上年增加0.2个百分点；实现利润420.6亿元，占规模以上工业的12.6%，与上年持平。江苏化学原料和化学制品制造业完成主营业务收入12318.1亿元，占规模以上工业的9.6%，比上年减少0.9个百分点；实现利润919.8亿元，占规模以上工业的10.8%，比上年减少1.0个百分点。浙江化学原料和化学制品制造业完成主营业务收入6595.8亿元，占规模以上工业的9.5%，比上年增加0.5个百分点；实现利润540.1亿元，占规模以上工业的11.6%，比上年增加1.2个百分点。安徽化学原料和化学制品制造业完成主营业务收入2091.9亿元，占规模以上工业的5.6%，比上年增加0.2个百分点；实现利润188.6亿元，占规模以上工业的7.1%，比上年增加0.7个百分点（见表7）。

表7　2016～2018年长三角地区化学原料和化学制品制造业情况

单位：亿元

地　区	主营业务收入			利润总额		
	2016年	2017年	2018年	2016年	2017年	2018年
长三角	28186.5	27106.0	24366.7	2032.6	2221.0	2069.1
上　海	2463.5	3188.7	3360.8	223.9	407.9	420.6
江　苏	17850.1	15640.6	12318.1	1303.2	1183.2	919.8
浙　江	5381.7	5927.7	6595.8	358.2	478.3	540.1
安　徽	2491.2	2349.0	2091.9	147.4	151.6	188.6

注：2016年为总产值数据，2017年和2018年为主营业务收入数据。

资料来源：2017～2019年长三角成员地区统计年鉴。

2019年，全国化学原料和化学制品制造业完成营业收入65776亿元，比上年下降1.0%，低于规模以上工业平均水平4.8个百分点；增加值增长

4.7%，低于规模以上工业1.0个百分点；实现利润总额共计3481亿元，比上年下降25.6%，低于规模以上工业平均水平22.3个百分点；亏损总额共计1368亿元，比上年大幅增长134.1%，高于规模以上工业平均水平118.1个百分点。从化学原料和化学制品制造业产品看，完成硫酸（折100%）8936万吨，比上年增长1.2%；完成烧碱（折100%）3464万吨，比上年增长0.5%；完成纯碱（碳酸钠）2888万吨，比上年增长7.6%；完成乙烯2052万吨，比上年增长9.4%；完成农用氮、磷、钾化学肥料（折纯）5625万吨，比上年增长3.6%；完成化学农药原药（折有效成分100%）225万吨，比上年增长1.4%。

2019年，长三角地区化学原料和化学制品制造业健康发展。上海化学原料和化学制品制造业完成总产值2929.1亿元，比上年增长11.2%，高于规模以上工业11.5个百分点；完成主营业务收入3306.9亿元，比上年增长下降1.2%，高于规模以上工业1.1个百分点；实现利润总额336.1亿元，比上年下降18.9%，低于规模以上工业5.2个百分点。江苏完成硫酸318.2万吨，比上年下降3.1%；完成盐酸65.6万吨，比上年下降0.3%；完成烧碱275.1万吨，比上年减少14.2%；完成纯碱513.0万吨，比上年增长5.5%；完成合成氨311.3万吨，比上年增长1.4%；完成化肥199.1万吨，比上年增长7.9%；完成化学农药74.3万吨，比上年减少3.3%。浙江完成硫酸（折100%）304.0万吨，比上年下降0.8%；完成烧碱（折100%）200.8万吨，比上年增长6.4%；完成纯碱31.7万吨，比上年下降5.6%；完成纯苯36.1万吨，比上年增长4.8%；完成浓硝酸19.7万吨，比上年下降0.9%；完成合成氨（无水氨）61.2万吨，比上年增长8.8%；完成化学农药原药（折有效成分100%）20.8万吨，比上年下降4.5%。安徽化学原料和化学制品制造业增加值增长10.4%，高于规模以上工业3.1个百分点；完成硫酸576.6万吨，比上年下降2.7%；完成烧碱77.0万吨，比上年下降4.6%；完成纯碱79.0万吨，比上年大幅增长111.4%；完成合成氨266.3万吨，比上年增长17.6%；完成化肥269.4万吨，比上年增长15.2%；完成化学农药9.8万吨，比上年下降2.2%；完成合成洗涤剂93.9万吨，比上年增长10.8%。

（三）电气机械和器材制造业

2018 年，长三角地区电气机械和器材制造业完成主营业务收入 26296.9 亿元，占规模以上工业的 9.6%，比上年减少 0.6 个百分点；实现利润总额 1651.7 亿元，占规模以上工业的 8.6%，比上年减少 0.9 个百分点。分成员地区看，上海电气机械和器材制造业完成主营业务收入 2394.8 亿元，占规模以上工业的 6.2%，比上年增加 0.2 个百分点；实现利润总额 183.3 亿元，占规模以上工业的 5.5%，比上年增加 0.4 个百分点。江苏电气机械和器材制造业完成主营业务收入 13620.9 亿元，占规模以上工业的 10.6%，比上年减少 0.3 个百分点；实现利润总额 812.4 亿元，占规模以上工业的 9.6%，比上年减少 0.7 个百分点。浙江电气机械和器材制造业完成主营业务收入 6591.3 亿元，占规模以上工业的 9.5%，比上年减少 0.3 个百分点；实现利润总额 379.0 亿元，占规模以上工业的 8.2%，比上年减少 0.8 个百分点。安徽电气机械和器材制造业完成主营业务收入 3689.8 亿元，占规模以上工业的 9.9%，比上年减少 1.9 个百分点；实现利润总额 276.9 亿元，占规模以上工业的 10.4%，比上年减少 3.2 个百分点（见表 8）。

表 8　2016～2018 年长三角地区电气机械和器材制造业情况

单位：亿元

地　区	主营业务收入			利润总额		
	2016 年	2017 年	2018 年	2016 年	2017 年	2018 年
长三角	31491.3	30076.8	26296.9	2135.4	1933.5	1651.7
上　海	2032.1	2269.2	2394.8	169.1	165.6	183.3
江　苏	17420.2	16301.9	13620.9	1223.7	1032.3	812.4
浙　江	6725.9	6418.7	6591.3	421.6	415.4	379.0
安　徽	5313.2	5086.9	3689.8	321.1	320.3	276.9

注：2016 年为总产值数据，2017 年和 2018 年为主营业务收入数据。

资料来源：2017～2019 年长三角成员地区统计年鉴。

2019 年，全国电气机械和器材制造业完成营业收入 65438. 亿元，比上年增长 5. 9%，高于规模以上工业平均水平 2. 1 个百分点；增加值增长 10. 7%，高于规模以上工业 4. 0 个百分点；实现利润总额共计 3843 亿元，比上年增长 10. 8%，高于规模以上工业平均水平 14. 1 个百分点；亏损总额共计 489 亿元，比上年下降 8. 0%，低于规模以上工业平均水平 24. 0 个百分点。从电气机械和器材制造业产品看，完成家用电冰箱（家用冷冻冷藏箱）7904 万台，比上年增长 8. 1%；完成家用冷柜（家用冷冻箱）2172 万台，比上年增长 4. 1%；完成房间空气调节器 21866 万台，比上年增长 6. 5%；完成家用洗衣机 7433 万台，比上年增长 9. 8%。

2019 年，长三角地区电气机械和器材制造业发展态势良好。上海电气机械和器材制造业完成工业总产值 2230. 6 亿元，比上年增长 0. 3%，高于规模以上工业 0. 6 个百分点；完成营业收入 2527. 1 亿元，比上年增长 1. 2%，高于规模以上工业 3. 5 个百分点；实现利润总额 174. 6 亿元，比上年下降 6. 6%，高于规模以上工业 7. 1 个百分点。江苏电气机械和器材制造业增加值比上年增长 16. 9%，高于规模以上工业平均水平 10. 7 个百分点；完成智能电视 1034. 6 万台，比上年下降 1. 1%；完成家用电冰箱 1068. 1 万台，比上年增长 13. 1%；完成房间空气调节器 495. 0 万台，比上年下降 9. 2%；完成家用洗衣机 2239. 4 万台，比上年增长 18. 1%；完成家用吸尘器 5799. 0 万台，比上年增长 1. 9%；完成家用电风扇 569. 4 万台，比上年增长 7. 6%。浙江完成房间空气调节器 1939. 2 万台，比上年增长 18. 1%。安徽电气机械和器材制造业增加值比上年增长 11. 4%，高于规模以上工业平均水平 4. 1 个百分点；完成彩色电视机 1941. 9 万台，比上年下降 14. 7%；完成家用洗衣机 2328. 3 万台，比上年增长 11. 0%；完成家用电冰箱 2505. 9 万台，比上年增长 6. 9%；完成房间空气调节器 3366. 5 万台，比上年增长 9. 1%。

（四）汽车制造业

汽车制造业在长三角工业中的地位非常重要。2018 年，长三角地区汽车制造业完成主营业务收入 22933. 3 亿元，占规模以上工业的比重为

8.4%，比上年增加0.4个百分点；实现利润2166.7亿元，占规模以上工业的比重为11.3%，比上年减少0.4个百分点。分成员地区看，上海汽车制造业完成主营业务收入8334.2亿元，占规模以上工业的比重为21.4%，比上年减少0.4个百分点；实现利润1077.7亿元，占规模以上工业的比重为32.2%，比上年减少1.9个百分点。江苏汽车制造业完成主营业务收入7023.0亿元，占规模以上工业的比重为5.5%，比上年增加0.5个百分点；实现利润502.8亿元，占规模以上工业的比重为5.9%，比上年减少0.2个百分点。浙江汽车制造业完成主营业务收入5166.8亿元，占规模以上工业的比重为7.5%，与上年持平；实现利润509.7亿元，占规模以上工业的比重为11.0%，比上年减少0.5个百分点。安徽汽车制造业完成主营业务收入2409.2亿元，占规模以上工业的比重为6.5%，比上年减少0.2个百分点；实现利润76.6亿元，占规模以上工业的比重为2.9%，比上年减少1.8个百分点（见表9）。

表9　2016～2018年长三角地区汽车制造业情况

单位：亿元

地　区	主营业务收入			利润总额		
	2016年	2017年	2018年	2016年	2017年	2018年
长三角	21458.8	23576.6	22933.3	2219.5	2360.4	2166.7
上　海	5849.9	8246.7	8334.2	1082.0	1106.0	1077.7
江　苏	7910.6	7504.7	7023.0	589.9	611.8	502.8
浙　江	4588.3	4951.6	5166.8	421.7	530.9	509.7
安　徽	3109.9	2873.7	2409.2	125.9	111.6	76.6

注：2016年为总产值数据，2017年和2018年为主营业务收入数据。
资料来源：2017～2019年长三角成员地区统计年鉴。

2019年，全国汽车制造业完成营业收入80847亿元，比上年下降1.8%，低于规模以上工业平均水平5.6个百分点；增加值增长1.8%，低于规模以上工业3.9个百分点；实现利润总额共计5087亿元，比上年下降15.9%，低于规模以上工业平均水平12.6个百分点；亏损总额共计1025亿元，比上年增长56.9%，高于规模以上工业平均水平40.9个百分点。从汽车制造业产品看，完成汽车2553万辆，比上年下降8.0%；完成基本型乘用车（轿车）1018万辆，比上年下降12.7%；完成运动型多用途乘用车（SUV）876万辆，比上年下降5.6%；完成载货汽车374万辆，比上年增长1.1%。

2019年，长三角地区汽车制造业平稳发展。上海汽车制造业完成产值6409.6亿元，比上年下降4.4%，低于规模以上工业4.1个百分点；完成营业收入7923.4亿元，比上年下降11.4%，低于规模以上工业9.1个百分点；实现利润795.0亿元，比上年下降26.9%，低于规模以上工业13.2个百分点；完成汽车274.9万辆，比上年下降7.7%；完成新能源汽车8.3万辆，比上年增长29.6%；完成运动型多用途乘用车（SUV）94.5万辆，比上年增长14.2%。江苏完成汽车82.8万辆，比上年下降29.2%（其中，完成轿车产量38.4万辆，比上年下降36.3%；完成新能源汽车5.0万辆，比上年下降56.7%）。浙江完成汽车99.2万辆，比上年大幅下降18.5%（其中完成新能源汽车3.8万辆，比上年大幅下降17.2%）。安徽汽车制造业增加值增长2.0%，低于规模以上工业5.3个百分点；完成汽车92.1万辆，比上年增长8.7%（其中完成新能源汽车11.6万辆，比上年下降0.9%）。

三　2020年长三角地区工业发展展望

2020年，受新冠肺炎疫情的冲击，世界经济全面下行，国际环境复杂多变。中国经济面临的不确定性增加，内部需求不足，外部需求萎缩。面对复杂多变的国际国内形势，长三角地区坚持以供给侧结构性改革为主线，奋力推动区域高质量发展走在前列，在巩固提升实体经济能级、先进制造业集群打造、向全球价值链中高端迈进等方面精准施策，积极作为，推动区域工业经济平稳健康发展。

长三角地区要全面落实长三角一体化发展规划纲要，积极推动区域协调发展。在工业发展方面，[①] 上海要着力提升产业基础能力和产业链现代化水

① 主要参考长三角成员地区2020年政府工作报告。

平，落实投资促进政策，切实加强招商引资工作，积极推动汽车、精品钢材、精细化工等产业提质升级，大力培育集成电路、人工智能、生物医药、航空航天、智能制造、数字经济等新兴产业集群。江苏要全力提升产业基础能力和产业链现代化水平，推动工业化与信息化深度融合，促进“江苏制造”向“江苏智造”转变，全面提升现代服务业与先进制造业融合发展水平。浙江要实施产业链协同创新工程，培育发展数字安防、汽车及零部件、绿色石化、现代纺织等一批具有国际竞争力的先进制造业集群，加快提升制造业竞争力。安徽要推进战略性新兴产业集聚发展，推动传统产业优化升级，推动先进制造业和现代服务业深度融合，大力发展数字经济。

B.9
长三角地区数字经济发展报告（2019）

徐丽梅*

摘　要： 2019年长三角地区的数字经济有了进一步发展，数字经济的增速超过18%，占该地区生产总值的比重超过40%。从数字经济基础部分的发展来看，4个省市的电子信息产业都保持了较快的增长速度，均超过10%，电子信息产业是国民经济的支柱产业，软件和信息技术服务业的增长普遍快于信息制造业的增长。从数字经济的产业融合部分的发展来看，长三角4个省市中有3个省市列全国数字经济综合指数前10位，包括江苏、浙江和上海。数字经济在长三角27个主要城市中呈现明显的带状分布，以腰部的杭州—苏州、嘉兴—上海为得分最高轴向南北两翼扩散。展望2020年，长三角地区在数字基础设施方面将有较大飞跃，5G商用领域将进一步扩展，数字一体化将深入发展，在线新经济将呈现新局面。

关键词： 长三角地区　数字经济　5G　长三角一体化

2019年，我国数字经济继续快速发展。据腾讯研究院的研究，2019年我国数字经济体量为29.91万亿元，同比增长12%，占国内生产总值的比重为33.22%。数字经济仍然是中国经济转型发展的重要驱动力。2019年长三角地区的数字经济也有进一步发展，在许多领域取得了良好成绩。

* 徐丽梅，上海社会科学院应用经济研究所副研究员，研究方向为区域经济、数字经济。

一　长三角地区数字经济[①]发展现状

长三角地区经济总量占全国的近25%，但数字经济规模占到全国的30%以上。随着IT技术、大数据、物联网、人工智能等广泛应用，2019年长三角地区的数字经济进一步发展，其在国民经济中的地位不断提升。据中国信息通信研究院发布的数据，长三角地区数字经济的增速超过18%，占该地区生产总值的比重超过40%。长三角地区4个省市的数字经济发展也呈现不同的特点。

（一）上海市

上海市的数字经济发展水平在全国处于第一梯队，在长三角地区更是以良好的表现起到了引领带动作用。作为世界性大都市，上海高度重视数字基础设施建设，从2018年开始就全面布局新一代信息基础设施建设，2019年全国首次跨省5G视频通话实现互联，初步形成"物联、数联、众联"三位一体的新一代信息基础设施及运营服务能力，上海地区合纵连横的数字产业态势初步呈现。[②] 上海一直在加快智慧城市建设，大力推进5G网络、新型城域物联专网等建设，促进人工智能创新，加快人工智能在教育、医疗卫生、养老、助残、交通、生态等领域的应用。上海还是我国八大国家大数据综合试验区之一，目前上海市的信息化水平和数字基础设施水平领先全国。

2019年8月，上海市委、市发展改革委、市经济信息化委等九部门联合发布《上海市数字贸易发展行动方案（2019～2021年）》，率先提出打造上海"数字贸易国际枢纽港"，建设数字贸易创新创业、交易促进和合作共

① 我们沿用对"数字经济"概念的一般认识和上年对"数字经济"的定义，将数字经济分为数字经济基础部分（数字产业部分）和数字经济的产业融合部分（产业数字部分）。

② 温竞华、何曦悦：《上海探索构建新一代信息基础设施及数字经济服务体系》，新华网，2020年3月26日。

享中心的总体思路，这是全国首个数字贸易发展行动方案。[①] 2019 年 10 月 18 日，上海市委常委会审议通过《上海加快发展数字经济推动实体经济高质量发展的实施意见》，指出要加快提升数字经济规模和质量；聚焦重点领域，全力打造数字经济发展新亮点；通过政策创新、体制创新，为数字经济发展营造良好环境，推动数字经济成为上海经济发展的重要增长极。[②]

（二）江苏省

江苏拥有坚实的制造业和实体经济基础，近几年把握住数字化、网络化、智能化发展机遇，先后出台了发展互联网经济、大数据、人工智能、工业互联网等的一系列政策文件，聚焦物联网、集成电路、人工智能、共享经济等领域，推动经济增长方式从要素驱动向创新驱动转变，数字经济呈现出规模增长迅速、创新融合驱动加快、新业态不断涌现的良好发展态势。2019 年，江苏省数字经济规模达到 4 万亿元左右，占 GDP 的比重超过 40%，规模位居全国前列。[③] 另外，江苏上云企业超过 22 万家，工业 App 2200 余个，物联网业务收入占全国的“半壁江山”。[④] 预计到 2020 年，江苏省数字经济规模占国民经济规模的比重（IGDP）将达到 50%，数字经济逐步占据经济发展的主导地位。[⑤]

江苏省的数字产业主要分布在苏州、无锡、南京、南通四市，形成了一条蔚为壮观的沿江“硅走廊”。2019 年 9 月，21 世纪经济研究院与阿里研究院共同发布的《2019 长三角数字经济指数报告》中，苏州、南京与无锡分列长三角数字经济城市发展的第 3 位、第 4 位与第 10 位。

---

① 《〈上海市数字贸易发展行动方案（2019 ~ 2021 年）〉发布 率先打造“数字贸易国际枢纽港”》，《文汇报》2019 年 7 月 26 日。

② 《上海：加快发展数字经济　推动实体经济高质量发展》，上观新闻，2019 年 10 月 18 日。

③ 池宇：《数字经济：江苏高质量发展新动能》，《群众》2020 年第 6 期。

④ 《网联新时代，数字经济撑起江苏高质量发展新脊梁》，中国江苏网，2019 年 8 月 16 日。

⑤ 钱志新：《加快发展江苏数字经济》，《新华日报》2018 年 8 月 14 日。

（三）浙江省

浙江省作为制造业和互联网产业大省，坚持数字产业化、产业数字化，全面实施数字经济五年倍增计划，深入推进“云上浙江”“数字强省”建设。借助阿里巴巴、网易、海康威视等龙头企业的飞速发展，2019 年浙江数字经济强省建设成绩显著，① 数字经济核心产业实现增加值 6228.94 亿元，同比增长 14.5%。农业、制造业、服务业等行业数字化对于经济发展的倍增作用不断释放，数字经济成为浙江高质量发展的重要引擎。②

浙江提出要以“数字产业化、产业数字化”为主线，全面实施数字经济“一号工程”，出台了《数字经济发展规划》《浙江省信息经济人才发展规划（2017～2022 年）》和推动《浙江省数字经济促进条例》立法等系列要素配套文件，③ 加快新基建的建设和网络覆盖及保障能力的提升。2019 年，浙江省加快推进 5G、IPv6 等通信网络建设进程，已建成 5G 基站 15770 个，规模领先全国，杭州、宁波、温州、嘉兴等重点城市主要城区以及乌镇区域实现连续覆盖。④ 浙江还支持杭州打造全国数字经济第一城、乌镇创建国家互联网创新发展综合试验区等，部分地区数字经济发展成效显著。

（四）安徽省

近年来，安徽省围绕新经济，着力打造“数字经济、数字政府、数字社会”三位一体的数据引领型发展模式，努力实现产业结构优质化、数字治理高效化和智慧生活惠民化。⑤ 2019 年，安徽加快“数字江淮”中心建设，建设超级计算中心，扩大 4G 网络覆盖面，加快 5G 商用步伐；实施

① 永家耀：《集成超越发展江苏数字经济》，《新华日报》2019 年 2 月 19 日。

② 浙江省互联网信息办公室、浙江省经信厅和浙江省通信管理局：《浙江省互联网发展报告（2019）》，2019。

③ 永家耀：《集成超越发展江苏数字经济》，《新华日报》2019 年 2 月 19 日。

④ 郑莉：《数字经济为高质量发展赋能》，中安在线，2019 年 12 月 5 日。

⑤ 郑莉：《数字经济为高质量发展赋能》，中安在线，2019 年 12 月 5 日。

“建芯固屏强终端”行动，加快智能机器人研发、智能终端创新；推进“中国声谷”建设，打造世界级人工智能及智能语音产业集群。

安徽省先后出台了《安徽省人民政府关于印发支持数字经济发展若干政策的通知》《关于加快建设“数字江淮”的指导意见》等，以推进数字产业化和产业数字化为路径，做大数字经济规模，全面支持各领域数字经济的发展。在安徽省内，合肥、芜湖、马鞍山等地形成数字经济发展的集聚区。2019 年 10 月，合肥发布《合肥市数字经济产业创新试验区建设指南》，将数字经济产业创新试验区作为合肥市数字经济发展“一号工程”先行先试建设，打造数字经济发展样板。

二　数字经济的产业环境与基础设施

（一）产业环境

首先，各地政府制定的有关数字经济的发展目标和发展政策是产业环境的重要体现之一。长三角地区各省市都提出各自的数字经济发展目标，例如上海提出要建“亚太数据之都”，成为中国国家战略数据储备中心；浙江省要把数字经济作为“一号工程”，“争创国家数字经济示范省”；江苏省提出建设“智慧江苏”的目标，并制订了相应的行动计划；安徽提出要加快建设“数字江淮”，大力发展数字经济。此外，长三角地区各省市政府都非常重视数字经济发展政策，尤其浙江、上海和江苏三个省市，在 2019 年制定了很多数字经济发展相关政策，如表 1 所示。

表 1　2019 年长三角地区出台的数字经济发展的政策

地区	时间	政策
浙江	2019 年 4 月	《浙江省人民政府关于加快推进 5G 产业发展的实施意见》
	2019 年 3 月	《关于加快数字经济发展的若干政策措施》
	2019 年 2 月	《浙江省促进新一代人工智能发展行动计划(2019～2022 年)》
	2019 年 1 月	《浙江省数字经济发展综合评价办法(试行)》

续表

地区	时间	政策
上海	2019 年 10 月	《上海加快发展数字经济推动实体经济高质量发展的实施意见》
	2019 年 8 月	《上海市数字贸易发展行动方案(2019～2021 年)》
	2019 年 4 月	《上海市经济和信息化委员会关于公布本市首批人工智能试点应用场景的通知》
	2019 年 1 月	《关于本市推进电子商务与快递物流协同发展的实施意见》
江苏	2019 年 6 月	《江苏省推进车联网(智能网联汽车)产业发展行动计划(2019～2021年)》
	2019 年 5 月	《江苏省政府办公厅关于加快推进第五代移动通信网络建设发展若干政策措施的通知》
	2019 年 2 月	《江苏省政府办公厅关于印发江苏省“互联网＋监管”系统建设方案的通知》

资料来源：根据相关政府网站资料整理。

其次，产业环境的建设也体现在政府服务功能的强化上。长三角各个地方政府都非常重视“数字政府”建设，利用数字技术构建政府网站，不仅体现了数字技术的有效应用，而且提升了政府为人民群众服务的水平。图 1 是 2019 年长三角地区各省市的政府网站和政务机构微博数量，从政府网站数量来看，安徽省最多，达到 810 个，其次是江苏省和浙江省，分别为 645 个和 558 个；从政务机构微博数量来看，江苏省最多，达到 9159 个，其次

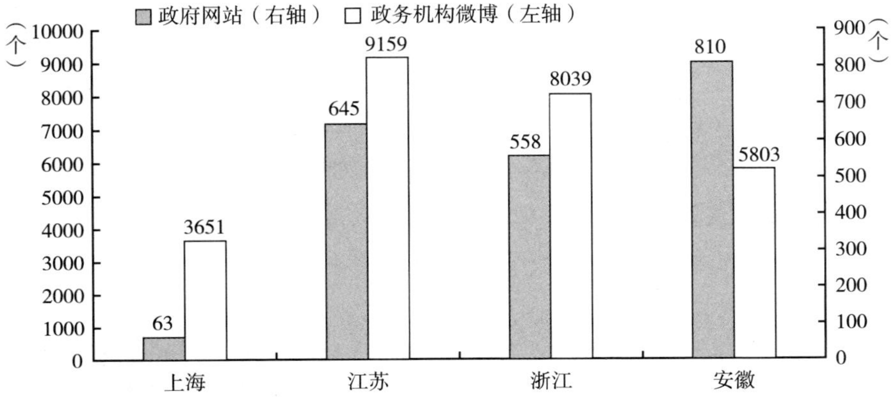

图 1　2019 年长三角各省市政府网站和政务机构微博数量

资料来源：中国互联网络信息中心《第 45 次中国互联网络发展状况统计报告》。

是浙江省和安徽省，分别是8039个和5803个。政府网站和政务机构微博的建立与规范，有效强化了信息沟通和数据共享，也反映了地方对数字技术的利用和地方的信息化建设水平。

（二）基础设施

数字基础设施是数字经济发展的基础。只有具备良好的数字基础设施，数字经济才有深入和长远发展的可能。当然，数字基础设施包含的内容很多，我们先看几个最基础的指标。我们看到，近几年长三角地区的网络基础设施建设在积极推进中。[①] 表2是2018年长三角各省市的互联网宽带接入端口及用户情况，可以看出，长三角地区的互联网宽带接入规模和用户规模都占到全国的20%左右，考虑到长三角地区的人口占全国人口的比重为16%，则长三角地区网络基础设施水平高于全国平均水平。从长三角内部来看，安徽省的网络基础设施建设滞后于江苏和浙江省。

表2　2018年互联网宽带接入端口及用户情况

项目	互联网宽带接入端口（万个）	移动互联网用户（万户）	互联网宽带接入用户（万户）
上海	1871.8	3032.0	772.9
江苏	7131.5	7979.5	3351.9
浙江	5971.0	6833.6	2653.8
安徽	3374.0	4596.3	1662.4
长三角	18348.3	22441.5	8441.0
全国	86752.6	127481.5	40738.0
占全国的比重(%)	21.2	17.6	20.7

资料来源：国家统计局网站。

另外，我们还可以从域名和网站数量来看各地的信息化发展水平。表3是2018年长三角互联网的域名和网站数量情况，可以看出，长三

① 考虑到2019年的数据暂时难以获得，这里我们采用的是2018年的数据。

角地区域名数量占全国的比重偏低，为15.6%，但也接近长三角占全国的人口比重16%，说明长三角地区的域名数量基本接近全国的平均水平；而网站数量占全国的比重偏高，达到24.8%，高于全国的平均水平。

表3　2018年长三角互联网的域名和网站数量

单位：万个，%

项目	域名	网站
长三角	575.5	116.9
全国	3688.8	470.9
占全国的比重	15.6	24.8

资料来源：国家统计局网站。

从长三角内部来看，如图2所示，2018年，上海、江苏、浙江三省市的域名和网站数量都较多，三个省市基本不相上下；相比之下，安徽省的域名数量与网站数量都较少，显示出安徽省与其他三个省市还有不小的差距。

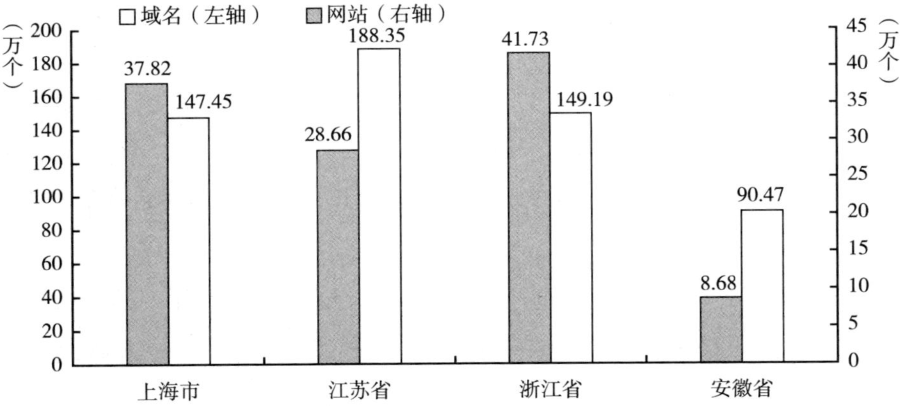

图2　2018年长三角三省一市互联网的域名和网站数量

资料来源：国家统计局网站。

三 长三角地区数字经济基础部分的发展

数字经济基础部分主要包括电子信息产业、信息制造业、软件和信息技术服务业等。2019 年长三角地区在数字经济基础部分获得了稳步的发展。

（一）电子信息产业

电子信息产业依然是国民经济的支柱产业。2019 年，长三角地区的电子信息产业继续在国民经济中保持领先地位，对经济增长的贡献在 5% 以上，是国民经济的支柱产业。从统计数据来看，四个省市的信息产业都保持了较快的增长速度，均超过 10%。

上海市 2019 年全年实现电子信息产业增加值 4094.60 亿元，比上年增长 10.1%，远超过上海经济 6.0% 的增长速度。电子信息产业增加值占 GDP 的比重达到 10.7%，[①] 是国民经济中名副其实的“支柱产业”。

江苏省 2019 年高技术产业增加值比上年增长 6.8%，其中软件和信息技术服务业、互联网和相关服务业营业收入比上年分别增长 18.8% 和 23.4%，电子及通信设备、计算机制造业投资增长 69.0%，[②] 继续保持快速发展势头。

浙江省聚焦“数字经济”的发展，2019 年浙江数字经济核心产业增加值达到 6229 亿元，比上年增长 14.5%，人工智能产业增长 21.3%。在战略性新兴产业中，新一代信息技术产业增加值增长 18.4%[③]，可见信息产业的各个行业都呈现显著增长趋势。

安徽省的电子信息产业保持了较高的增长速度。2019 年，新一代信息技术产业增长 16.4%，其中计算机、通信和其他电子设备制造业增长

① 《2019 年上海市国民经济和社会发展统计公报》。
② 《2019 年江苏省国民经济和社会发展统计公报》。
③ 《2019 年浙江省国民经济和社会发展统计公报》。

21.1%。[①]

表4是2019年长三角地区电子信息产业相关情况。

表4　2019年长三角地区电子信息产业情况

单位：亿元，%

地区	GDP	电子信息产业增加值	电子信息产业占GDP的比重
上海	38155.32	4094.60	10.7
江苏	99631.50	—	—
浙江	62352.00	6229.00	9.9
安徽	37114.00	—	—

资料来源：各省市2019年国民经济和社会发展统计公报。

（二）信息制造业

2019年，长三角地区的信息制造业总体上保持了微弱增长的态势，有些行业发展特别迅速，有些行业则发展放缓，同时各个省市的发展情况也不尽相同。

2019年上海市实现电子信息产品制造业总产值6140.93亿元，比上年下降2.1%，低于2018年的增长速度。[②] 在上海的信息制造业各行业中，集成电路产业发展非常突出，根据上海市经信委的数据，2019年上海集成电路行业企业销售收入达1706亿元，连续六年实现两位数增长，与全球半导体产业-12.1%的增长相比，上海集成电路产业实现了逆势增长。目前，上海已形成了集设计、制造、封测、材料、装备及其他配套与服务于一体的完整集成电路产业链。[③]

江苏省电子制造业在2019年稳步增长，其中新型材料、新型交通运输设备和高端电子信息产品等产量实现较快增长。行业投资增长显著，电子及

① 《2019年安徽省国民经济和社会发展统计公报》。

② 《2019年上海市国民经济和社会发展统计公报》。

③ 《“一体两翼”上海加快构筑集成电路产业新高地》，中国工业新闻网，2020年4月9日。

通信设备、计算机投资增长达到69.0%。[①]

2019年浙江省规模以上的数字经济核心产业制造业实现增加值2074亿元，比上年增长14.3%。平板电脑（59.2倍）、3D打印设备（18.3倍）、光纤（1.5倍）、工业机器人（8.7%）等产量快速增长。[②]

安徽省的电子信息制造业继续保持快速增长势头。2019年，计算机、通信和其他电子设备制造业增长21.1%。工业新产品中，微型计算机设备、集成电路、移动通信手持机产量分别增长11.5%、14.6%和16.7%[③]。

表5是长三角各省市2019年的电子信息产业主要产品相关情况。

表5　2019年电子信息产业主要产品产量/产值及增长速度

地区	产品	单位	产量/产值	比上年增长(%)
上海	智能电视	万台	134.09	-2.6
	智能手机	万台	4173.06	-11.4
	3D打印设备	台	780	34.9
	服务器	万台	19.93	4.9
江苏	微型电子计算机	万台	6032.4	-3.1
	光纤	万千米	13301.0	-4.7
	智能手机	万台	4679.6	-7.9
	智能电视	万台	1034.6	-1.1
	集成电路	亿块	516.3	0.6
浙江	微型计算机设备	万台	277.7	35.2
	集成电路	亿块	143.5	21.3
	电子元件	亿只	978.7	2.8
	智能手机	万台	4359.2	-12.0
	工业机器人	套	10822	8.7
	3D打印设备	台	1236	18.3倍
安徽	集成电路	亿块	59.7	14.6
	工业机器人	套	9521.2	-6.9
	微型计算机设备	万台	2253.8	11.5

资料来源：2019年各省市国民经济和社会发展统计公报。

① 《2019年江苏省国民经济和社会发展统计公报》。

② 《2019年浙江省国民经济和社会发展统计公报》。

③ 《2019年安徽省国民经济和社会发展统计公报》。

专栏 1：2019 年长三角各省市集成电路产业政策

集成电路（IC）产业是国民经济和社会发展的战略性、基础性和先导性产业。作为信息产业的核心，国家先后出台《关于加快培育和发展战略性新兴产业的决定》《关于进一步鼓励集成电路产业发展企业所得税政策的通知》等一系列鼓励扶持政策。其中，2014 年 6 月国务院印发了《国家集成电路产业发展推进纲要》，明确提出到2020 年，集成电路产业与国际先进水平的差距逐步缩小，封装测试技术达到国际领先水平，关键装备和材料进入国际采购体系，基本建成技术先进、安全可靠的集成电路产业体系，实现跨越式发展。到 2030 年，集成电路产业链主要环节达到国际先进水平，一批企业进入国际第一梯队。

随着《国家集成电路产业发展推进纲要》的实施，长三角各地也制定了相应的集成电路产业相关发展及扶持政策。

上海市

发展定位：打造具有国际影响力的软件和集成电路产业集群与创新源。

发展目标：力争到 2020 年集成电路产业规模突破 2000 亿元。

主要政策：《关于本市进一步鼓励软件产业和集成电路产业发展的若干政策》《上海市软件和集成电路产业发展专项支持实施细则》等。

集成电路产业基金：500 亿元。

江苏省

发展定位：成为国内外知名的集成电路产业高地。

发展目标：到 2020 年，全省集成电路产业销售收入超 3000 亿元，产业链主要环节达到国际先进水平，一批企业进入国际第一方阵，年销售收入超百亿元的集成电路企业 4 家、超 50 亿元的企业 10 家，形成一批创新活力强的中小企业。

主要政策：《关于加快全省集成电路产业发展的意见》等。

浙江省

发展定位：打造为国内领先的集成电路设计强省和国家重要的集成电路产业基地。

发展目标：力争到2020年，全省集成电路及相关产业业务收入突破1000亿元。

主要政策：《关于加快集成电路产业发展的实施意见》。

安徽省

发展定位：打造半导体产业高地。

发展目标：到2021年，安徽省半导体产业规模力争达到1000亿元，半导体产业链相关企业达到300家，芯片设计、制造、封装和测试、装备和材料龙头企业各2~3家。

主要政策：《安徽省半导体产业发展规划（2018~2021年）》《加快集成电路产业发展实施方案（2017~2019年）》等。

集成电路产业基金：300亿元。

表6是长三角地区主要城市集成电路产业发展的目标及定位。

表6　长三角主要城市集成电路产业发展的目标及定位

主要省市	发展目标	发展定位
上海市	到2020年2000亿元	打造具有国际影响力的软件和集成电路产业集群与创新源
江苏省	到2020年3000亿元	成为国内外知名的集成电路产业高地
南京市	到2020年500亿元，到2025年2000亿元	打造集成电路产业地标
无锡市	到2019年底1000亿元	打造国内集成电路产业第一方阵
苏州市	—	打造第三代半导体产业基地
浙江省	到2020年1000亿元	打造为国内领先的集成电路设计强省和国家重要的集成电路产业基地
杭州市	到2020年底500亿元	打造集成电路设计创新之都
宁波市	到2019年底300亿元，到2025年1000亿元	长三角南翼集成电路产业核心区和国际重要的特种工艺集成电路产业基地
安徽省	到2021年1000亿元	打造半导体产业高地
合肥市	到2020年500亿~1000亿元	打造中国IC之都

资料来源：高工产业研究院（GGII）。

（三）软件和信息技术服务业

2019 年，长三角地区的软件和信息技术服务业快速增长。例如，上海市实现信息服务业增加值 2863.12 亿元，增长 15%；信息传输、软件和信息技术服务业投资增速达到 14.8%。浙江省实现信息传输、软件和信息技术服务业营业收入 8445 亿元，比上年增长 22.0%。[①] 综合来看，在过去的一年里，长三角地区的软件和信息技术服务业呈现以下发展特点。

第一，从产业结构的角度，长三角各省市的软件和信息技术服务业的增长仍然普遍快于信息制造业。例如，2019 年上海信息服务业增加值的增长速度为 15%，而同年信息制造业的增长速度仅为 -2.1%。浙江省 2019 年规模以上的数字经济核心产业制造业比上年增长 14.3%，而信息传输、软件和信息技术服务业比上年增长 22.0%。

第二，从全国的角度，长三角地区的软件和信息技术服务业增速在全国领先。长三角的软件和信息技术服务业的整体规模约占全国的 1/3，并且各省市的增速在全国的排位都比较靠前。根据《2019 年软件和信息技术服务业统计公报》，江苏、浙江和上海三个省市进入全国软件业收入前十名（见图 3），这三个省市的软件业务收入累计增速都超过 12%。

第三，从长三角内部的地域结构角度，安徽省的软件和信息技术服务业增长显著，增速明显赶超其他地区。从单个指标的绝对值来看，安徽的企业个数、软件业务收入等指标低于其他三个省市，但是安徽各个指标的增长速度均高于其他三个省市。例如根据中国工业和信息化部发布的 2019 年1～11 月数据，安徽的软件和信息技术服务企业只有 760 家，远远低于上海的 1700 家和江苏的 7409 家，但是其软件业务收入增长速度达到 30.6%，远远高于上海的 13.0% 和江苏的 15.4%。

第四，上海市的软件和信息技术服务行业发展水平相对较高。一方面，我们看到，尽管上海的软件和信息技术服务企业数量只有 1700 家，只占江

---

① 2019 年各省市国民经济和社会发展统计公报。

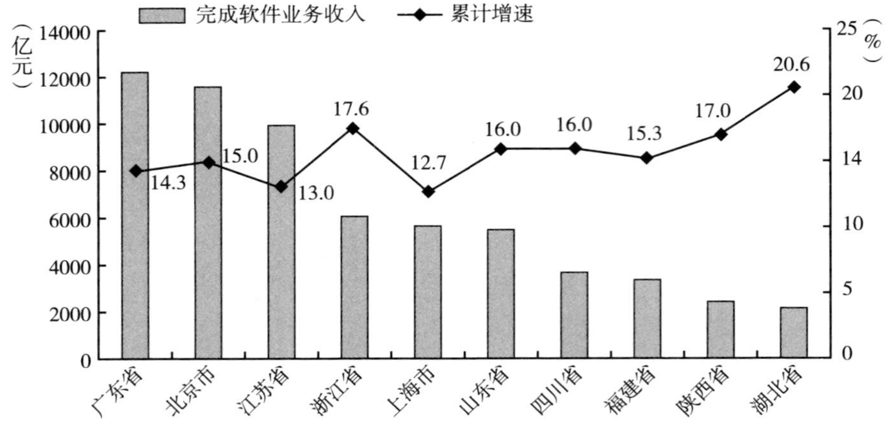

图 3　2019 年前十位省市软件业务收入增长情况

资料来源：中国工业和信息化部网站：http：//www. miit. gov. cn/。

苏省的 22.9%，但是上海的企业收入达到 55021298 万元，可见，相比于江苏省，上海市的软件和信息技术服务企业平均收入水平更高。另一方面，上海市的软件和信息技术服务行业利润增速达到 16.8%，远远高于其他三个省市，可见上海市的软件和信息技术服务业效益更好。

长三角地区软件和信息技术服务业相关情况如表 7 所示。

表 7　2019 年 1～11 月长三角地区软件和信息技术服务业收入情况

项目	企业数（家）	软件业务收入		（一）软件产品收入		（二）信息技术服务收入	
		本期累计（万元）	同比增长（%）	本期累计（万元）	同比增长（%）	本期累计（万元）	同比增长（%）
全国	40338	646159188	15.5	178270533	13.8	383950743	17.4
上海市	1700	55021298	13.0	16006352	10.0	36805021	14.8
江苏省	7409	88527810	15.4	20903698	10.9	48373440	19.4
浙江省	1892	54604163	16.8	13410047	12.8	35270114	23.2
安徽省	760	4309467	30.6	1518422	20.8	2185494	38.1
长三角	11761	202462738	—	51838519	—	122634069	—
长三角占比（%）	29.16	31.33	—	29.08	—	31.94	—
全国	11639011	12.8	72298901	10.4	82603621	11.0	
上海市	309925	10.7	1900000	5.6	7567620	16.8	

续表

项目	（三）信息安全收入		（四）嵌入式系统软件收入		利润总额	
	本期累计（万元）	同比增长（%）	本期累计（万元）	同比增长（%）	本期累计（万元）	同比增长（%）
江苏省	799191	14.3	18451481	11.0	10213517	10.0
浙江省	82992	-52.6	5841010	-3.9	14509014	6.5
安徽省	7476	12.0	598075	31.8	595961	7.1
长三角	1199584	—	26790566	—	32886112	—
长三角占比（%）	10.31	—	37.06	—	39.81	—

资料来源：中国工业和信息化部，http：//www.miit.gov.cn/n11293472/index.html。

四　长三角地区数字经济的产业融合部分的发展

2019 年 10 月，国家主席习近平提出“引导数字经济和实体经济深度融合”。目前我国数字经济的产业融合部分处于快速发展时期，据相关研究，我国的产业数字化规模在数字经济规模中约占 80%，长三角地区的数字经济的产业融合发展水平领先全国。

由于数字经济的产业融合部分没有具体的统计数据，这里我们将根据相关的研究资料，利用数字化指数对长三角数字经济的产业融合部分做分析。

（一）总体数字指数

2019 年长三角地区的数字经济延续了 2018 年的发展势头，在全国范围内有比较突出的表现。根据腾讯研究院的“数字中国”研究，长三角 4 个省市中有 3 个省市列全国数字经济综合指数前 10 位，包括江苏、浙江和上海，分别居全国第 2 位、第 4 位和第 8 位，与 2018 年的排名相同。从图 4 可以看出，虽然江苏省排全国第 2 位，但是与第 1 位的广东省有较大差距。广东省的数字经济综合指数为 105.7，而江苏省的数字经济综合指数仅为

39.5，不到广东省的一半。浙江省的数字经济综合指数为34.8，而四川省和上海市等的数字经济综合指数都不到30。

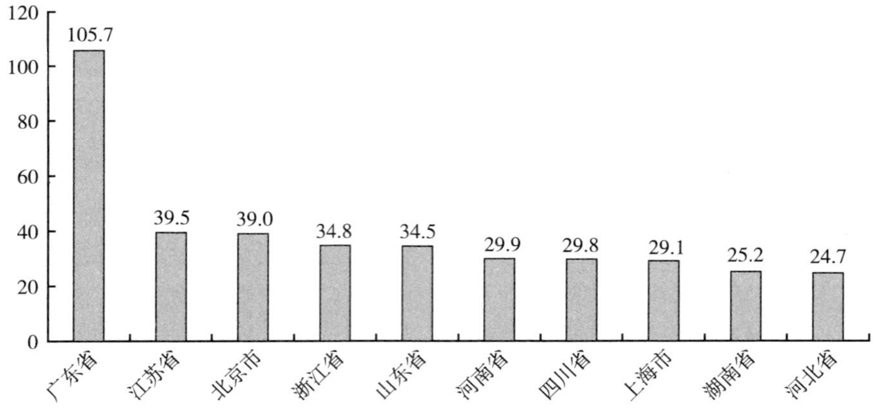

图4 2019年数字经济综合指数前十位

资料来源：腾讯研究院，“数字中国”网站。

具体到长三角内部，根据《2019数字长三角一体化发展报告》，与人均GDP分布类似，数字经济指数在长三角27个城市中也呈现明显的带状分布，以腰部的杭州—苏州、嘉兴—上海为得分最高轴向南北两翼扩散。从具体排名来看，杭州与上海共同组成数字经济发展的第一梯队，数字经济指数得分都在70以上；其次是苏州、宁波、嘉兴等城市，数字经济指数得分为50~70；得分为40~50的有常州、台州、湖州等城市；得分在40以下的有南通、扬州、泰州等城市。

在数字经济指数得分排名上，长三角地区数字经济指数得分最高的是杭州，杭州在27个城市中排名第1位。这些年杭州数字经济发展取得的成绩有目共睹，2018年，杭州将数字经济提升为“一号工程”，并提出“建设全国数字经济第一城”的目标。到2019年6月，杭州数字经济核心产业已连续17个季度保持两位数增长，截至2019年上半年，杭州市数字经济核心产业实现增加值1756亿元，占地区生产总值的比重达到25.3%。[①]

上海在27个城市中排名第2位。上海近年来对数字经济的发展非常重视，2019年10月发布《上海加快发展数字经济推动实体经济高质量发展的实施意见》，指出要把握新一轮技术发展趋势，持续增强新时代上海数字经济发展新优势，加快提升数字经济规模和质量。数字技术与产业融合在上海也取得了良好成绩。

排名第3到第10位的城市分别是苏州、南京、宁波、金华、合肥、嘉兴、温州和常州。苏州以新一代信息技术、人工智能等先导产业为突破口，着力推动数字经济与实体经济融合发展。[②] 南京拥有雄厚的工业和科技基础，近两年的政府一号文件都在关注科技创新，再加上南京的人才优势，数字经济已经具有一定规模，产业融合也取得了不错成绩。宁波以“数字产业化、产业数字化”为主线，正全面实施数字经济“一号工程”，2019年上半年，宁波市数字经济核心产业实现增加值同比增长10.4%，高于全市工业增加值增速5个百分点。[③] 此外，金华、合肥、嘉兴、温州和常州等城市的数字经济的产业融合也都取得了不错的成绩。

（二）数字产业指数

在腾讯研究院测算的2018年数字产业指数中，长三角地区的4个省市都在全国居前位，江苏、浙江和上海三个省市都列全国前10位，安徽列全国第14位。由于数字产业指数涉及很多的产业和部门，因而在不同的产业部门，各个地区的指数排名会有差异，各个城市的表现也不一样。就长三角地区工业数字经济指数得分而言，根据《2019数字长三角一体化发展报告》，杭州、苏州和南京得分最高，列长三角城市的第一梯队，得分为85~100。2019年杭州市全面实施“新制造业计划”，着力弥补制造业短板。南京的制造业基础雄厚，抓住新一轮数字经济和工业物联网机遇，实现在数字经济领域的后来者

① 资料来源于雄研智慧一周谈。
② 资料来源于苏州市委副书记、市长李亚平。
③ 郭倩：《宁波数字经济进入发展快车道》，《经济参考报》2019年9月5日。

居上。苏州也是制造业大市，为解决制造业“大而不强”的问题，出台了《苏州市工业互联网发展规划（2018～2020年）》，积极促进制造业的数字化发展。这三个城市的努力卓有成效，为2019年长三角城市工业数字经济发展前三强。此外，无锡、上海、宁波、合肥等城市则属于长三角城市的第二梯队，得分为60～85。另外还有得分在60甚至40以下的城市。

用云量是数字化和产业互联网的重要推动力，也是判断一个地区云计算产业和数字经济发展水平的重要指标，“企业上云”是当前产业发展的热点。根据腾讯研究院数据，2019年全国的用云量比上年增长了120%，在全国31个省份中，以上海的用云量最为突出，其指数达到423.31，远远超过第2名北京市的262.71和第3名广东省的163.1。浙江省在全国排第4位，江苏省排第7位，安徽省则在排全国前10位之后，用云量指数不到10.0。如图8所示。

在推进“企业上云”的工作中，长三角各省市都制订了详细的计划，例如《上海市推进企业上云行动计划（2018～2020年）》《浙江省深化推进“企业上云”三年行动计划（2018～2020年）》以及江苏《加快推进“企业上云”三年行动计划》，为推动企业上云作出部署。由此，当前长三角的云计算产业正进入高速发展阶段，并逐渐在与传统行业的深度融合中发展。

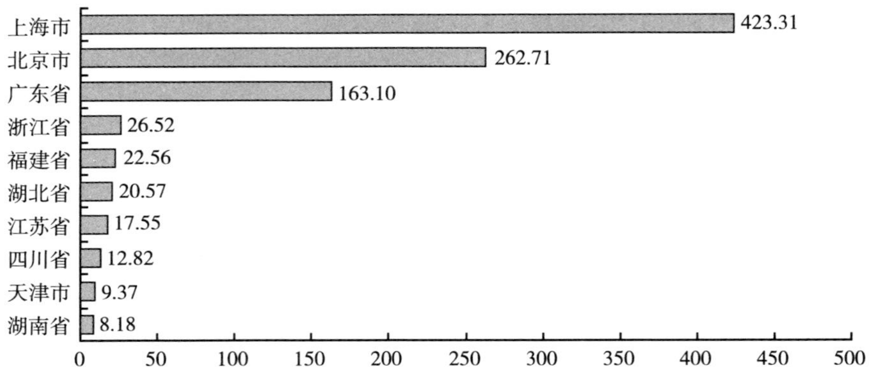

图5　用云量省份十强

资料来源：腾讯研究院，“数字中国”网站。

（三）数字政务

根据腾讯研究院数据，全国数字政务建设最好的省份是广东省，连续三年排名全国第1。长三角的4个省市中有3个列2019年全国前10名，浙江省排第4位，江苏省排第7位，上海市排第10位。但这三个省份的排名近两年都有很明显的下降，浙江省从2017年的第2名下降到2019年的第4名；江苏省从2017年的第4名下降到2019年的第7名；上海市下降得尤其明显，从2017年的第5名下降到2019年的第10名。可见这两年来长三角地区的数字政务建设步伐比起国内其他先进省份稍显落后。

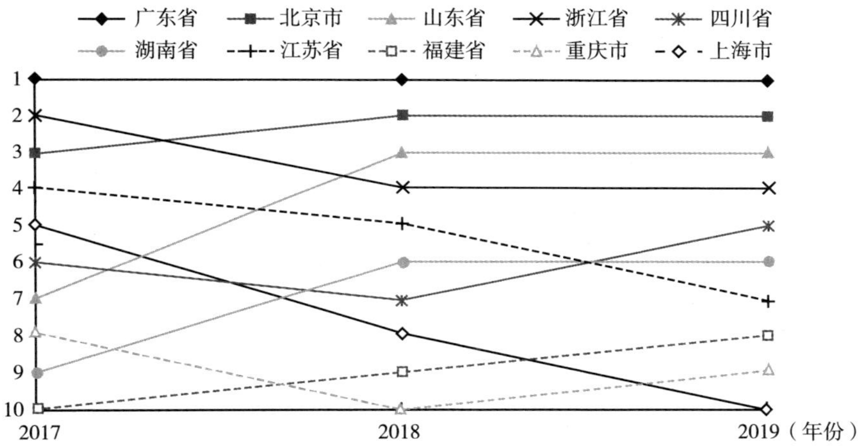

图6　2019年数字政务前十省份排名变化

资料来源：腾讯研究院，“数字中国”网站。

从长三角内部的城市来看，杭州市的电子政务建设情况最好，排名第1。2019年杭州市编制发布政务数据资源目录（2020版），累计发布数据接口服务900个以上，政府内部实现办事“最多跑一次”。其次是宁波市，排名第2，宁波正全面实施数字经济“一号工程”，以数字经济、新型智慧城市等为核心的“数字宁波”发展格局基本形成。上海市在长三角城市中排名第3。上海的数字政务起步较早，率先建成法人、人口、空间地理三大基础数据库，上海的“一网通办”经验作为经典案例被写入《2020 联合国电子政务调查报告》。其他还有南通市、舟山市、金华市、合肥市、苏州市、芜湖市、南京市均列长三角城市数字政务指数前十位（见图 10）。

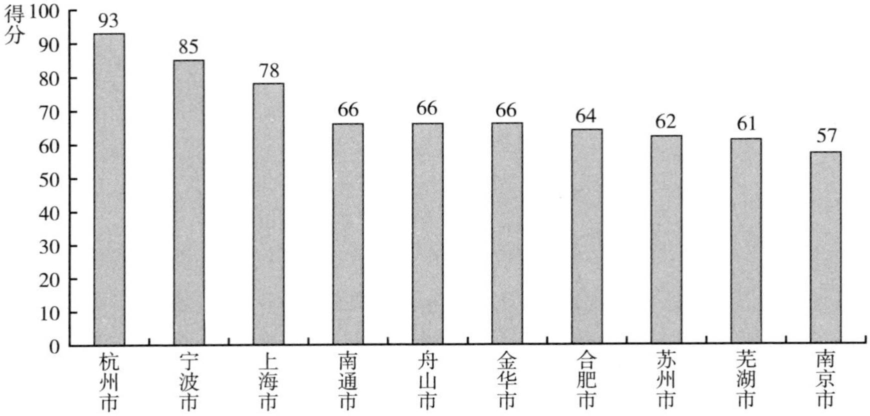

图 7　长三角城市数字政务指数得分情况

资料来源：21 世纪经济研究院、阿里研究院：《2019 数字长三角一体化发展报告》。

（四）数字生活

根据《2019 数字长三角一体化发展报告》，从长三角内部来看，数字民生服务指数得分最高的是杭州。近些年杭州依托阿里巴巴、蚂蚁金服等互联网企业，在数字经济发展上不仅走在长三角前列，也一直走在全国前列。杭州超过 95% 的超市和便利店、超过 98% 的出租车、超过 80% 的餐饮门店支持移动支付，城区所有公交地铁实现扫码支付。杭州移动支付普及率、服务覆盖率领先全国，是全球最大的移动支付之城。①

排名第 2 的是上海，上海的数字民生服务指数得分仅略低于杭州。2019 年上海在全国首次跨省 5G 视频通话实现互联，以行业示范应用带动 5G 产业链、业务链、创新链融合发展，在健康医疗、智慧教育等十大领域推进

① 张丽华：《“数字一线城市”榜单出炉 杭州第一！》，《杭州日报》2019 年 12 月 18 日。

200多项5G应用项目，上海的数字生活也有了极大改善，根据《2019数字长三角一体化发展报告》，上海品质消费、消费者、物流、生活缴费等指数得分均排长三角第一。

排名第3的是温州。2019年温州以“培育千亿级数字经济产业集群、打造浙东南数字经济高地”为目标，数字经济核心产业增加值增长12.7%，增加值总量占GDP的比重达到6.8%。目前，云办公、云招聘、云购物、云上课乃至于云招标、云招商、云审判……“云生活”已经成为温州的新时尚。[①]

排名第4到第10位的分别是苏州市、南京市、绍兴市、台州市、合肥市、宁波市和芜湖市。这几个城市在数字经济与民生发展的融合方面也走在了长三角众多城市的前列（见表8）。

表8　数字民生服务指数得分及排名

城市	得分	排名
杭州市	67	1
上海市	66	2
温州市	63	3
苏州市	56	4
南京市	55	5
绍兴市	52	6
台州市	51	7
合肥市	49	8
宁波市	46	9
芜湖市	45	10
嘉兴市	45	11
金华市	44	12
湖州市	44	13
常州市	43	14

资料来源：《2019数字长三角一体化发展报告》。

① 夏晶莹：《今年温州力争实现数字经济核心产业增加值增长12%以上》，《温州日报》2020年3月26日。

专栏2：上海的“一网通办”经验被写入联合国电子政务调查报告[①]

《2020联合国电子政务调查报告》于2020年7月10日正式发布，上海的“一网通办”经验作为经典案例被写入报告，同时，在联合国全球城市电子政务评估排名中，上海也位列前十。

联合国每两年对全球190多个国家的电子政务发展进程进行调查并发布报告，本年度报告的主题是“数字政府助力可持续发展十年行动”。报告重点介绍了上海“一网通办”通过促进数据共享和再造业务流程，优化营商环境、提升用户体验的经验，以及政务服务移动应用和线上线下业务协同的做法。

“一网通办”，是指依托一体化在线政务服务平台，通过规范网上办事标准、优化网上办事流程、搭建统一的互联网政务服务总门户、整合政府服务数据资源、完善配套制度等措施，推行政务服务事项网上办理，推动企业群众办事线上只登录一次即可全网通办。“一网通办”，落脚在“办”上。把政务数据归集到一个功能性平台，企业和群众只要进一扇门，就能办成不同领域的事项，解决了“办不完的手续、盖不完的章、跑不完的路”等麻烦。2018年，上海全力推进“一网通办”的政务服务，旨在面向企业和群众的所有线上线下服务事项，逐步做到一网受理、只跑一次、一次办成。

作为上海首创的政务服务品牌，“一网通办”已两次被写入国务院政府工作报告。“一网通办”总门户自2018年10月17日正式开通以来，个人实名用户已超过2921万，法人用户超过208万，平台接入事项2341个，累计服务人次超过21.87亿，累计办件量超过6042万件，“全程网办”能力达到84%，“最多跑一次”能力达到95%。目前，上海“一网通办”已全面建成“一平台、多终端、多渠道”的服务体系。其中，移动端“随申办”服务已全面覆盖本市常住人口，平均月活超1000万；“随申码”累计使用次数超9亿次，成为伴随市民工作、生活的随身服务码，在看病就医、交通出行等领域，为市民提供便捷服务。

① 资料来源于上海市人民政府网站。

2020 年是上海推进政务服务“一网通办”的“攻坚提升年”，相关部门正对照最高标准、最好水平，加强改革攻坚，不断优化提升，努力让“一网通办”功能更强、体验更佳、口碑更好、品牌更响，实现从“能办”向“好办”、从部门管理导向向用户体验导向、从被动服务向主动服务的转变。

五　2019年长三角地区数字经济发展展望

在长三角联合制定的《长三角地区一体化发展三年行动计划（2018～2020 年）》中，提出要聚力建设现代化经济体系，大力发展物联网、大数据、人工智能、5G、集成电路等核心产业，以此打造覆盖长三角全境的数字经济产业集群，助推长三角地区高质量发展。在过去的 2019 年，长三角地区的数字经济有了进一步的发展，取得了新的成绩。展望 2020 年，长三角地区的数字经济将呈现新的发展趋势。

（一）数字基础设施将有较大飞跃

2020 年初，新冠肺炎疫情全球蔓延，互联网、物联网、大数据、人工智能等新技术在疫情防控和复工复产方面发挥了巨大作用。2020 年的政府工作报告中提出，“加强新型基础设施建设，发展新一代信息网络，拓展 5G 应用，建设充电桩，推广新能源汽车，激发新消费需求、助力产业升级”。加速布局新型基础设施建设，正成为未来中国经济转型以及战略目标实现的关键举措。3 月 4 日，习近平总书记主持的中央政治局常务委员会议也再次强调“加快 5G 网络、数据中心等新型基础设施建设进度”。

目前全国各地都在积极推进新型基础设施的建设。据海通证券预计，新基建 2020 年投资 3 万亿元，未来五年直接投资 10 万亿元、带动投资 17.1 万亿元。长三角地区也积极行动起来，如上海计划在未来三年为“新基建”投入 2700 亿元，聚焦“新网络、新设施、新平台、新终端”四大重点领域，加快构建现代化产业体系厚植新根基，打造经济高质量发展新引擎。江苏将持续投入建设5G、云计算、物联网、工业互联网等信息基础设施，根据省政府办公厅印发的《关于加快新型信息基础设施建设扩大信息消费的若干政策措施》，江苏在5G领域，2020年计划投资120亿元，新建5G基站5.2万个，实现各市县城区、重点中心镇5G网络全覆盖。[①] 此外，浙江和安徽两省也都有相应的计划和行动。随着对新基建的投资加速，未来长三角地区的数字基础设施水平将有较大幅度的提升。

（二）5G商用领域将进一步扩展

根据《5G先试先用推动长三角数字经济率先发展战略合作框架协议》，长三角在2020年成为国内首批5G正式商用的地区之一，并同步推进5G应用及产业链协同发展。根据该框架协议，长三角各地都在积极部署5G的商用。

早在2018年11月，上海市就发布了《上海市推进新一代信息基础设施建设助力提升城市能级和核心竞争力三年行动计划（2018～2020年）》，目标之一是到2020年底，上海率先完成“双千兆宽带城市”建设，5G率先开展商用，互联网协议第6版（IPv6）、网络智能化改造和新型工业互联网络实现规模部署。浙江省在2020年4月28日发布了《关于加快推进5G产业发展的实施意见》，提出实施重点区域5G网络优质覆盖、国家新型互联网交换中心建设、5G创新平台打造、杭州亚运会5G应用等十项重点工程。在5G基础建设方面，浙江给出了时间表：到2020年，要建成5G基站3万个，实现设区市城区5G信号全覆盖、重点区域连片优质覆盖；到2022年，建成5G基站8万个，实现县城及重点乡镇以上5G信号全覆盖；到2025年，实现所有5G应用区域全覆盖。江苏省也是全国最早开展5G网络建设的省份之一。2020年5月，江苏省发布了《关于加快推进第五代移动通信网络建设发展若干政策措施的通知》，计划将通过12条

---

① 《江苏：发力“新基建”，加大投入基础创新》，《新华日报》2020年6月23日。

措施加快省内5G产业生态体系形成。江苏还将5G建设与能源梯次利用相结合，开造了5G发展的“江苏特色模式”。[①] 安徽省印发了《安徽省5G发展规划纲要（2019～2022年）》，提出到2022年安徽5G网络基础设施积极布局，建成5G基站超4.5万个，密度处于全国第一方阵。2020年4月安徽省还印发了《支持5G发展若干政策》，力图加快提升安徽省5G网络基础设施水平，深化5G在经济社会各领域的应用，培育壮大5G战略性新兴产业。

（三）长三角数字一体化深入发展

长三角数字一体化有着深厚基础，从经济社会发展来看，长三角是全国经济体量最大的城市群。长三角27个中心区城市人均GDP水平已跨越世界银行提出的“中等收入陷阱”，整体迈入高收入阶段。[②] 从数字化的角度来看，长三角地区数字经济总量达到8.63万亿元，占全国的28%，数字经济占地区经济总量的比重也达到了41%，显示出不凡的科技创新实力。[③] 近年来，从党中央到长三角的各个地方，都非常重视数字技术的深入应用，以有效推进长三角一体化进程。2019年12月，中共中央、国务院印发了《长江三角洲区域一体化发展规划纲要》，提出“共同打造数字长三角”，要“协同建设新一代信息基础设施”“共同推动重点领域智慧应用”“合力建设长三角工业互联网”。作为长三角的龙头上海，市委书记李强提出“建好一张网、打造一个库、编好一张图、共认一个章、办好一张卡”的“五个一”，作为近期长三角一体化的着力点，要从基础设施、营商环境、发展规划、数据共享等多个领域，推进长三角一体化发展。随着2020年各地数字基础设施建设的推进，长三角地区将探索利用大数据、物联网、5G等数字技术，

① 甘居鹏：《5G来了！长三角要这样打造世界级信息通信枢纽》，浙江在线，2019年11月1日。

② 李伯牙：《长三角27城跨越中等收入陷阱，2023年将迈过发达经济体门槛》，《21世纪经济报道》2019年10月9日。

③ 宋兴国：《2019数字长三角一体化发展报告发布：长三角数字一体化全国领先，数字经济占比超4成》，《21世纪经济报道》2019年10月10日。

从空间、产业、科技、政务、医疗、法务、人才等方面继续推进长三角一体化的发展进程。

（四）在线新经济将呈现新局面

2020年初，新冠肺炎疫情席卷全球，给人类的生命安全和生活健康带来极大的破坏。在这期间，传统制造业、服务业受到较大冲击，传统经济几乎停滞，但是在线办公、在线购物、在线教育、在线医疗等在线新经济则扮演了重要的角色，发挥了重大的作用。例如2020年第一季度哔哩哔哩营业收入增长118%，喜马拉雅营业收入增长32%，华为的Welink业务量增长80%，[①] 在线新经济呈现出蓬勃的发展势头。在这种背景下，长三角各地都瞄准了在线新经济这一领域，例如上海发布《上海市促进在线新经济发展行动方案（2020~2022年）》，聚焦无人工厂、工业互联网、远程办公、在线金融、在线文娱、在线展览展示、生鲜电商零售、“无接触”配送、新型移动出行、在线教育、在线研发设计、在线医疗等重点发展领域，开展全方位布局，打造在线新经济发展高地。展望2020年，在线新经济将在长三角地区呈现出新的发展局面。

专栏3：长三角各省市定下的数字经济发展目标[②]

当前，我国数字经济发展已进入快车道。2020年初，多个省市在政府工作报告中对2020年数字经济发展作出了部署，相继出台了数字经济发展相关规划。

上海市：推动数字经济集聚发展，打造产业发展新生态

上海市经信委副主任张英在近期公开讲话中提到，上海将持续推动数字经济的集聚发展，打造产业发展新生态：在自主创新方面，加大自主研发和引进力度，加快组织推进5G、集成电路、人工智能等关键领域核心技术攻

① 林艳兴、郭慕清：《“在线新经济”大有可为》，新华网，2020年4月7日。

② 数小君：《全国20余省市定下数字经济发展目标》，数据观，2020年6月12日。

关，推动基础软件发展，力争在关键技术、企业竞争力等方面逐步达到或接近国际先进水平；在产业布局方面，依托龙头、汇聚企业，打造新一代信息技术产业基地；在公共服务方面，打造一批“主机+基础软件+应用”的产业生态公共服务平台；在营商环境方面，健全机制、政策聚焦，着力构建高效共赢的良好产业发展环境。

2020年的上海市政府工作报告指出，上海市将健全公共数据分级分类开放制度，深化金融、交通、健康、文旅等领域数据开放应用，更好服务数字经济发展。同时，上海正在着力推动的在线新经济与新基建，也是数字经济发展的新生态和重要组成部分，将为上海数字经济发展注入强劲动能。

江苏省：大力发展数字经济

江苏省政府工作报告提出，2020年江苏省将大力发展“5G+工业互联网”，实施智能制造工程和制造业数字化转型行动，推动工业化与信息化深度融合，促进“江苏制造”向“江苏智造”转变。要加强人工智能、大数据、区块链等技术创新与产业应用，培育壮大新一代信息技术等战略性新兴产业，加快5G通信网络和车联网先导区建设，大力发展数字经济，以新产业、新业态、新模式为高质量发展增添新动能。目前，江苏省正在大力发展数字经济的底座——“新基建”，并已出台《关于加快新型信息基础设施建设扩大信息消费的若干政策措施》。

值得注意的是，江苏省还与宁夏回族自治区合作推进数字经济发展，根据《2020年江苏宁夏数字经济合作重点工作》，两省区将建设运行江苏宁夏数字经济合作平台；推进项目合作，建成或引进5个左右的工业互联网行业平台，100个以上优秀工业App，5个左右的大数据、人工智能试点示范项目等；促成3~5家江苏企业在西部云基地建设数据中心或租用服务器，形成“江苏云”；加强交流协作，组织参加江苏省大数据产业发展论坛、第十六届中国（南京）软博会、第六届“I创杯”互联网创新创业大赛巡回路演（宁夏）和“2020中卫云天大会”等活动；开展园区对接和技术攻关活动。

浙江省：聚焦政府、经济、社会三大数字化转型

《深化数字浙江建设2020年工作要点》明确，2020年浙江省聚焦政府、经济、社会三大数字化转型，推进数字科技突破、数字基础设施提升、数据协同应用，加快建设国家数字经济创新发展试验区，为省域治理现代化提效，为全省“两个高水平”建设增色，为数字中国建设贡献浙江力量、提供浙江样本。

根据《浙江省人民政府办公厅关于印发浙江省数字经济五年倍增计划的通知》（浙政办发〔2018〕91号），通过5年的努力，浙江省数字经济发展水平明显提高，创新能力显著增强，体制机制明显优化，在突破数字经济新技术、激发实体经济新动能、培育数字应用新业态、释放数据资源新价值、提升基础设施新智能、构筑创新发展新体制等方面走在全国前列。到2022年，全省数字经济增加值较2017年翻一番，达到4万亿元以上，基本建成全国数字产业化发展引领区、产业数字化转型示范区、数字经济体制机制创新先导区和具有全球影响力的数字科技创新中心、新型贸易中心、新兴金融中心。

安徽省：深化数字经济，推进建设“城市大脑”

2020年安徽省政府工作报告提出，要大力发展数字经济。要加快建设江淮大数据中心；实施5G产业规划和支持政策，促进5G移动互联建设和“5G+产业发展”；推动物联网、下一代互联网、区块链等技术和产业创新发展；深化数字经济，推进建设“城市大脑”，大力发展工业App，新增“皖企登云”企业5000家。

B.10

长三角地区金融业发展报告（2019）

张　彦*

摘　要： 2019年，长三角三省一市经济实现平稳增长，经济结构在深化改革与开放进程中得到优化和调整，发展新动能不断增强。各地区认真落实逆周期调节政策，加大对民营、小微企业支持力度，促进信贷平稳增长，为供给侧结构性改革和高质量发展营造适宜的货币金融环境。金融业在深化改革与开放的同时，金融机构的规模和效益实现了平稳增长，直接融资实现较快发展，保险业整体实力持续增强。

关键词： 长三角地区　金融业　融资

一　2019年长三角地区金融业发展总体情况

（一）金融发展水平略微下降

2019年我国金融发展水平[①]与上年基本持平，保持在3.6的水平。长三角的金融发展水平略有下降，从上年的3.64降至3.62，降低了0.02个点。分省市来看，2019年上海的金融发展水平最高，为5.57；安徽的金融发展水平最低，为2.69。从2015年到2019年的5年里，长三角金融发展水平从3.61

* 张彦，上海社会科学院应用经济研究所助理研究员，研究方向为区域金融。

① 金融机构各项存贷款之和与GDP之比。

提升至3.62，增加了0.01个点；全国从3.49增加至3.6，增加了0.11个点。同期，比较各省市金融发展水平的变化，江苏和浙江的增幅较大，分别增加了0.18个点和0.17个点；上海的降幅较大，从6.26降至5.57，降低了0.69个点；安徽小幅下降，从2.77降至2.69，降低了0.08个点（见表1）。

表1　长三角金融发展水平

区域	2015年	2016年	2017年	2018年	2019年
上海	6.26	6.21	5.96	5.95	5.57
江苏	2.75	2.87	2.7	2.83	2.93
浙江	3.89	3.9	3.82	3.96	4.06
安徽	2.77	2.99	2.94	3.02	2.69
长三角	3.61	3.69	3.53	3.64	3.62
全国	3.49	3.6	3.57	3.60	3.60

资料来源：各省市2015～2019年统计公报，各省市2019年金融运行报告。

（二）社会融资规模平稳增长

2019年长三角社会融资规模增加62163亿元，占全国社会融资增量的26.5%，较上年增长28.6%，比全国增幅高0.7个百分点。其中，人民币贷款增加43854亿元，同比增长10.8%；企业债券增加9096亿元，同比大幅增长49.4%；股票融资增加1115亿元，同比小幅增长2.4%。分省市来看，融资增加额从高到低分别是江苏、浙江、上海、安徽；融资增加额同比增幅方面，上海最高（49.9%），浙江相对较低（13.7%）。各类融资品种中，江苏的人民币贷款增幅最大（27.8%），浙江的企业债券增幅最大（73.5%），上海的股票融资增幅最大（116.7%）（见表2）。

表2　2019年长三角各省市社会融资规模增量

单位：亿元，%

项目	社会融资规模		人民币贷款		企业债券		股票融资	
	增量	同比增长	增量	同比增长	增量	同比增长	增量	同比增长
上海	8642	49.9	5204	-15.8	2746	60.0	403	116.7
江苏	24104	36.2	17345	27.8	3139	31.8	289	-38.7

续表

项目	社会融资规模		人民币贷款		企业债券		股票融资	
	增量	同比增长	增量	同比增长	增量	同比增长	增量	同比增长
浙江	22162	13.7	16003	3.3	2679	73.5	333	-13.3
安徽	7255	34.8	5302	22.7	532	18.9	90	91.4
长三角	62163	28.6	43854	10.8	9096	49.4	1115	2.4
全国	234714	27.9	158779	9.9	33548	40.4	3479	-3.5
长三角占比	26.5	—	27.6	—	27.1	—	32.1	—

资料来源：中国人民银行网站。

（三）保险业发展水平有所降低

2019 年，长三角地区保险深度为 3.82%，同比下降 0.06 个百分点；保险密度为 3993 元/人，较上年上升 352 元/人；2019 年长三角地区保险深度比全国低 0.48 个百分点，保险密度比全国高 947 元/人。分省市来看，2019 年上海的保险深度和保险密度最高，分别比长三角平均水平高 0.69 个百分点和 3091 元/人；安徽的保险深度和保险密度最低，分别较长三角平均水平低 0.19 个百分点和 1874 元/人（见表 3）。

表 3　长三角地区保险业发展水平

单位：%，元/人

区域	保险深度			保险密度		
	2017 年	2018 年	2019 年	2017 年	2018 年	2019 年
上海	5.27	4.30	4.51	6563	5800	7084
江苏	4.02	3.58	3.76	4296	4120	4647
浙江	4.15	4.04	4.21	3795	3962	4491
安徽	4.02	4.03	3.63	1770	1913	2119
长三角	4.24	3.88	3.82	3708	3641	3993
全国	4.42	4.22	4.30	2632	2724	3046

资料来源：各省市 2017～2019 年统计公报，各省市保监局网站。

二 2019年长三角地区金融各行业发展情况

（一）银行业

1. 各项存款规模增速有所回升

2019 年长三角地区金融机构各项存款余额继续保持平稳态势，年末长三角地区各项存款余额合计为 47.6 万亿元，同比增长 9.9%，增速较上年上升 1.8 个百分点，高于全国 1.4 个百分点。各项存款余额占全国的比重为 24%，比 2017 年高 0.3 个百分点。

分省市来看，2019 年江苏存款规模最大，各项存款余额 15.7 万亿元，占长三角的比重为 33%；上海存款规模仅次于江苏省，各项存款余额 13.3 万亿元，占长三角的比重为 27.9%；浙江存款规模位居第 3，各项存款余额 13.1 万亿元，占长三角的比重为 27.5%；安徽存款规模最小，各项存款余额 5.5 万亿元，占长三角的比重为 11.6%。2019 年浙江的存款余额增速最快，同比增长 12.7%；其次是上海，同比增长 9.7%；而江苏和安徽同比分别增长 9% 和 7%。

2017 ~2019 年，长三角金融机构各项存款余额稳定增长，增速逐渐提高，2019 年较 2017 年增速上升 3.6 个百分点。其中，上海增幅提高较多，为 7.9 个百分点；其次是浙江，提高 4.9 个百分点；再次是江苏，同期提高 1.7 个百分点；而安徽同期增幅降低了 4.7 个百分点（见表 4）。

表 4 长三角地区金融机构各项存款余额

单位：万亿元，%

项目	余额			同比增长		
	2017 年	2018 年	2019 年	2017 年	2018 年	2019 年
上海	11.2	12.1	13.3	1.8	7.7	9.7
江苏	13.5	14.4	15.7	7.3	7	9.0
浙江	10.7	11.7	13.1	7.8	8.6	12.7

续表

项目	余额			同比增长		
	2017 年	2018 年	2019 年	2017 年	2018 年	2019 年
安徽	4. 6	5. 1	5. 5	11. 7	10. 9	7. 0
长三角	40. 1	43. 3	47. 6	6. 3	8. 1	9. 9
全国	169. 3	182. 5	198. 2	8. 8	7. 8	8. 6
长三角占比	23. 7	23. 7	24. 0	-2. 5	0. 3	1. 4

资料来源：各省市 2015 ~2019 年统计公报，各省市 2019 年金融运行报告。

2019 年，长三角地区金融机构各项存款余额中，住户存款余额占比为 36. 0%，非金融企业存款余额占比为 36. 8%，非银行业金融机构存款余额占比为 6. 3%。与全国相比，长三角地区非金融企业存款余额占比较高，比全国占比高出 5. 4 个百分点；住户存款和非银行业金融机构存款余额占比偏低，分别比全国占比低 5. 5 个和 2. 4 个百分点。分省市看，住户存款余额占各项存款比重从高到低分别是安徽、浙江、江苏、上海；非金融企业存款余额占各项存款比重从高到低分别是上海、江苏、浙江、安徽；非银行业金融机构存款余额占比从高到低分别是上海、江苏和安徽（见表 5）。

表 5　2019 年长三角地区金融机构各项存款余额结构

单位：%

区域	住户存款	非金融企业存款	非银行业金融机构存款
上海	25. 1	42. 4	14. 8
江苏	37. 1	37. 1	5. 1
浙江	40. 9	34. 6	—
安徽	47. 8	28. 1	4. 4
长三角	36. 0	36. 8	6. 3
全国	41. 5	31. 4	8. 7

资料来源：各省市 2015 ~2019 年统计公报，各省市 2019 年金融运行报告。

2. 各项贷款规模实现较快增长

2019 年长三角地区各项贷款余额保持较快增长，年末长三角地区各项贷款余额合计为 38. 2 万亿元，同比增长 13. 5%。各项贷款余额增长速度比上年上升0.1个百分点，增速比全国高1.6个百分点。2019年长三角地区各项贷款余额占全国的比重为24.1%，较2018年提高0.4个百分点。

分省市来看，江苏省贷款规模最大，2019年各项贷款余额13.5万亿元，占长三角的比重为35.3%；浙江省贷款规模仅次于江苏省，各项贷款余额12.2万亿元，占长三角的比重为31.9%；上海市贷款规模位居第3，各项贷款余额8.0万亿元，占长三角的比重为20.9%；安徽省贷款模最小，各项贷款余额4.5万亿元，占长三角的比重为11.8%。从增速来看，2019年浙江各项贷款余额的增长速度最快，同比增长15.1%；其次是江苏省，各项贷款余额同比增长14.7%；再次是安徽，各项贷款余额同比增长13.9%；上海增速最低，各项贷款余额同比增长9.0%。

2017~2019年，长三角金融机构各项贷款余额较快增长，同比增速提高，2019年比2017年增速上升了1.8个百分点；而同期全国增速下降了0.2个百分点。各省市中，三年间浙江的增速提高最多，为4.8个百分点；而上海的增速下降较多，降低了3个百分点（见表6）。

表6　长三角地区金融机构各项贷款余额

单位：万亿元，%

项目	余额			同比增长		
	2017年	2018年	2019年	2017年	2018年	2019年
上海	6.7	7.3	8.0	12.0	9.1	9.0
江苏	10.4	11.8	13.5	11.9	13.3	14.7
浙江	9.0	10.6	12.2	10.3	17.2	15.1
安徽	3.5	3.9	4.5	14.3	12.2	13.9
长三角	29.7	33.6	38.2	11.7	13.4	13.5
全国	125.6	141.8	158.6	12.1	12.9	11.9
长三角占比	23.6	23.7	24.1	-0.4	0.5	1.6

资料来源：各省市2015~2019年统计公报，各省市2019年金融运行报告。

2019年，长三角地区各项贷款余额中，住户贷款余额占比为36.9%，非金融企业及机关团体贷款余额占比为61.6%。分省市看，住户贷款余额占比从高到低依次是浙江、安徽、江苏、上海；非金融企业及机关团体贷款余额占比从高到低依次是江苏、上海、安徽、浙江。与全国相比，长三角地区住户贷款余额占比高2个百分点，非金融企业及机关团体贷款余额占比低0.4个百分点（见表7）。

表7　2019年长三角地区金融机构各项贷款余额结构

单位：%

区域	住户贷款	非金融企业及机关团体贷款
上海	31.7	62.7
江苏	34.6	65.2
浙江	41.5	58.0
安徽	40.7	58.8
长三角	36.9	61.6
全国	34.9	62.0

资料来源：各省市2015~2019年统计公报，各省市2019年金融运行报告。

（二）证券业

1. 上市公司与证券机构数量增加

截至2019年末，长三角各省市在上交所上市公司总数为680家，占上交所上市公司总量的43.3%。其中，仅发A股，A（B）、H股A（B），A、B股，仅发B股的上市公司数量分别为616家、26家、34家和4家。上海在上交所的上市公司数量最多，为228家；其次是浙江省，为210家；再次是江苏，为194家；安徽省的上市公司数量最少，为48家（见表8）。

表8　2019年各省市在上交所的上市公司

单位：家，%

项目	仅发A股	A(B)、H股A(B)	A、B股	仅发B股	合计
上海	175	17	32	4	228
江苏	190	4			194
浙江	207	2	1		210
安徽	44	3	1		48
长三角	616	26	34	4	680
全国	1425	98	43	6	1572
长三角占比	43.2	26.5	79.1	66.7	43.3

资料来源：《上海证券交易所统计月报》，2019年12月。

2019 年末，长三角三省一市在上海证券交易所共有会员 29 个、营业部 3285 个、席位数 8589 个，分别占全国的 24.6%、28.1% 和 39.1%。其中，上海、江苏、浙江和安徽的会员分别有 18 个、6 个、3 个、2 个，营业部数分别有 839 个、1012 个、1088 个、346 个，席位数分别有 5947 个、1771 个、696 个和 175 个（见表 9）。

表 9　2019 年上海证券交易所会员、营业部在长三角地区的分布状况

单位：个

项目	会员数	营业部数	席位数		
			A 股席位	B 股席位	合计
上海	18	839	5904	43	5947
江苏	6	1012	1764	7	1771
浙江	3	1088	689	7	696
安徽	2	346	169	6	175
长三角	29	3285	8526	63	8589
全国	118	11703	21788	187	21975
长三角占比	24.6	28.1	39.1	33.7	39.1

资料来源：《上海证券交易所统计月报》，2019 年 12 月。

2. 证券融资额约占全国1/4强

2019 年，长三角三省一市在深圳证券交易所总集资 1292.4 亿元，占全国在深交所集资额的 25.4%。其中，浙江在深圳证券交易所集资额最大，为 670 亿元，占长三角总集资额的比重为 51.8%，其次是江苏，为 299.1 亿元，占长三角的比重为 23.1%；再次是安徽，为 281.9 亿元，占长三角的比重为 21.8%；最后是上海，为 41.5 亿元，占长三角的比重为 3.2%。

近 5 年，长三角在深圳证券交易所股票集资增速总体呈现下降趋势，从 2015 年的 115.9% 降至 2019 年的 41.6%，降低了 74.3 个百分点；各省市集资额增长率波动差异明显，其中上海和安徽集资额增长率显著提升，分别提高了 247.2 个和 166.1 个百分点。五年间，长三角集资增速波动明显，2015 年、2016 年和 2019 年实现正增长，其中 2015 年增速高达 115.9%；2017 年和 2018 年增速下降明显，其中 2018 年同比降低 63%（见表 10）。

表 10　深圳证券市场各省市股票集资（增发）变化

单位：%，亿元

项目	2015 年	2016 年	2017 年	2018 年	2019 年	
					集资额	增长率
上海	4.4	64.2	-73.1	-85.6	41.5	251.6
江苏	197.6	81.5	-36.3	-50.5	299.1	-24.8
浙江	117.8	53.0	-38.1	-50.5	670.0	74.5
安徽	-30.2	323.3	110.7	-85.2	281.9	135.9
长三角	115.9	78.8	-23.0	-63.0	1292.4	41.6

资料来源：《深圳证券交易所统计月报》，2019 年 12 月。

长三角在深交所股票集资额中，主板增发集资额 251.6 亿元，占全国的 11.2%；中小板集资额 765.9 亿元，占全国的 39.8%；创业板集资额 274.9 亿元，占全国的 30%。各省市中，上海的创业板集资额占总集资的比重最高，为 95.5%；安徽的中小板集资额占比较高，为 79.7%；浙江的主板集资额占比较高，为 23.5%（见表 11）。

表 11　2019 年深圳证券市场各省市股票集资（增发）结构

单位：亿元，%

地区	集资额	主板		中小板		创业板	
		集资额	占比	集资额	占比	集资额	占比
上海	41.5	0.0	0.0	1.9	4.5	39.6	95.5
江苏	299.1	68.5	22.9	102.9	34.4	127.7	42.7
浙江	670.0	157.4	23.5	436.5	65.1	76.1	11.4
安徽	281.9	25.7	9.1	224.6	79.7	31.6	11.2
长三角	1292.4	251.6	19.5	765.9	59.3	274.9	21.3
全国	5089.3	2246.0	44.1	1926.7	37.9	916.6	18.0

资料来源：《深圳证券交易所统计月报》，2019 年 12 月。

3. 证券交易额占有全国较大比重

2019 年长三角三省一市在深圳证券交易所证券总交易额为 69.9 万亿元，占全国的比重为 34.7%。上海作为我国重要的金融中心之一，证券交易规模明显高于其他省市，2019 年上海在深圳证券交易所的总交易金额为 30.2 万亿元，占全国的 15.0%；浙江和江苏的证券交易也具有一定的规模，两省在深交所的总交易额占比分别为 9.7% 和 8.4%。安徽省的证券交易规模相对较小，其在深交所的总交易额占全国的 1.6%（见表 12）。

表 12　各省市在深圳证券交易所交易变化状况

单位：万亿元，%

项目	2015 年	2016 年	2017 年	2018 年	2019 年	
					交易额	占比
上海	15.1	15.6	15.5	15.3	30.2	15.0
江苏	8.0	8.6	8.2	8.2	16.9	8.4
浙江	10.8	10.9	9.9	9.3	19.5	9.7
安徽	1.6	1.7	1.7	1.6	3.3	1.6
长三角	35.6	36.8	35.3	34.4	69.9	34.7

资料来源：《深圳证券交易所统计月报》，2019 年 12 月。

2019 年，长三角在深交所证券交易中，股票交易最多，占比 73.2%；其次是债券交易，占比 25.0%；基金交易占比较小，为 1.8%。和全国相比，长三角在深交所股票交易占比较全国高 0.7 个百分点；而债券交易和基金交易占比较全国分别低 0.2 个和 0.5 个百分点。各省市中，股票交易占比最高的是浙江，为 87.6%；债券交易占比最高的是上海，为 35.5%；基金交易占比最高的是江苏，为 2.6%（见表 13）。

表 13　深圳证券市场各省市证券交易结构（2019 年）

单位：%

区域	股票交易占比	基金交易占比	债券交易占比
上海	62.8	1.6	35.5
江苏	75.3	2.6	22.2
浙江	87.6	1.3	11.0
安徽	78.9	1.3	19.8
长三角	73.2	1.8	25.0
全国	72.5	2.3	25.2

资料来源：《深圳证券交易所统计月报》，2019 年 12 月。

（三）保险业

1. 保费收入较快增长

2019 年长三角地区保费收入 9446 亿元，同比增长 15.1%，增速比上年大幅上升 16.1 个百分点。2019 年长三角保费收入占全国的比重为 22.1%，较上年降提高 0.5 个百分点。与全国保险业增速相比，长三角的保费收入增长速度高，2019 年保费收入增速比全国高 2.9 个百分点。分省市来看，2019 年江苏省的保费收入规模最大，其后依次是浙江、上海、安徽；2019 年上海保费收入增速最快，同比增长 22.4%，其次是浙江，同比增长 15.6%，江苏和安徽保费收入增速相对较慢，但也实现两位数增长，同比增幅分别为 13% 和 11.5%（见表 14）。

表 14　长三角地区保费收入状况

单位：亿元，%

项目	保费收入			同比增长		
	2017 年	2018 年	2019 年	2017 年	2018 年	2019 年
上海	1587.1	1405.8	1720	3.8	-11.4	22.4
江苏	3449.5	3317.3	3750	28.2	-3.8	13.0
浙江	2147.0	2273.0	2627	20.3	5.9	15.6
安徽	1107.2	1209.7	1349	26.4	9.3	11.5
长三角	8290.8	8205.8	9446	20.5	-1.0	15.1
全国	36581.0	38016.6	42645	18.2	3.9	12.2
长三角占比	22.7	21.6	22.1	2.3	-4.9	2.9

资料来源：各省市 2017～2019 年统计公报，各省市保监局网站。

2019 年长三角保费收入中，财产险收入 2818.5 亿元，同比增长 9.3%，占保费收入的比重为 29.8%；人身险收入 6627.3 亿元，同比增长 17.8%，占保费收入的比重为 70.2%。与全国相比，财产险占比高 2.5 个百分点，人身险占比低 2.5 个百分点。分省市看，江苏省的人身险收入占比最高，为 74.9%；浙江省的财产险收入占比最高，为 34.3%。从同比增速来看，安徽的财产险收入增速最高，达 10.7%，上海的财产险收入增速相对较低，为 -9.8%（见表 15）。

表 15　2019 年长三角地区保费收入结构

单位：亿元，%

区域	财产险			人身险		
	金额	同比增长	占比	金额	同比增长	占比
上海	525.0	-9.8	30.5	1195.0	45.1	69.5
江苏	940.9	9.6	25.1	2809.3	14.3	74.9
浙江	900.0	8.8	34.3	1727.0	19.4	65.7
安徽	452.7	10.7	33.6	896.0	11.9	66.4
长三角	2818.5	9.3	29.8	6627.3	17.8	70.2
全国	11649.0	8.2	27.3	30995.0	13.8	72.7

资料来源：各省市 2017～2019 年统计公报，各省市保监局网站。

2. 保费支出规模扩大，增速明显提高

2019 年长三角地区保费支出 2950.6 亿元，同比增长 6.9%，增速比上年提高 0.1 个百分点，较 2017 年提高 0.8 个百分点。分省市看，2019 年保费支出规模从大到小依次是江苏、浙江、上海、安徽；增速从高到低依次为浙江、上海、江苏、安徽。2019 年长三角保费支出同比增速比全国高 2.1 个百分点，保费支出占全国的比重为 22.9%，比上年高 0.5 个百分点，较 2017 年降低 0.2 个百分点（见表 16）。

表 16　长三角地区保费支出状况

单位：亿元，%

项目	保费支出额			同比增长		
	2017 年	2018 年	2019 年	2017 年	2018 年	2019 年
上海	548.9	581.6	655.0	3.8	5.9	12.6
江苏	983.6	996.7	998.6	7.5	1.3	0.2
浙江	653.0	762.0	878.0	3.2	16.7	15.2
安徽	397.7	419.2	419.0	11.3	5.4	0.0
长三角	2583.2	2759.5	2950.6	6.1	6.8	6.9
全国	11181.0	12297.9	12894.0	6.4	10.0	4.8
长三角占比	23.1	22.4	22.9	-0.3	-3.2	2.1

资料来源：各省市 2017～2019 年统计公报，各省市保监局网站。

2019 年长三角地区保费支出中，财产险保费支出和人身险保费支出分别为 1660.4 亿元和 1290.2 亿元，占保费支出的比重分别为 56.3% 和 43.7%，同比分别增长 10.9% 和 2.2%。和全国相比，长三角财产险保费支出占比较全国高 5.9 个百分点，人身险保费支出占比较全国低 5.9 个百分点；财产险保费支出增速和人身险保费支出增速分别比全国快 0.6 个和 2.3 个百分点。分省市看，财产险保费支出占比从高到低依次为浙江、安徽、江苏、上海；同比增速从高到低依次为浙江、上海、安徽、江苏。人身险保费支出占比从高到低依次为上海、江苏、安徽、浙江；同比增速从高到低依次为上海、浙江、江苏、安徽（见表 17）。

表 17　2019 年长三角地区保费支出结构

单位：亿元，%

地区	财产险			人身险		
	金额	同比增长	占比	金额	同比增长	占比
上海	306.0	12.7	46.7	349.0	12.6	53.3
江苏	534.5	4.3	53.5	464.1	-4.1	46.5
浙江	580.0	18.4	66.1	298.0	9.6	33.9
安徽	240.0	7.7	57.3	179.0	-8.9	42.7
长三角	1660.4	10.9	56.3	1290.2	2.2	43.7
全国	6502.0	10.3	50.4	6392.0	-0.1	49.6

资料来源：各省市 2017 ~ 2019 年统计公报，各省市保监局网站。

三　2020年长三角金融业发展展望

2020 年，新冠肺炎疫情全球蔓延，给许多国家经济发展带来较大阻力。相较于国外，我国新冠肺炎疫情防控形势向好，多数企业已经全面恢复生产经营。总体来看，我国经济发展稳中向好的基本态势没有改变。然而，世界经济发展中不稳定不确定性因素显著增多，如新冠肺炎疫情需要长期防控、中美经贸摩擦影响继续显现、世界经济下行风险加大等，将给我国经济发展带来一定的压力。

面对国内外形势的变化，2020 年，长三角金融业继续深化改革与扩大开放，实施逆周期货币调控政策，深化金融供给侧结构性改革，推进金融全面对外开放，统筹推进金融支持疫情防控和企业复工复产，全力做好“六稳”“六保”工作，坚定推进金融改革创新政策落地，支持国民经济高质量发展。同时，加强金融风险的防范与化解工作，促进金融机构合规经营，持续提升金融管理和服务水平，注意防范重大金融风险，保障金融业的健康稳定发展。

（一）稳健货币政策更加灵活适度

面对新冠肺炎疫情下投资与消费降速，以及中美贸易摩擦导致国际贸易下滑等压力，我国货币政策表述从第一季度的“保持 M2 和社会融资规模增速与名义 GDP 增速基本匹配并略高”变为“保持货币供应量和社会融资规模合理增长”及“促进贷款投放与市场主体实际资金需求相匹配”。2020 年长三角货币政策在稳健基础上将适度增加灵活性，货币政策将根据经济增长、物价变化、外部环境等因素进行相应调整，保持较为充足的流动性，支持国民经济稳定健康发展。一方面，加大对实体经济尤其是重点领域和薄弱环节的信贷支持力度，严控资金空转套利，让货币资金发挥积极作用。另一方面，调整社会融资结构，在增加中长期信贷的同时，通过拓展债券发行、股票上市等直接融资渠道，帮助企业获得所需资本，稳定和降低企业杠杆率。

（二）深化金融供给侧改革

银行业：一是根据各省市产业结构升级要求，优化业务结构。商业银行需创新服务模式和业务产品，创新“一揽子”金融服务工具，积极支持传统产业升级和战略性新兴产业的发展。二是积极利用“大数据”“云计算”等现代信息技术，开发个性化、差异化、定制化金融产品，为中小企业提供量身定制的金融服务。例如围绕核心企业的上下游小微企业生态圈，探索基于信用贷款的普惠金融供应链金融服务。三是深化中小银行和农信社改革，进一步健全政策性银行治理结构。

证券业：一是促进券商提升风险经营能力、投资交易能力、产品设计能力、金融科技应用能力等，更好地服务于长三角经济转型。二是积极发展债券市场，继续推动债券市场基础设施互联互通。三是发挥科创板对于创新企业的融资和完善治理体系的积极作用，提升科技创新能力，促进长三角经济结构转型与升级。

保险业：一是充分发挥风险保障、经济补偿的保险功能，支持重点企业和项目，开发新型保险产品，支持产业转型升级和新兴产业成长，促进经济高质量发展。二是增强对民生领域的支持，完善教育、医疗、养老等领域保险产品与服务，促进民生改善。三是发挥保险在“三农”领域的积极作用。继续创新农业、农民、农村的保险产品，促进农业的稳定发展、农民安居乐业和乡村振兴的持续进行。

（三）推进金融业对外开放

中国人民银行工作会议对2020年我国金融业深化改革与开放的部署包括：积极稳妥推进人民币国际化，深入推进外汇管理体制改革，支持自贸试验区、自贸港等在外汇管理改革方面先行先试，完善跨境资本流动“宏观审慎+微观监管”两位一体管理框架。一是长三角地区需要加快对外资金融机构的开放。长三角地区金融业发达，金融机构竞争力较强，将进一步放宽银行、证券与保险行业的外资金融机构的市场准入条件，为外资金融机构创造良好的金融创新环境。二是提升金融支持跨境贸易和投资合作的能力。经济对外开放中，跨境投融资顾问、跨境并购、境外发债、出口信贷等金融服务需求增加，给长三角金融业提出了更高的要求，也带来了新的发展机遇。三是推进上海国际金融中心建设。2020年是上海推进国际金融中心建设的重要时间点，上海将进一步便利境外投资者进入境内债券市场；继续提升个人外汇业务管理和服务效率；进一步优化跨国公司本外币一体化资金池管理；依托自由贸易账户支持跨境投资、跨境保险等创新业务发展，加快跨境人民币贸易融资资产转让服务平台建设。

（四）防范与化解金融风险

2020 年是防范化解金融风险攻坚战的收官之年，将对过去已经取得的成果进行巩固、防止反弹。一是全面加强资产和负债质量监管，细化分类规则，使得现有的五级分类方法更加精准，促进各银行不良资产纳入标准统一，资产质量更加真实。二是坚决守住不发生系统性风险的底线，加强对高风险机构、影子银行、违法违规搭建的金融集团、网络借贷等高风险领域的监管。三是银行业和保险业要率先加强风险防控，有效化解重点领域的存量和增量风险，筑牢风险防火墙，防止金融风险的交叉传染，增强抵御风险的能力，为金融高质量发展创造良好的环境。四是防止发生处置风险。要按照国务院金融委统一部署，坚持稳中有进、标本兼治的原则，区分情况分类施策，充分考虑金融机构和市场的承受能力，实行一地一策、一企一策，不搞“一刀切”和“齐步走”，保持经济金融平稳运行。

（五）加强长三角金融合作

2019 年长三角一体化在完善制度安排与组织框架、搭建金融数据共享平台、强化金融监管合作联合防范金融风险等方面取得了一定的成绩。然而，长三角金融一体化还存在缺乏顶层设计、区域内金融发展不均衡、基础设施建设各自为政、地方资产证券化水平比较低、产业链受金融支持水平偏低等问题。2020 年长三角一体化将深化沪苏浙皖合作分工，重点推进同城化金融服务、试点跨区域联合授信、提升移动支付水平、支持设立一体化金融机构、推进跨区域公共信用信息共享、推进一体化绿色金融服务平台建设、推进一体化科技金融服务、建立金融信息共享合作机制等。例如，依托科创金融、绿色金融、普惠金融，加快推动长三角高质量一体化发展。再如，在示范区先行试点跨区域联合授信机制，根据企业融资的实际需求组织核定总授信额度，由金融机构与不动产登记部门共同探索企业融资抵押品异地互认及线上办理抵押登记。通过这些促进长三角金融一体化的有效举措，切实推动金融在支持长三角一体化发展上取得新成效。

参考文献

陈果静：《货币政策：总量要适度　导向要精准》，《经济日报》2020 年 8 月 17 日。

陆岷峰、周军煜：《区域金融一体化动因、现状与对策——以长三角为例》，《广西经济管理干部学院学报》2019 年第 4 期。

张晓云：《长三角一体化发展示范区推“金融 16 条”，试点跨区域联合授信》，界面新闻，2020 年 4 月 2 日。

郭树清：《坚定不移打好防范化解金融风险攻坚战》，《中国保险》2020 年第 9 期。

B.11

长三角地区旅游业发展报告（2019）

于秋阳*

摘　要： 推动长三角文旅产业融合与高质量发展，是落实长三角一体化国家战略、建设长三角世界级城市群和加速长三角一体化进程的重要抓手。长三角旅游资源富集、基础设施完善，是我国重要的旅游目的地和旅游客源地。当前，长三角三省一市旅游业总体发展态势向好，在文旅融合、乡村旅游、高铁旅游等领域不断探索，取得了较好的成绩；但同时，区域旅游业在资源分布、生态环境等方面仍存在差异。本报告结合长三角一体化深化发展的重大机遇，就进一步加速区域旅游一体化发展、促进产业转型、打造综合目的地等提出相关建议。

关键词： 旅游一体化　文旅融合　高质量发展　乡村旅游　长三角

一　长三角旅游业发展总体概况

在以习近平同志为核心的党中央领导下，自2019年《长江三角洲区域一体化发展规划纲要》印发以来，三省一市围绕重点领域和重点区域进行突破，初步构建起“四梁八柱”的规划政策体系。来自长三角区域合作办

* 于秋阳，经济学博士，上海社会科学院应用经济研究所副研究员，研究方向为旅游产业经济、区域经济、文化创意产业。

的信息显示，一年来三省一市推出了30多项一体化制度创新，签订了120多项合作协议，建设了60多个合作平台。2020年8月20日，习近平总书记在安徽合肥主持召开扎实推进长三角一体化发展座谈会并发表重要讲话，强调要深刻认识长三角区域在国家经济社会发展中的地位和作用，紧扣“一体化”和“高质量”两个关键词抓好重点工作，真抓实干、埋头苦干，推动长三角一体化发展不断取得成效。[①] 长三角是我国功能最全、辐射力最强、综合价值最高的区域，在国家现代化建设大局和全方位开放格局中具有举足轻重的战略地位。随着长三角一体化战略的不断推进，长三角着力推进文旅产业提质增效，并在“长江沿线的国际黄金旅游带”的建设进程中不断践行率先“一体化”和“高质量”的发展目标。

（一）长三角旅游业发展态势总体向好

2019年，长三角旅游业整体运行状况良好。沪浙苏皖旅游总人次、旅游总收入均实现较快增长。长三角地区四省市接待旅游人次均超过3.7亿人次，旅游总人次达到28.11亿人次，同比增长8.43%，占全国旅游总人次的32.62%，旅游收入均超过5300亿元，旅游总收入达到3.91万亿元人民币，同比增长12.3%，占全国旅游总收入的36.63%。上海市接待旅游总人次3.7亿人次，同比增长6.21%，旅游总收入5367.1亿元，同比增长14.32%；浙江省接待旅游总人次7.3亿人次，同比增长5.80%，旅游总收入10911亿元，同比增长9.04%；江苏省接待旅游总人次8.84亿人次，同比增长8.04%，旅游总收入14321.6亿元，同比增长8.11%；安徽省接待旅游总人次8.27亿人次，同比增长13.68%，旅游总收入8525.6亿元，同比增长17.74%（见表1、图1）。[②]

① 《绘好长三角一体化发展的“工笔画”》，人民网，2020年8月24日。

② 《文化和旅游部：2019年旅游市场基本情况》，https：//www.mct.gov.cn/whzx/whyw/202003/t20200310_851786.htm，2020年3月10日。

表 1　2019 年长三角三省一市旅游市场整体情况

项目	上海	浙江	江苏	安徽
国内旅游人次（万人次）	36140. 51	72532. 90	88000. 00	82000. 00
同比增长（%）	6. 4	5. 5	7. 6	13. 6
国内旅游收入（亿元）	4789. 3	10726. 7	13902. 2	8291. 5
同比增长（%）	7. 0	9. 1	8. 2	17. 9
入境旅游人次（万人次）	897. 23	467. 1	399. 5	655. 8
同比增长（%）	0. 4	1. 9	-0. 3	8. 0
旅游外汇收入（亿美元）	83. 76	26. 7	47. 4	33. 9
同比增长（%）	13. 6	2. 9	2. 0	6. 3
旅游总人次（万人次）	37037. 7	73000. 0	88399. 5	82655. 8
同比增长（%）	6. 21	5. 80	8. 04	13. 68
旅游总收入（亿元）	5367. 1	10911. 0	14321. 6	8525. 6
同比增长（%）	14. 32	9. 04	8. 11	17. 74

资料来源：各省市 2019 年国民经济和社会发展统计公报。

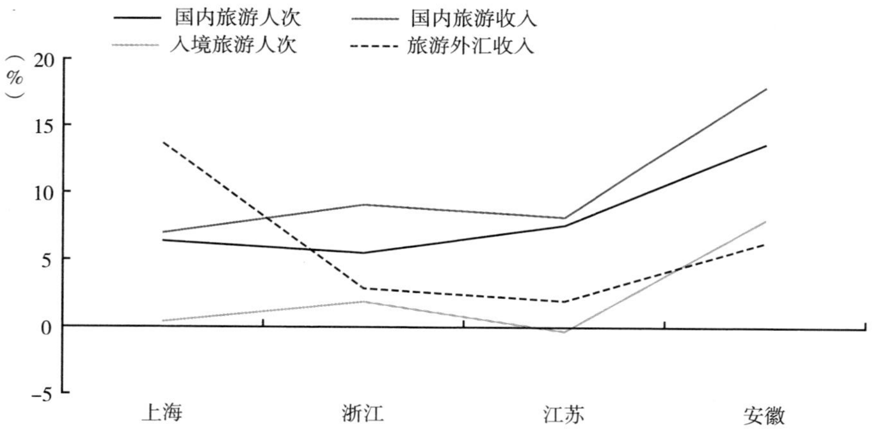

图 1　长三角三省一市旅游市场整体发展速度比较

资料来源：各省市 2019 年国民经济和社会发展统计公报。

（二）长三角地区国内旅游市场势头旺盛

2019 年，长三角地区国内旅游继续保持较快增长。上海市接待国内游客3.61亿人次，同比增长6.4%，国内旅游收入4789亿元，同比增长7.0%；浙江省接待国内游客7.25亿人次，同比增长5.5%，国内旅游收入10726.7亿元，同比增长9.1%；江苏省接待国内游客8.8亿人次，同比增长7.6%，国内旅游收入13902.2亿元，同比增长8.2%；安徽省接待国内游客8.2亿人次，同比增长13.6%，国内旅游收入8291.5亿元，同比增长17.9%。安徽省国内旅游人次增速达到13.6%，国内旅游收入增速达17.9%，均列长三角四地增速首位（见表2、图2）。

表2　长三角三省一市国内旅游市场情况

省份	国内旅游人次（万人次）	同比增长（%）	国内旅游收入（亿元）	同比增长（%）
上海	36140.51	6.4	4789.30	7.0
浙江	72532.90	5.5	10726.70	9.1
江苏	88000.00	7.6	13902.20	8.2
安徽	82000.00	13.6	8291.50	17.9
总计	278673.41	8.275	37709.7	10.55

资料来源：各省市2019年国民经济和社会发展统计公报。

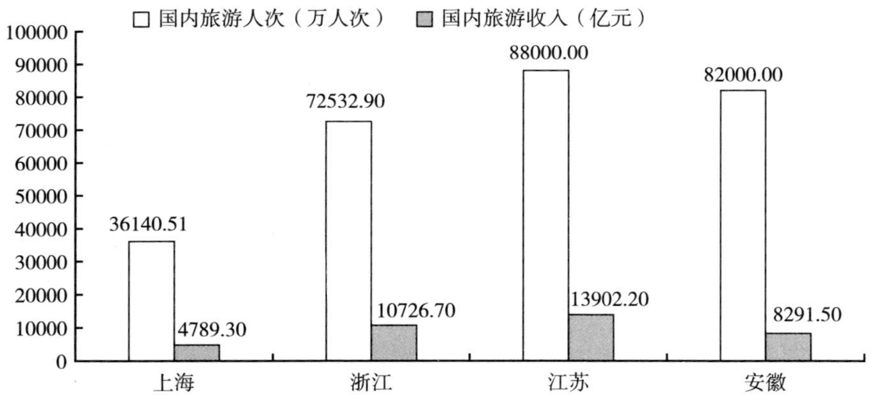

图2　长三角三省一市国内旅游市场比较

资料来源：各省市2019年国民经济和社会发展统计公报。

（三）长三角地区入境旅游市场情况

2019年，沪浙苏皖四省市接待入境旅游者2419.63万人次，实现旅游外汇收入191.76亿美元。其中，上海市接待入境旅游人次897.23万人次，同比增长0.4%，旅游外汇收入83.76亿美元，同比增长13.6%；浙江省接待入境旅游人次467.1万人次，同比增长1.9%，旅游外汇收入26.7亿美元，同比增长2.9%；江苏省接待入境旅游人次399.5万人次，同比增长-0.3%，旅游外汇收入47.4亿美元，同比增长2.0%；安徽省入境旅游旅游人次655.8万人次，同比增长8%，旅游外汇收入33.9亿美元，同比增长6.3%。安徽省入境旅游人次增速超过全国2.9%的增速，江苏省、浙江省入境旅游人次较低，江苏省的增长率为负，上海市、安徽省旅游外汇收入增速均超过全国3.3%的增速（见表3、图3）。

表3　长三角三省一市入境旅游市场情况

省份	入境旅游人次（万人次）	同比增长（%）	旅游外汇收入（亿美元）	同比增长（%）
上海	897.23	0.4	83.76	13.6
浙江	467.10	1.9	26.70	2.9
江苏	399.50	-0.3	47.40	2.0
安徽	655.80	8.0	33.90	6.3

资料来源：各省市2019年国民经济和社会发展统计公报。

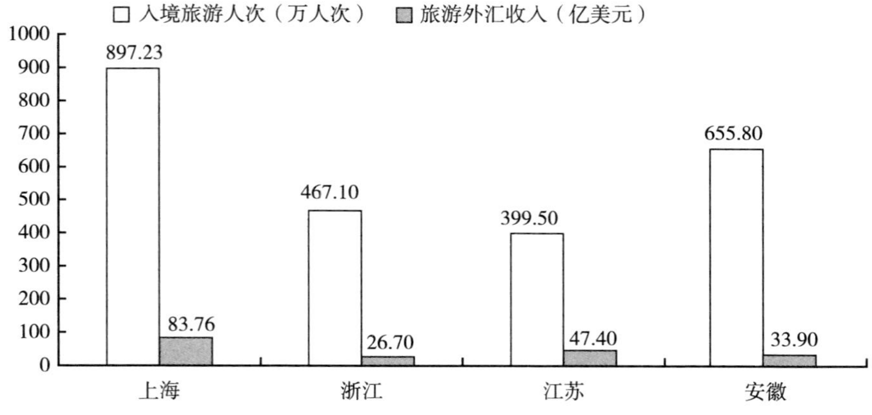

图3　长三角三省一市入境旅游市场比较

资料来源：各省市2019年国民经济和社会发展统计公报。

二　长三角旅游业运行态势分析

（一）长三角旅游业发展基础不断完善

1. 高品质文旅资源较为丰富

从文化资源来看，截至2018年底，长三角地区共有文物业藏品993.13万件，占全国总量的20.02%。从旅游资源看，省市旅游景区（点）资源丰富，共有5A级旅游景区54个，占全国的20.85%，共有4A级旅游景区668个，占全国的18.94%，总体品质较高（见表4）。

表4　长三角文旅核心资源数量

项目	长三角资源数量	全国占比(%)
文物业藏品数(万件)	993.13	20.02
5A级景区(个)	54	20.85
4A级景区(个)	668	18.94
A级景区总量(个)	2162	18.13

资料来源：2019年中国文化和旅游统计年鉴及其副本。

2. 社会经济基础实力不断增强

长三角地区是我国经济较为发达的地区。沪浙苏三省市人均GDP、城镇居民人均可支配收入、农村居民人均可支配收入、城镇化率均超过全国平均水平，其中，上海市、浙江省、江苏省人均GDP分别是157300元、107624元、123607元，是全国平均水平的2.22倍、1.52倍、1.74倍；上海市、浙江省、江苏省城镇居民人均可支配收入分别是73615元、60182元、51056元，是全国平均水平的1.74倍、1.42倍、1.21倍；上海市、浙江省、江苏省农村居民人均可支配收入分别是33195元、29876元、22675元，是全国平均水平的2.07倍、1.86倍、1.42倍。安徽省人均GDP、城镇居民人均可支配收入、农村居民人均可支配收入、城镇化率略低于全国平均水平（见表5）。

表 5 长三角三省一市社会经济状况

单位：元，%

地区	人均 GDP	城镇居民人均可支配收入	农村居民人均可支配收入	城镇化率
上海	157300	73615	33195	88.10
浙江	107624	60182	29876	70.00
江苏	123607	51056	22675	70.61
安徽	58496	37540	15416	55.81
全国	70892	42359	16021	44.38

资料来源：各省市 2019 年国民经济和社会发展统计公报。

3. 交通运输条件不断完善

长三角是全国高速铁路（包括城际铁路）最为密集的区域，高铁网的不断完善促进了长三角旅游业发展。随着长三角一体化发展等国家战略的全面实施，“轨道上的长三角”建设速度会进一步加快。目前，长三角地区高铁线路已有 24 条，运营总里程突破 5000 公里。《长江三角洲区域一体化发展规划纲要》明确提出，到 2025 年基本实现长三角基础设施互联互通，沪苏浙皖“同城化”效应将不断扩大。2020 年 6 月 28 日，商（丘）合（肥）杭（州）高铁全线贯通。这条快速通道不仅纵贯安徽南北，拉近了皖南皖北的时空距离，也使得豫皖浙实现高铁无缝对接，进一步加快长三角交通一体化进程，让长三角地区“1 小时至 3 小时生活圈”逐步变成现实。值得指出的是，在江浙沪大力发展高铁的同时，安徽也将进一步加大铁路建设投资力度，2020 年全年力争完成投资 400 亿元，开通运营高速铁路 255 公里以上，开工建设新线 760 公里，其中高速铁路 719 公里，打造长三角区域内崭新的高速通道。

2018 年，沪浙苏皖四省市旅客运输量 29.79 亿人次，占全国旅客运输量的 16.92%。其中，上海市旅客运输量 1.64 亿人次，同比增长 6.2%；浙江省旅客运输量 10.19 亿人次，同比下降 2.5%；江苏省旅客运输量 12.03 亿人次，同比下降 5.1%；安徽省旅客运输量 5.9 亿人次，同比下降 14.2%。江苏省旅客运输量最高，但增长率下降 5.1%；上海市旅客运输量虽仅有 1.64 亿人次，但增速最快，达到 6.2%（见表 6、图 4）。

表 6　长三角三省一市旅客运输状况

单位：万人次，%

省份	旅客运输量	增长率
上海	16442	6.2
浙江	101893	-2.5
江苏	120298	-5.1
安徽	59275	-14.2
总计	297908	-6.3

资料来源：各省市 2019 年国民经济和社会发展统计公报。

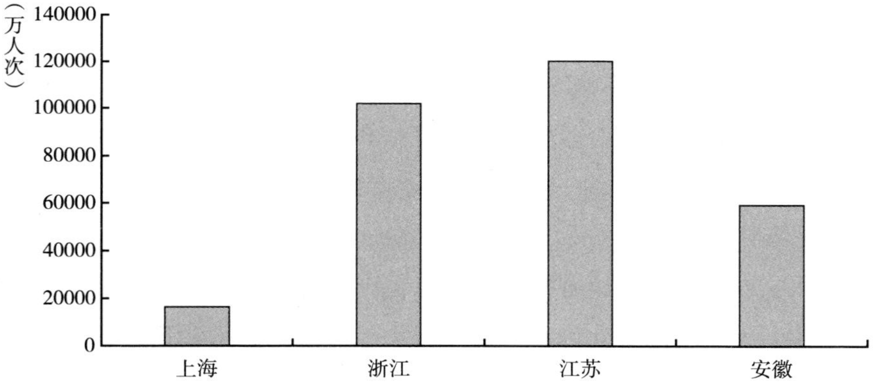

图 4　长三角三省一市旅客运输量比较

资料来源：各省市 2019 年国民经济和社会发展统计公报。

4. 旅游教育资源储备丰厚

2018 年，沪浙苏皖四省市文化和旅游教育机构共有 25 所，招生数达到 9071 人。文化和旅游教育机构招生数量方面，上海市共有 1 所文化和旅游教育机构，招生数 22 人；浙江省共有 7 所文化和旅游教育机构，招生数 7423 人；江苏省共有 13 所文化和旅游教育机构，招生数 1465 人；安徽省共有 4 所文化和旅游教育机构，招生数 161 人。其中，江苏省文化和旅游教育机构数量最多，招生数量也最多（见表 7）。

表 7　长三角三省一市旅游教育情况

单位：所，人

省份	文化和旅游教育机构数	文化和旅游教育机构招生数
上海	1	22
浙江	7	7423
江苏	13	1465
安徽	4	161
总体	25	9071

资料来源：2019 年中国文化和旅游统计年鉴及其副本。

（二）长三角区域文旅融合不断深化

1. 上海深化文旅融合建设国际文化大都市

基于建设国际文化大都市和世界著名旅游城市的目标，上海从产业融合、空间融合、服务融合、交流融合等方面深化文旅融合，主要举措包括：① 一是丰富旅游的文化内涵。推动黄浦江游览提质升级，加强水岸联动，推出“快线游”等新游线。在覆盖上海全市 16 个区的 79 个“休闲好去处”中，不断丰富文化内涵，充分满足市民游客的多元化需求。二是促使文化资源“活”起来。深化“建筑可阅读”项目，让文物“活”起来，结合第十二届中国艺术节，推出春夏两季共 80 条精品线路，将博物馆、美术馆、剧场等文化场馆充分融入旅游产品和线路。开展“建筑可阅读”工程，为 1237 处不可移动文物、优秀历史建筑和历史风貌区设置二维码，通过阅读建筑了解百年上海。三是促进文化旅游的夜间消费。结合 2019 年出台的《关于上海推动夜间经济发展的指导意见》，积极打造一批地标性夜生

① 《上海市文旅局：推进上海文旅产业融合　加快建成国际文化大都市》，搜狐网，2019 年 9 月 12 日。

活集聚区，引进培育沉浸式话剧、音乐剧、歌舞剧等夜间文化艺术项目，积极开发浦江夜游、博物馆夜游等多元化都市夜游项目等。

2. 江苏聚焦重点领域打造诗意远方

江苏省在大力推进文旅融合的进程中重点聚焦以下领域：[①] 一是推动舞台艺术和美术创作繁荣发展、各门类艺术协调发展，多出精品力作，多出名家大师；二是丰富优质公共服务产品供给，推动数字文化和智慧旅游发展，实现公共服务精准对接，让人民群众有更多获得感；三是加强文物保护利用和文化遗产保护传承，让非遗真正走进现代生活；四是深入挖掘优质文化和旅游资源，通过精心策划和组织推广，打响“水韵江苏”品牌，并力争做好对外交流，把江苏的精彩传向世界，把世界的精彩引进江苏；五是深化供给侧结构性改革，推动传统产业转型升级，培育壮大新兴业态，打造更多文旅融合项目和龙头企业，进一步提升江苏文旅产业的质量和能级；六是深化以全域旅游示范区创建为龙头的各类创建活动，推动旅游创建注入更多文化内涵，推动更多文化资源转化为旅游产品，让江苏成为人们向往的“诗和远方”，打造大运河文化旅游博览会等标志性项目；七是继续深化“放管服”改革，进一步提升文化和旅游领域市场管理、执法监督水平，确保实现增活力、提质量、保安全的目标。

3. 浙江通过文旅融合推进文化浙江建设

在推进文旅融合的进程中，浙江通过实施文化基因解码工程，“以文塑旅、以旅彰文”，解读“什么是文化、文化是什么”的问题，全面推进“文化浙江”“诗画浙江”建设；围绕优秀传统文化、革命文化、社会主义先进文化，从文化形态入手，以文物、非物质文化遗产、古典文献、艺术作品等为依据，挖掘、研究、阐释优质文化元素，抓住关键价值点，解码“文化基因”，为推进当地文化和旅游融合、弘扬优秀文化奠定坚实的基础。2019年文化和旅游实际完成投资将超过1500亿元，“储备一批、开工一批、施工一批、竣工一批”，围绕浙东唐诗之路、钱塘江诗路、瓯江山水诗路、大运

① 《江苏：聚焦十大课题　推动文旅融合》，搜狐网，2019年6月29日。

河文化带（文化公园）、生态海岸带、十大海岛公园、十大名山公园、之江文化中心等省委、省政府中心工作，加强千万级核心景区谋划招商引资建设。2019 年浙江省取得良渚申遗成功等一批重大成果，按照“文旅融合、见形见物、三年见效、全国知名”的原则，继续着力推进浙江 100 张文旅“金名片”培育工程。[①]

4. 安徽加速文旅融合助力中部崛起

安徽在推进文旅融合的进程中，注重融入国家战略，擦亮文化底色，守好生态红线，通过红色旅游传承“红色基因”，拓展旅游亮点，经济社会获得长足发展，为中部崛起提供了强有力的支撑。[②] 一是大力推进文艺繁荣发展，将举办第十二届安徽省艺术节，开展专业艺术、群众文化、文化遗产三大系列展演展示活动。实施“送戏进万村”“戏曲进校园”“校园大舞台——徽风皖韵进高校”等文化惠民工程，组织安徽省群星奖优秀作品巡演，举办主题美术创作展览活动。二是加强文化遗产保护利用。实施大别山等革命老区革命文物集中维修行动计划，大力发展红色旅游、研学旅游，推动非遗融入吃、住、行、游、购、娱。将各类博物馆、纪念馆、文化遗址、非遗传习所等纳入旅游线路。三是深入实施“文化旅游 +”，培育数字文化、创意文化等产业新业态，评选命名第七届安徽省文化产业示范基地，提升皖南国际文化旅游示范区旅游商品展销中心的研发、孵化和展示功能，加强 20 家省级旅游商品特色街区建设，扩大旅游商品“五进”示范点覆盖面，提高电商销售平台销售量。[③]

（三）长三角乡村旅游进入品牌化阶段

1. 乡村旅游发展基础较好

2019 年长三角地区三省一市乡村旅游发展形势整体向好，且发展水平有明显的提升。相较于长江经济带其他地区，长三角地区三省一市农村所占比

① 《浙江：促进文旅高质量融合发展》，《浙江日报》2020 年 1 月 21 日。

② 《安徽：加速文旅融合　助力中部崛起》，搜狐网，2019 年 6 月 20 日。

③ 《做好文旅融合的高质量发展这篇大文章》，安徽网，2019 年 5 月 17 日。

重较小。在2018年乡村人口数量调查中，长三角地区上海农村人口所占比重最小，为11.9%，浙江省、江苏省以及安徽省农村人口所占比重都超过30%，其中安徽省农村人口所占比重为45.31%（见表8）。但整体来看，长三角地区农村人口所占比重不高，城镇化率比较高，这促进了该区域基础设施的完善，为乡村旅游的发展提供了良好的经济基础和消费市场。

表8　2018年长三角三省一市乡村人口数及比重

单位：万人，%

地区		乡村人口数量	乡村人口比重
长三角	上海	288	11.90
	浙江	1784	31.10
	江苏	2447	30.39
	安徽	2865	45.31

资料来源：国家统计局网站。

从2016年开始，国家每年都会公布中国美丽休闲乡村入选名单，且公布数量呈上升趋势。截至2019年，长三角地区中国美丽休闲乡村分布区域累积116个。其中，江苏省累积数量最多，为38个，安徽省美丽休闲乡村数量最少，为25个。纵向来看，2019年是长三角地区美丽休闲乡村数量增幅最大的一年，安徽省2019年同比数量增长为36%，长三角地区其余大部省市增幅均超过30%（见表9）。由此可见，2019年，长三角地区乡村旅游发展水平有了明显的幅度提升。

表9　2019年长三角三省一市中国美丽休闲乡村分布情况

单位：个，%

地区		新增村落数量	累积数量	同比增长	区域总计
长三角	上海	8	26	30.77	116
	浙江	9	27	33.33	
	江苏	9	38	23.68	
	安徽	9	25	36.00	

资料来源：《2019年中国美丽休闲乡村名单公示》，农村农业部网站，2019年11月14日。

2. 乡村旅游载体建设提速

2019 年 7 月，国家文化和旅游部公布了《第一批全国乡村旅游重点村名单》，被列入名单的全国乡村旅游重点村将优先享受国家有关支持政策。首批全国乡村旅游重点村落共遴选出 320 个。2019 年，长三角地区共有 45 个村落入选乡村旅游重点村落，占全国的 14.06%（见表 10）。其中，浙江省乡村旅游数量最多，有 14 个，江苏省有 13 个入选，安徽省有 12 个乡村旅游目的地入选。上海市由于乡村人口比重较小，只有 9 个地区入选。但整体来看，长三角地区三省一市所入选的乡村旅游重点村落数量较多，这也说明长三角地区近年乡村旅游整体发展状态良好。

表 10　长三角三省一市乡村旅游重点村落分布情况

单位：个，%

地区		村落数量	区域总计	全国占比
长三角	上海	6	45	14.06
	浙江	14		
	江苏	13		
	安徽	12		

资料来源：中华人民共和国文化和旅游部网站。

2019 年 7 月，国家文旅部和国家发改委同时发布了全国 122 个全国乡村旅游发展典型案例。国家乡村旅游典型案例的评选昭示着规范化、特色化乡村旅游发展的模式建立、成效取得以及获得国家层面的认可。长三角地区有 15 个乡村旅游目的地入选，占全国比重的 12.3%，其中江苏省有 6 个入选，浙江省和安徽省各有 4 个入选，上海市有 1 个入选（见表 11）。

长三角地区三省一市都致力于完善乡村旅游住宿的基础设施。江苏省大力发展风情小镇、特色小镇，浙江省则是致力于发展风情小镇和乡村旅游民宿，上海市大力推进乡村旅游民宿的规范化发展。

表 11　2019 年长三角三省一市国家乡村旅游发展典型案例分布情况

单位：个，%

地区		案例数量	区域总计	全国占比
长三角	上海	1	15	12.30
	浙江	4		
	江苏	6		
	安徽	4		

资料来源：中华人民共和国国家发展和改革委员会网站。

从 2015 年开始，浙江省便致力于推动文化特色小镇和风情小镇的建设。2019 年新增第三批特色小镇 15 个；2018 年公布第一批旅游风情小镇 14 个，2019 年公布第二批旅游风情小镇共 28 个。截至 2019 年，江苏省也已设立旅游风情小镇 33 个。

表 12　浙江省风情小镇设立情况

单位：个

城市	2018 年第一批	2019 年第二批	累计数量
宁波	2	3	5
温州	1	3	4
湖州	2	2	4
嘉兴	2	2	4
绍兴	1	3	4
金华	2	2	4
衢州	1	2	3
丽水	1	3	4
杭州	2	3	5
舟山	0	2	2
台州	0	3	3

资料来源：《浙江省人民政府关于命名第二批浙江省旅游风情小镇的通知》，http：//www. zj. gov. cn/art/2019/2/27/art_ 1229019364_ 55405. html，2019 年 2 月 19 日。

在乡村旅游民宿的建设上，截至 2018 年，浙江省拥有民宿超 1. 6 万家，总床位超 15 万张。同年，浙江省启动编制《浙江省乡村旅游发展规划

（2018～2025）》，成立全国首个省级民宿产业联合会，发布国内首部民宿蓝皮书；推进全国旅游民宿评定试点省建设，在国内率先认定全省首批 122 家精品民宿。[①] 上海市于 8 月启动乡村民宿等级评定工作，共评选出了五星级乡村民宿 8 家，四星级乡村民宿 11 家，三星级乡村民宿 11 家。[②]

3. 乡村旅游企业品质提升

2019 年公布的第一批全国休闲农业与乡村旅游星级企业（园区）名单中，长三角地区共有 30 个企业（园区）入选，其中上海市有 13 个入选、安徽省有 17 个入选。在星级评定中，上海市有 6 个五星级企业（园区），安徽省有 5 个五星级企业（园区）（见表 13）。休闲农业与乡村旅游星级标准的确立，为同类其他乡村旅游企业和园区提供了明确的规范标准，有利于乡村旅游发展业态更加规范、乡村旅游发展更加健康良好。

表 13　长三角地区 2019 年第一批全国休闲农业与乡村旅游星级企业（园区）名单

单位：个

地区		星级数量			总计	区域总计
		五星级	四星级	三星级		
长三角	上海	6	1	6	13	30
	安徽	5	8	4	17	

资料来源：《关于公布 2019 年第一批全国休闲农业与乡村旅游星级企业（园区）名单的通知》，2019 年 12 月 25 日。

4. 乡村旅游发展更加多样化

长三角地区由于乡村人口占比较少，乡村旅游的发展越来越依赖于乡村旅游资源的深度加工和多样化开发。自 2015 年开始，为推动乡村旅游的转型升级，由国家旅游局组织开展的中国乡村旅游创客示范基地推荐工作为乡村旅游的发展提供了多种路径。从前三批累计数量可以看出，长三角地区乡

① 浙江省文化和旅游厅：《浙江省文化和旅游厅 2018 年工作总结》，http://zjct.tourzj.gov.cn/NewsInfo.aspx?CID=350280，2019 年 4 月 3 日。

② 《上海乡村民宿体验周今启动　首批 8 家五星级乡村民宿揭晓》，东方网，2019 年 9 月 16 日。

村旅游创客示范基地共有17处，其中浙江省、江苏省乡村旅游创客示范基数量较多，分别为7处和5处（见图5）。这便意味着，长三角地区三省一市在乡村旅游发展上，对于资源的依赖程度逐渐降低，而开发模式和创新形式逐步增多。

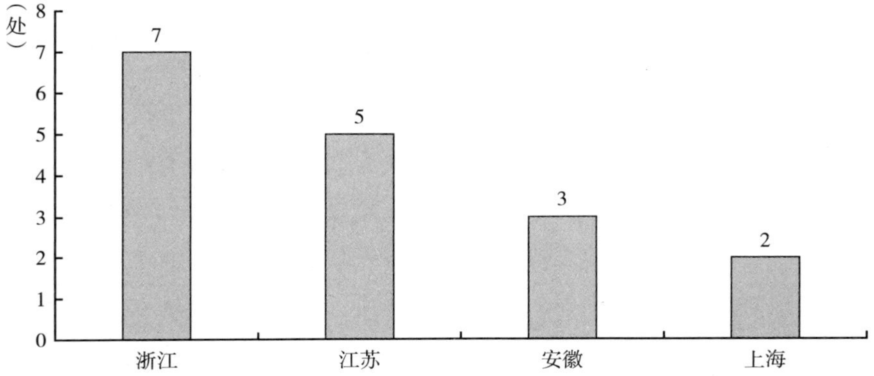

图5　长三角三省一市中国乡村旅游创客示范基地分布

注：中华人民共和国文化和旅游部：《关于对全国第三批“中国乡村旅游创客示范基地”公示名单》，http：//zwgk. mct. gov. cn/auto255/201707/t20170731_ 832473. html？keywords =，2017年7月31日。

资料来源：中华人民共和国文化和旅游部网站。

随着全球化的发展，乡村旅游逐渐走向国际化。在国际化进程中，长三角地区乡村旅游不断面向世界。2017年，国家旅游局为了提升乡村旅游的国际吸引力，公布了“中国优秀国际乡村旅游目的地”名单。在10个全国优秀国际乡村旅游目的地中，长三角地区有3个乡村旅游目的地入选。2019年，随着国际化乡村旅游品牌的进一步打造，基于其良好的经济市场和社会基础设施优势，长三角地区呈现较高的发展水平。

（四）长三角旅游业发展质量仍需提升

1. 旅游资源分布不均衡

从旅游资源分布来看，上海市A级景区总数有113个，是长三角中最少的，浙江省的A级景区数量最多，为806个。从A级景区资源分级分类来看，上海市拥有3个5A级旅游景区，59个4A级旅游景区，51个3A级旅游景区；浙江省拥有17个5A级旅游景区，215个4A级旅游景区，435个3A级旅游景区，132个2A级旅游景区，7个1A级旅游景区；江苏省拥有23个5A级旅游景区，200个4A级旅游景区，244个3A级旅游景区，163个2A级旅游景区；安徽省拥有11个5A级旅游景区，194个4A级旅游景区，294个3A级旅游景区，112个2A级旅游景区，2个1A级旅游景区。浙江省旅游景区最多，3A及以上景区667个，安徽省、江苏省次之，上海最少（见表14、图6）。

表14　长三角三省一市文化与旅游资源分布

单位：个

省份	A级景区总数	5A	4A	3A	2A	1A
上海	113	3	59	51	0	0
浙江	806	17	215	435	132	7
江苏	630	23	200	244	163	0
安徽	613	11	194	294	112	2
总计	2162	54	668	1024	407	9

资料来源：《2019中国文化和旅游统计年鉴》及其副本。

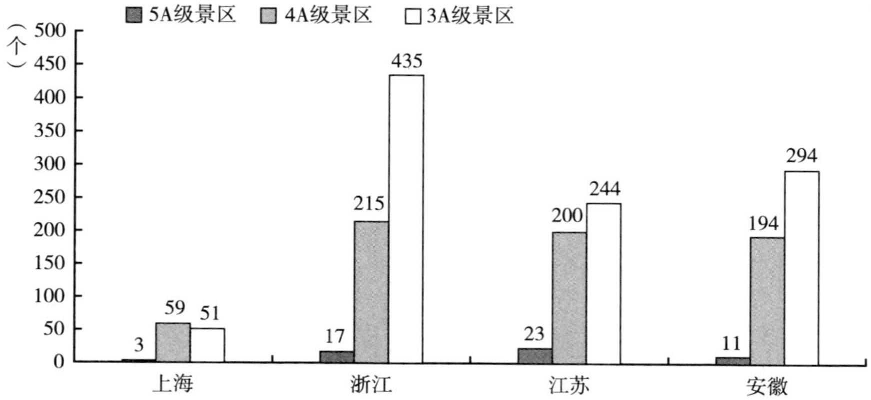

图6　长三角三省一市景区新况

2. 旅游企业效益平稳

2018 年，长三角地区共有旅行社 8648 个，其中江苏省的旅行社有 2835 个，位列长三角第一，浙江省、上海市次之，安徽省的旅行社数量最少，仅 1436 个；长三角旅行社的从业人员共有 82776 人，其中从业人员最多的是上海市，为 33315 人，从业人员最少的是安徽省，仅 11228 人。长三角地区星级饭店共有 1510 个，其中浙江省最多，共有 548 个，上海市最少，仅 203 个；星级饭店的从业人员最多的是浙江省，有 80410 人，安徽省最少，仅 31651 人（见表 15）。

表 15　长三角三省一市旅行社、星际饭店相关情况

单位：个，人

省份	旅行社个数	旅行社从业人员	星级饭店	星级饭店从业人员
上海	1691	33315	203	47154
浙江	2686	16008	548	80410
江苏	2835	22225	481	68876
安徽	1436	11228	278	31651
总计	8648	82776	1510	228091

资料来源：《2019 中国文化和旅游统计年鉴》及其副本。

长三角地区星级饭店共有 1510 家，占全国星级饭店数的 16. 85%，固定资产原值 1215. 65 亿元，占全国星级饭店固定资产原值的 24. 67%，说明长三角地区星级饭店的固定资产值较高。营业收入方面，上海市营业收入总额达 200. 65 亿元，说明上海市的星级酒店创收能力强。长三角地区，平均出租率均超过 60%，其中上海市达到 67. 05%，位居全国第一（见表 16）。

表 16　长三角三省一市星级饭店业绩情况

省份	星级饭店数量（家）	固定资产原值（万元）	营业收入总额（万元）	平均出租率（%）
上海	203	3140815	2006595	67. 05
浙江	548	4279136	1874634	58. 25
江苏	481	3377922	1621646	60. 36

续表

省份	星级饭店数量（家）	固定资产原值（万元）	营业收入总额（万元）	平均出租率（%）
安徽	278	1358664	532119	55.15
总计	1510	12156537	6034994	60.20

资料来源：《2019 中国文化和旅游统计年鉴》及其副本。

3. 旅游生态环境持续优化

人均绿地面积方面，浙江省、江苏省、安徽省均超过 14 平方米，上海市最低，仅有 8.35 平方米；森林覆盖率方面，浙江省达到 61.15%，安徽省、江苏省次之，覆盖率分别为 28.65%、25.56%，上海市森林覆盖率最低，仅有 17.60%；建成区绿化覆盖率方面，江苏省、安徽省、浙江省绿化覆盖率均超过 40%，上海市低于 40%，仅为 39.6%（见表 17）。

表 17　长三角三省一市旅游生态环境状况

单位：平方米，%

省份	人均绿地面积	森林覆盖率	建成区绿化覆盖率
上海	8.35	17.60	39.6
浙江	14.07	61.15	41.2
江苏	14.66	25.56	43.1
安徽	14.67	28.65	42.5

资料来源：国家统计局网站。

三　长三角旅游业发展展望

（一）促进长三角区域文旅一体化发展提速

一是深化改革，增进对旅游产业战略定位的认识。明确区域旅游合作的目标、方向和举措，增进对深化旅游合作的认识。在新一轮深化改革的大背景下，抓住自贸区建设、国家公园建设、旅游综合改革试点、离境退税等一系列政策机遇，在完善和明确旅游管理部门的机构层次和职责权限的同时提升产业地位；长三角区域全面跟进，在旅游的合作领域、机制、平台及规划上全面对接和融入；优化本区域的旅游环境、旅游产品和旅游服务，提升旅游目的地发展水平。二是以上海为引领进一步搭建合作对话平台。依托长三角三省一市正式设立长三角区域合作办公室，充分发挥上海对一体化的引领作用和示范效应。在区域合作机制上，突出上海在区域旅游合作机构的设立、区域旅游合作规则的制定、区域旅游产品的开发、区域旅游服务标准一体化和区域旅游公共服务保障标准一体化的制定等方面的龙头地位；在产业实践中，突出上海对区域旅游市场资源配置作用，以其在信息、技术、贸易、金融、投资和港口等方面的综合优势，加大长三角旅游经济和产业体系的整合力度；通过制定长三角协同发展战略规划，协调推进区域合作中的重要事项和重大项目，统筹管理长三角合作与发展共同促进基金、中国长三角网站等工作，推进长三角实质一体化，这是引领长三角旅游一体化的重要体制机制创新。[①] 三是充分发挥长三角一体化示范区文旅业发展的示范带动作用。旅游是长三角区域合作中成效最显著、共识最多的领域。根据2019年7月发布的《长江三角洲区域一体化发展规划纲要》，上海青浦、江苏吴江、浙江嘉善共同打造“长三角生态绿色一体化发展示范区”，并将“生态绿色”作为核心定位，加快文旅产业先行先试，这对于促进长三角区域文旅产业一体化发展具有重要意义。

（二）推动长三角区域文旅产业转型升级

一是文旅融合促进产品业态升级。文旅融合是长三角旅游业挖掘特色资源、彰显特色魅力的重要抓手，也是提升人民群众获得感、满意度的重要途径。通过深挖长三角的文脉、水脉文化元素，将江南文化、红色文化等元素与更多元的创意手段和科技技术结合，丰富“旅游 + 文化”的具体载体，

① 《2018长三角旅游一体化高峰论坛在沪举办　业界热议主题公园模式创新与融合发展》，凤凰网，2018年9月30日。

做好一体化产品开发工作。通过对传统水上旅游、高铁旅游、自驾车和房车旅游、会展旅游、乡村旅游的创新，构建长三角内容丰富、层次多样的一体化旅游产业与产品体系。二是推动产业供给侧改革，切实推动长三角旅游业实现从量到质、从粗放到集约的新突破，从传统旅游转向“产品优、服务优、效益优、结构优、管理优”的高品质旅游。要继续深入实施“旅游+”战略，从大旅游、产业融合、产城融合的角度谋划旅游发展、产品设计和规划编制。通过“旅游+创意”“旅游+科技”鼓励旅游产品创新和技术创新。三是深化公共服务一体化协同发展。结合长三角较好的基础设施与公共服务基础，对接旅游产业的品质提升需求和全域化发展要求，通过更完善的旅游便民惠民服务、旅游行政服务、旅游安全服务、旅游信息服务、旅游交通服务，完善多元化的公共服务发展政策，培育多元化公共服务供给主体，不断推动旅游公共服务的智慧化发展，提升区域公共服务一体化在文旅领域的成效；进一步尝试制定长三角文化和旅游服务标准；发布年度文化和旅游行业“红黑榜”；制定区域文化和旅游重大事件、安全事件应急处置预案；制定异地互相认可的市场经营负面清单，加强区域综合执法机制建设。

（三）整合资源共建长三角全域旅游目的地

一是加强区域旅游资源的整合。在生态长廊（景观大道）的基础上，结合水上旅游、铁路旅游、公路旅游的产品与线路驱动，将长三角区域的现代旅游示范区、未来遗产创意区、商务旅游领先区、休闲度假发达区、时尚文化展示区、生活文化体验区等板块型旅游载体相串联，如长三角各省市将共同推出“名城、名镇、名村、名山、名湖、名园、名馆”等精品旅游线路，推出“高铁+景区门票”“高铁+酒店”等快捷旅游线路等。二是深入打造“乐游长三角”信息化平台。进一步汇集长三角各地旅游资讯、优惠产品、景物景区、文艺演出、博物馆、美术馆等文旅融合套票的手机 App 或者小程序，让海内外游客“手机在手，轻松游遍长三角”。三是建设综合性、开放式的全域旅游目的地。全域旅游目的地是旅游相关要素配置完备、能够全面满足游客体验需求的综合性旅游目的地、开放式旅游目的地，实现了旅游产业的全景化、全覆盖，属于资源优化、空间有序、产品丰富、产业发达的科学的系统旅游。要求长三角各省市积极融入其中，各部门齐抓共管，全城居民共同参与，充分利用目的地全部的吸引物要素，为游客提供全过程、全时空的体验产品，从而满足游客的全方位体验需求。

B.12 长三角地区交通运输业发展报告（2019）

王晓娟*

摘　要： 长三角地区多层次综合交通网络逐步完善，在推动长三角区域一体化发展中的先行官作用已充分显现。2019 年长三角一体化运输服务能力逐步提升，从结构看，公路运输无论是货运还是客运均呈现下降趋势，铁路货物运输量首次实现增长，港口生产降幅有所收窄。港口货物吞吐量仍然保持较快增长，但外贸货物吞吐量呈现低速增长。2020 年是“十三五”规划的收官之年，面对错综复杂的国际国内形势，长三角地区要在交通一体化、机场群和港口群建设等方面精准施策，努力推动交通运输业平稳发展。

关键词： 长三角地区　交通运输业　公路运输　铁路货物运输　港口

交通运输是国民经济中基础性、先导性、战略性产业和重要的服务性行业，依托长江黄金水道建设和长三角一体化战略的实施，长三角地区交通一体化正向纵深迈进，交通建设加速推进，以高速铁路、城际铁路、高速公路和长江黄金水道为主通道的多层次综合交通网络逐步完善，交通服务水平领先，在推动长三角区域一体化发展中的先行官作用已充分显现。2019 年长

* 王晓娟，上海社会科学院应用经济研究所副研究员，主要研究方向为区域经济与发展。

三角交通运输业稳步发展，交通运输量不断提高，交通运输结构进一步优化。

一 2019年长三角交通运输总体运行情况

长三角地区多层次综合交通网络逐步完善。区域内有12个沿海内河主要港口，大小共22个民用机场，上百条高等级公路和10多条铁路干线，形成了以高速铁路、高速公路和长江黄金水道为主的多向连通对外运输大通道和城际综合交通网络，高速铁路、高速公路和民用机场覆盖率显著高于全国平均水平。2018年底，区域干线铁路、高速铁路网面积密度均是全国平均水平的2倍以上，高铁客运规模和频次处于较高水平，铁路客运密度是全国平均水平的2.1倍，其中高铁客运量约占75%。区域干线公路网便捷高效，高速公路覆盖97%以上的县级行政区，路网面积密度是全国平均水平的2.8倍。地区拥有全国最发达的内河航道网，等级航道里程约占全国的30%。

（一）交通运输能量

长三角一体化运输服务能力逐步提升。2019年，长三角区域包括连淮扬镇铁路、沪通铁路等工程接连取得突破，长三角七城地铁扫码互联互通，上海往返长三角多城增开列车，上海虹桥、南京南站、杭州东站、合肥南站等综合客运枢纽，以及一批现代化货运枢纽，“航空+高铁”旅客联运服务、多式联运工程，不仅成为我国综合交通枢纽规划建设的典范，也提升了区域交通运输能级。

与经济增长趋势趋同，2019年长三角地区交通运输生产运行总体平稳，货运量稳定增长，客运量较上年略有下降。全年实现全社会货物运输量105.98亿吨，客运量30.83亿人次（见表1）。

表 1　2019 年长三角地区各种运输方式完成运输量

地　区	客运量（万人次）	货运量（万吨）	旅客周转量（亿人次公里）	货物周转量（亿吨公里）
上　海	22237. 84	109608. 51	—	—
江　苏	120802. 8	258659. 1	1736. 9	10095. 4
浙　江	105259	288550	1129	12391
安　徽	60000	403000	1212. 1	10217. 4
长三角	308299. 64	1059817. 61	—	—
全　国	1760000	4706000	35349. 1	199289. 5
长三角占比（%）	17. 51	22. 52	—	—

资料来源：2019 年各地区统计公报。

上海交通运输业发展稳中向好。2019 年全市启动重大交通工程共计 52 项 70 个，包括重点加强与长三角地区交通规划的对接，推进沪通、沪苏湖等铁路项目，S7、G228、G320 等公路项目建设。全年实现交通运输、仓储和邮政业增加值 1650. 44 亿元，比上年增长 3. 6%。全年各种运输方式完成货物运输量 109608. 51 万吨，比上年增长 2. 1%。旅客发送量 22237. 84 万人次，增长 3. 4%。全年上海港口货物吞吐量达到 72031. 32 万吨，较上年下降 1. 4%；集装箱吞吐量 4330. 26 万国际标准箱，增长 3. 1%。集装箱水水中转比例达 48. 3%，其中国际中转比例 10. 8%，分别比上年提高 1. 5 个和 2. 0 个百分点。上海浦东、虹桥两大国际机场全年共起降航班 78. 5 万架次，增长 1. 7%；进出港旅客达到 12179. 14 万人次，增长 3. 5%。其中，国内航线进出港旅客 7985. 70 万人次，增长 4. 2%；国际及地区航线进出港旅客 4193. 44 万人次，增长 2. 3%。全年上海港接待国际邮轮靠泊 259 艘次。其中，以上海为母港的邮轮 226 艘次。邮轮旅客吞吐量 189. 35 万人次，比上年下降 31. 2%。邮轮母港旅客吞吐量占 95. 6%。①

江苏交通运输业高质量发展迈上新台阶。随着投资的增加，江苏综合交通网络更加完善。高铁建设实现历史性突破，建成徐宿淮盐高铁、连淮高

① 详见 2019 年上海市统计公报。

铁，全省铁路总里程达到3550公里，其中高铁1561公里，同比分别增长13.6%、37.3%。2019年江苏省全年货物运输量为258659.1万吨，比2018年增长4.6%。2011~2019年，货物周转量呈波动趋势。2019年货物周转量为10095.4万吨，比2018年增长4.3%。交通运输基本平稳。全年货物运输量比上年增长4.6%，旅客运输量下降0.9%；货物周转量比上年增长4.3%，旅客周转量比上年增长2.6%。全省机场飞机起降56.1万架次，比上年增长8.7%；旅客吞吐量5844.0万人次，增长13.2%；货邮吞吐量64.2万吨，增长7.5%。规模以上港口货物吞吐量26.3亿吨，比上年增长12.8%。其中外贸货物吞吐量5.2亿吨，增长7.0%；集装箱吞吐量1872.6万标准集装箱，增长4.1%。年末全省高速公路里程4865.0公里。铁路营业里程3539.0公里，铁路正线延展长度6252.9公里。年末民用汽车保有量1919.2万辆，增长7.6%；净增136.0万辆。年末私人汽车保有量1646.2万辆，增长7.1%；净增108.5万辆。其中，私人轿车保有量1131.3万辆，增长6.0%；净增64.5万辆。①

浙江交通运输业缓慢增长。全年交通运输、仓储和邮政业增加值1962亿元，比上年增长6.0%。全省公路总里程12万公里，其中高速公路4643公里。共有民航机场7个，全年旅客吞吐量7015万人次，其中发送量3600万人次。铁路、公路和水运完成货物周转量12391亿吨公里，比上年增长7.4%；旅客周转量1129亿人次公里，增长2.3%。全省规模以上港口完成货物吞吐量17.2亿吨，增长11.0%。其中，沿海港口完成13.5亿吨，增长8.3%。宁波—舟山港完成货物吞吐量11.2亿吨，增长7.9%，集装箱吞吐量稳居全球第三，达2753万标箱，增长4.5%。②

安徽交通运输业持续快速发展。全年货物运输量36.8亿吨，货物运输周转量10217.4亿吨公里。全年港口货物吞吐量5.5亿吨，增长8.5%。全年旅客运输量6亿人次，比上年下降6.4%。旅客运输周转量1212.1亿人次

① 详见2020年江苏省统计公报。

② 详见2020年浙江省统计公报。

公里，增长0.5%。全省民航机场旅客吞吐量1367.7万人次，增长11%，其中合肥新桥机场旅客吞吐量1228.2万人次，增长10.6%。2019年末全省民用汽车拥有量912.8万辆，比上年增长11.3%，其中私人汽车798.3万辆，增长12.1%。民用轿车拥有量514.7万辆，增长11.7%，其中私人轿车487.6万辆，增长12%。全年新增高速公路41公里、一级公路513公里、铁路营业里程517.7公里。2019年末，全省高速公路达4877公里、一级公路达5377公里、铁路营业里程达4716.2公里，其中高速铁路营业里程1852公里。①

（二）交通运输结构

交通运输一体化是长三角区域一体化的根本前提。近年来，随着交通基础设施的完善、互联互通建设的推进，长三角地区交通运输结构不断优化。2020年4月，国家发展改革委和交通运输部联合发布《长江三角洲地区交通运输更高质量一体化发展规划》，提出到2025年，一体化交通基础设施网络总体形成，基本建成“轨道上的长三角”，中心城市之间享受1～1.5小时客运服务；上海大都市圈以及南京、杭州、合肥、苏锡常、宁波都市圈内，实现1小时公交化通勤；到2035年，全面建成供需能力精准匹配、服务品质国际一流、资源集约高效利用的长三角地区现代化综合交通运输体系。

2019年，长三角地区全年货运运行总体主要指标保持较为平稳的增长趋势。其中，公路运输无论是货运还是客运均呈现下降趋势，铁路货物运输量首次实现增长，港口生产降幅有所收窄。

1. 货物运输结构

从货物运输的方式看，公路运输仍然占据着我国货物运输行业的主导地位。2019年各种货运运输量中公路运输量占比最大，达到了72.99%；其次为水运，占比为15.87%；铁路运输量占比9.18%，位居第三。

① 详见2020年安徽省统计公报。

在长三角，货物运输结构加快调整，但公路货运量仍然占主导地位。2019 年长三角地区公路运输量为 598480 万吨，占全国的 14.38%，占比较往年有所下降，铁路运输量为 18577.49 万吨，占全国的 5.04%，水运运输量为 392511 万吨，占全国的 52.53%，比上年增长 6.74%。其中，上海市水路货运量完成 7 亿吨，比上年增长 4.6%；江苏省水路货运量完成 9.07 亿吨，比上年增长 3.35%；浙江省水路货运量完成 10.69 亿吨，比上年增长 8.82%；安徽省水路货运量完成 12.5 亿吨，比上年增长 8.8%（见表 2）。长三角地区水系发达，水路密度高，水路运输货运量占全国的一半，在全国占有绝对优势。2019 年长三角水路建设成绩显著，以织密航道网络为目标，长三角地区港航管理部门协同推进内河高等级航道网建设，加快港口一体化建设和江海联运发展，推进内河船型标准化，这一系列积极措施的实施，不仅提高了水运效率，也提高了长三角区域的连接度。

表 2　2019 年长三角地区主要交通方式货运量结构

单位：万吨，%

地区	公路	铁路	水运
上海	38750	471.79	69981
江苏	147047	6169.7	90670
浙江	177683	3936	106878
安徽	235000	8000	124982
长三角	598480	18577.49	392511
全国	4160640	368865	747225
长三角占比	14.38	5.04	52.53

资料来源：国家交通运输部网站，2019 年快报数据。

从货运周转量看，2019 年长三角公路货运周转量为 8324.41 亿吨公里，占全国的 11.12%，总量和占比均较往年有所下降；铁路货运周转量为 6308.8 亿吨公里，占全国的 23.4%，铁路货运总量和全国占比均较往年有所上升；水运货运周转量为 52148.99 亿吨公里，占全国的 50.16%，占比持续增长（见表 3）。

表 3　2019 年长三角地区主要交通方式货运周转量结构

单位：万吨公里，%

地区	公路	铁路	水运
上海	2967910	100000	294711195
江苏	26779178	32240000	63794937
浙江	20821052	23500000	100737050
安徽	32676000	7248000	62246781
长三角	83244140	63088000	521489963
全国	748360663	269622000	1039630352
长三角占比	11. 12	23. 40	50. 16

资料来源：国家交通运输部网站，2019 年快报数据。

2. 旅客运输结构

从客运量看，2019 年长三角地区公路客运量为 216085 万人次，占全国的 16. 61%，铁路客运量为 72787. 55 万人次，占全国的 19. 89%，水运客运量为 7532. 1 万人次，占全国的 27. 62%（见表 4）。长三角地区高速公路网、高等级国省干线网已基本成形，且由于近年来高铁网络不断完善，铁路客运量相对其他运输方式，占比不断增长。沪苏浙皖三省一市中，34 个地级市开通了高铁，动车组开行实现公交化，各大中心城市之间的时空距离大大缩短，推动形成高效便捷的 1 小时、2 小时生活圈，成为区域经济快速发展的新动脉。

表 4　2019 年长三角地区主要交通方式客运量结构

单位：万人次，%

地区	公路	铁路	水运
上海	3168	12833. 85	441
江苏	94475	22879. 7	2084
浙江	72799	24074	4785
安徽	45643	13000	222. 1
长三角	216085	72787. 55	7532. 1
全国	1301173	366002	27267
长三角占比	16. 61	19. 89	27. 62

资料来源：国家交通运输部网站，2019 年快报数据。

从旅客周转量看，2019 年长三角各省市共完成公路客运周转量 1525. 23 亿人次公里，占全国的 17. 22%，完成铁路客运周转量为 2509. 63 亿人次公里，占全国的 17. 06%，完成水路客运周转量为 11. 69 亿人次公里，占全国的 14. 58%（见表 5）。

表 5 2019 年长三角地区主要交通方式旅客周转量结构

单位：万人次公里，%

地区	公路	铁路	水运
上海	1084865	987300	7689
江苏	6981857	8468000	36718
浙江	3783883	7430000	69486
安徽	3401726	8211000	3039
长三角	15252331	25096300	116932
全国	88570794	147066400	802202
长三角占比	17. 22	17. 06	14. 58

资料来源：国家交通运输部网站，2019 年快报数据。

（三）交通固定资产投资

2019 年，全国完成铁路、公路、水路固定资产投资 23452. 33 亿元，比上年增长 3. 8%。近年来长三角交通基础设施投资规模保持高位运行，2018 年长三角一体化上升为国家战略以来，交通运输部联合长三角四省市人民政府以及铁路局、民航局、邮政局、国铁集团等，成立了推进长三角地区交通运输更高质量一体化发展领导小组，并发布《长江三角洲地区交通运输更高质量一体化发展规划》，从加大规划政策支持力度、构建现代化高质量综合立体交通网络、推动运输服务一体化、完善协同管理机制等方面持续深入推进长三角交通一体化，以交通一体化助力长三角的区域一体化。2019 年长三角地区累计完成公路水路交通等固定资产投资 3705. 23 亿元，占全国的 15. 8%，其中上海完成公路水路交通等固定资产投资 202. 3 亿元，较上年减少了 3. 3%，江苏完成 874. 4 亿元，较上年增长 15. 6%，浙江完成 1842. 4

亿元，较上年增长6.4%，和上海一样，安徽2019年公路水路交通固定资产投资也出现了负增长，完成了786.11亿元，下降幅度较大，较上年下降了15.6%。从区域投资结构比较看，2019年浙江公路水路交通固定资产投资占比最大（见表6）。

表6　2019年长三角地区公路水路交通固定资产投资情况

单位：万元，%

项目		全国	长三角	长三角占比	上海	江苏	浙江	安徽
合计	2019年	234523346	37052375	15.80	2023026	8743953	18424264	7861132
	同比增长	3.8	—	—	-3.3	15.6	6.4	-15.6
公路建设	2019年	218950415	32044599	14.64	1625768	7329241	16303622	6785968
	同比增长	2.6	—	—	5.5	17.8	6.4	-18.0
内河建设	2019年	6136376	3032685	49.42	266969	847436	843760	1074520
	同比增长	-2.3	—	—	9.4	12.2	-6.3	3.9
沿海建设	2019年	5238070	1760294	33.61	0	529800	1230494	0
	同比增长	-6.8	—	—	0	-7.5	13.6	0
其他建设	2019年	4198486	214798	5.12	130289	37476	46388	645
	同比增长	—	—	—	9.2	152.7	—	-77.6

资料来源：国家交通运输部网站，2019年快报数据。

上海2019年在长三角交通一体化、国际航运中心建设和城际轨道交通建设等重大项目上稳步推进。一是基础设施互联互通。沪通铁路安亭站站改基本完成，沪苏湖铁路环评公示完成；长湖申线航道13公里护岸、大治河西枢纽船闸工程完工；在建省界断头路项目稳步推进。二是服务功能提质创新。全力推动取消高速公路省界收费站工作，基本完成道口ETC门架吊装，抓紧建设ETC车道与入口治超设施等。同时，交通部标准公交卡已实现在本市公交消费使用。三是港航发展整合统筹，推进重大项目规划建设有序开展。轨道交通方面，机场联络线浦西段抓紧推进建设，浦东段专项规划和设计方案正在公示；轨交崇明线完成专项规划公示和预评审。城市路网方面，北横通道中山公园至筛网厂段盾构基本完成。重要枢纽方面，浦东机场三期扩建工程卫星厅、捷运系统工程于9月16日正式启用，长时停车库及匝道工程基本完工；浦东综合交通枢纽规划不断深化。①

江苏基础设施投资总量再创新高。2019年江苏完成交通建设投资1396.5亿元，同比增长16.6%，再创历史新高。其中铁路、机场建设投资增长迅速，完成投资分别达到501亿元、33.1亿元。江苏综合交通网络更加完善。高铁建设实现历史性突破，建成徐宿淮盐高铁、连淮高铁，全省铁路总里程达到3550公里，其中高铁1561公里，同比分别增长13.6%、37.3%；苏北五市迈入高铁时代，进入“高铁俱乐部”的设区市由8个增加至10个，设区市通动车全覆盖。机场改扩建快速推进，南京禄口机场T1航站楼改扩建主体工程基本完工，无锡硕放机场航站楼和机坪改造工程、南通兴东机场航站区扩建工程完工。

浙江综合交通投资2019年完成3040亿元，首破3000亿元，同比增长12%。其中公路水运投资1745亿元，居全国前列、华东首位。建成舟山绿色石化基地等14个万吨级以上码头泊位，穿山港区支线29公里铁路，龙、丽、温、文、瑞、段等6项225公里高速公路、350公里普通国省道和宁波机场三期新航站楼工程。开工金甬、杭温、湖杭等5项铁路，申嘉湖安吉孝源至唐舍段等5项高速公路，湖嘉申航道嘉兴段二期、萧山国际机场三期、台州机场改扩建等项目。推进梅山集装箱码头、杭绍台铁路、宁波舟山港主通道、京杭运河浙江段等项目建设。全省综合交通骨干网络更趋完善，沿海万吨级以上泊位达254个、铁路里程2877公里、高速公路里程4646公里、内河高等级航道里程1595公里、机场航站楼面积75万平方米。同时，浙江省全力服务重大战略。围绕长三角交通高质量一体化发展，先行谋划沪甬、沪舟等战略通道并成功纳入国家规划；开工临金高速临建段，建成杭州湾跨海大桥北接线二期等省际“断头路”；沪浙小洋山北侧合作开发取得突破，完成规划编制并具备报批条件，开工配套围垦工程；开通13条省际毗邻公交线路，深化联合治超等专项行动。

---

① 详见2020年上海交通工作会议。

安徽省提出要加快交通重大项目建设步伐，完善交通运输基础设施网络。2019 年计划完成公路、水运等交通建设投资 700 亿元，实际完成交通建设投资 786. 1 亿元，交通投资保持高位运行态势。全年完成合肥—六安—大顾店高速公路改扩建项目社会投资人招标工作，完成合宁、合安、合芜高速 190 公里八车道改扩建，取得合肥—周口高速公路寿县—颍上初步设计批复。2. 5 万公里农村公路扩面延伸工程全面完工。G206 曹村至符离北项目全面建成通车；建成沱浍河航道临涣至南坪段整治工程。在水运建设方面，淮河干流航道、涡河航道、新汴河航道整治工程分别完成疏浚工程量的 80%、35%、41%；推进引江济淮航运工程实施，枞阳船闸开展上闸首灌注桩支护桩、船闸主体基坑开挖及加固水泥搅拌桩施工，蜀山船闸开展下游引航道土石方开挖、完成上下闸首底板浇筑，东淝河船闸开展上、下闸首及船闸主体工程施工。

（四）交通运输里程

近年来，长三角交通运输里程总量基本没有变化。截至 2018 年，长三角地区公路总里程达 50. 1 万公里，其中高速公路总里程为 1. 48 万公里，约占全国高速公路总里程的 10. 38%，比重较前几年有所下降；铁路总里程不变，达 1. 07 万公里，占全国铁路总里程的 8. 10%；内河航道里程基本不变，为 4. 06 万公里，占全国内河航道里程的 31. 9%（见表 7）。

表 7　2018 年长三角地区主要交通里程

单位：公里，%

项目	公路里程	高速公路里程	铁路里程	内河航道里程
上　海	13106	836	466	2091
江　苏	158729	4711	3062	24380
浙　江	120339	4421	2813	9761
安　徽	208826	4836	4324	4324
长三角	501000	14804	10665	40556
全　国	4846532	142593	131651	127126
长三角占比	10. 34	10. 38	8. 10	31. 90

资料来源：《中国统计年鉴 2019》。

二　2019年长三角地区港口及航运中心建设情况

长三角地区是我国“一带一路”和长江经济带重要交汇点，具有临海临水的区位特征。区域内港口较为密集，集聚了规模以上内河港口和沿海港口 11 个。近年来，长三角港口群在“长江经济带”和长三角一体化发展等国家战略引领下，大力推进黄金水道建设，整合区域内港口资源，完善立体交通网络，加快长三角港口群协同发展步伐，以上海港为核心、江浙沿江沿海港口为两翼的“一体两翼”世界级港口群基本形成，2019 年各主要港口经济发展指标持续向好。

（一）港口总体发展情况

港口发展与经济发展，特别是贸易结构、贸易发展水平紧密相关。2019 年全球经济增速明显放缓，无论是主要发达经济体还是新兴经济体，都放慢了发展脚步。而同时，由于全球总需求不足，全球贸易和投资对经济增长的支撑力不断减弱。据海关统计，2019 年全国外贸货物进出口总额为 31.54 万亿元，比 2018 年增长 3.4%，其中，出口 17.23 万亿元，增长 5%；进口 14.31 万亿元，增长 1.6%。全年进出口、出口、进口均创历史新高。长三角地区外贸货物进出口总额为 112911.42 亿元，较 2018 年增长了 2.14%，占全国外贸总额的 35.8%。其中，上海进出口总额为 34046.82 亿元，比上年增长 0.1%；浙江省进出口总额为 30831.9 亿元，比上年增长 8.1%；江苏省外贸进出口总额为 43379.7 亿元，比上年下降 0.97%；安徽省外贸进出口总额为 4653.0 亿元，比上年增长 9.3%。①

1. 港口货物吞吐量增长速度略微放缓

全国规模以上港口完成货物吞吐量 139.51 万吨，比上年增长 8.8%。

① 详见上海组合港管理委员会办公室《2019 年长三角地区港口经济运行情况及形势分析》，《水运管理》2020 年第 Z1 期。

其中，沿海港口完成货物吞吐量91.88亿吨，内河港口完成货物吞吐量47.63亿吨。长三角地区各个港口货物吞吐量总体比上年有稳定的增长，但增速有所下降。各港口共完成货物吞吐量58.53亿吨，规模以上港口货物吞吐量占全国的比重为41.95%。上海市港口共完成货物吞吐量7.2亿吨，比上年增长1.4%，占长三角的比重为13.5%；浙江省主要港口完成货物吞吐量17.5亿吨，比上年增长12.5%，占长三角的比重为33.0%；江苏省主要港口完成货物吞吐量28亿吨，比上年增长16.5%，占长三角的比重为53.4%；安徽省主要港口完成货物吞吐量5.5亿吨，比上年增长13.6%，占长三角的比重为10.5%（见表8）。

表8　2019年长三角地区主要港口货物吞吐量

单位：万吨，%

地区	吞吐量	同比增长	占长三角港口的比重	占全国港口的比重
上海	71677	1.4	13.5	5.1
江苏	283114	16.5	53.4	20.3
连云港	23456	4.1	4.4	1.7
盐城	8119	10.0	1.5	0.6
南京	25689	4.6	4.8	1.8
镇江	32916	108.7	6.2	2.4
苏州	52275	-1.7	9.9	3.7
南通	33620	26.4	6.3	2.4
常州	5353	10.1	1.0	0.4
江阴	22393	16.1	4.2	1.6
扬州	9475	4.9	1.8	0.7
泰州	28243	10.7	5.3	2.0
徐州	4011	33.8	0.8	0.3
无锡	6353	10.4	1.2	0.5
淮安	7809	37.9	1.5	0.6
浙江	175045	12.5	33.0	12.5
宁波—舟山港	112009	7.9	21.1	8.0

续表

地区	吞吐量	同比增长	占长三角港口的比重	占全国港口的比重
杭州	13881	27.4	2.6	1.0
嘉兴	11428	17.4	2.2	0.8
湖州	11621	20.8	2.2	0.8
绍兴	2265	—	0.4	0.2
安徽	55488	13.6	10.5	4.0
马鞍山	10093	-2.5	1.9	0.7
芜湖	12778	24.4	2.4	0.9
铜陵	9621	2.4	1.8	0.7
池州	9751	45.0	1.8	0.7
安庆	2511	-10.6	0.5	0.2
合肥	5292	10.6	1.0	0.4
长三角	585324	—	100.0	38.0
全国	1395083	8.8	—	100.0

资料来源：国家交通运输部网站。

2. 长三角地区港口外贸货物吞吐量低速增长

2019年全国规模以上港口完成外贸货物吞吐量43.20亿吨，同比增长4.8%。其中，沿海港口完成外贸货物吞吐量38.55亿吨，内河港口完成外贸货物吞吐量4.65亿吨。

受全球保护主义抬头、制造业回流、中美贸易摩擦等影响，2019年世界经济增长放缓，长三角地区港口外贸货物吞吐量呈现低速增长趋势，仅较2018年略有增长。2019年，长三角地区港口共完成外贸货物吞吐量14.74亿吨，比上年增长2.98%，占全国港口外贸货物吞吐量的34.1%。其中，上海港完成外贸货物吞吐量3.97亿吨，比上年下降1.36%；浙江省主要港口完成外贸货物吞吐量5.37亿吨，比上年增长3.11%；江苏省主要港口完成外贸货物吞吐量5.25亿吨，比上年增长6.5%；安徽省主要港口完成外贸货物吞吐量0.16亿吨，比上年下降4.8%（见表9）。

表 9　2019 年长三角地区港口外贸货物吞吐量

单位：万吨，%

地区	吞吐量	同比增长	占长三角港口的比重	占全国港口的比重
上海	39664	-1.4	26.9	9.2
江苏	52526	6.5	35.6	12.2
连云港	12904	4.1	8.8	3.0
盐城	1995	32.2	1.4	0.5
南京	3312	7.6	2.2	0.8
镇江	4300	18.7	2.9	1.0
苏州	14653	5.6	9.9	3.4
南通	5005	-17.5	3.4	1.2
常州	1199	26.3	0.8	0.3
江阴	5217	18.2	3.5	1.2
扬州	1039	10.1	0.7	0.2
泰州	2780	26.9	1.9	0.6
浙江	53655	3.1	36.4	12.4
宁波—舟山港	51283	3.4	34.8	11.9
湖州	148	-11.8	0.1	0.0
安徽	1591	-4.8	1.1	0.4
马鞍山	1089	-8.9	0.7	0.3
芜湖	318	0.4	0.2	0.1
长三角	147436	2.98	100.0	34.1
全国	432069	4.8	—	100.0

资料来源：国家交通运输部网站。

3. 长三角地区集装箱吞吐量保持良好的增长态势

长三角地区拥有全球排名前十的两大港口，上海港和宁波—舟山港。根据 2019 年全球集装箱港口排名，前十位分别为上海港（第 1）、新加坡港（第 2）、宁波—舟山港（第 3）、深圳港（第 4）、广州港（第 5）、釜山港（第 6）、香港港（第 7）、青岛港（第 8）、天津港（第 9）、迪拜港（第 10）。与上年相比，宁波舟山港超越深圳港排第三名。

2019 年全国规模以上港口完成集装箱吞吐量 26107 万 TEU，比上年增长 4.4%。其中，沿海港口完成集装箱吞吐量 23092 万 TEU，内河港口完成集装箱吞吐量 3015 万 TEU。长三角地区港口集装箱吞吐量总体上保持了稳定的增长态势，长三角地区集装箱物流发展良好，经济高质量发展。长三角地区港口完成集装箱吞吐量 9545 万 TEU，同比增长 4.23%，占全国集装箱吞吐总量的比重为 36.56%，其中，上海港完成集装箱吞吐量 4330 万 TEU，比上年增长 3.07%，继续保持世界第一；浙江省主要港口完成集装箱吞吐量 3158 万 TEU，比上年增长 5.73%；江苏省主要港口完成集装箱吞吐量 1878 万 TEU，比上年增长 3.38%；安徽省主要港口完成集装箱吞吐量 179 万 TEU，比上年增长 19.06%（见表 10）。

表 10　2019 年长三角地区港口集装箱吞吐量

单位：万 TEU，%

地区	吞吐量	同比增长	占长三角港口的比重	占全国港口的比重
上海	4330	3.1	45.4	16.6
江苏	1878	3.4	19.7	7.2
连云港	478	0.7	5.0	1.8
盐城	26	27.2	0.3	0.1
南京	331	3.1	3.5	1.3
镇江	42	4.8	0.4	0.2
苏州	627	-1.4	6.6	2.4
南通	154	68.5	1.6	0.6
浙江	3158	5.7	33.1	12.1
宁波—舟山港	2753	4.5	28.8	10.5
嘉兴	187	8.3	2.0	0.7
安徽	179	19.1	1.9	0.7
马鞍山	15	-14.3	0.2	0.1
芜湖	101	25.3	1.1	0.4
长三角	9545	4.23	100.0	36.6
全国	26107	4.4	—	100.0

（二）两大航运中心建设情况

1. 上海国际航运中心建设进展

长三角一体化上升为国家战略，为上海国际航运中心建设提速提供了重要支撑。长三角世界级港口群是上海国际航运中心的服务对象和重要基础，上海国际航运中心建设又推动了港口群的发展壮大，两者互相促进、互相依存。

《上海市国际航运中心建设三年行动计划（2018～2020）》提出，到2020年，上海要基本建成航运资源高度集聚、航运服务功能健全、航运市场环境优良、现代物流服务高效、具有全球航运资源配置能力的国际航运中心，[①] 明确了打造世界先进的海空枢纽港，优化完善枢纽港集疏运体系，促进航运绿色、安全、高效发展，全面提升现代航运服务能级，加强区域港航发展协同，加强航运中心建设保障等主要任务。从时间进度看，2019年要完成外八期工程专项规划编制，启动军工路、张华浜码头搬迁前期研究工作，基本建成船舶交通管理中心，提升长江口通航能力，推动江海直达运输，完成长江口E航海建设工程，打造长江口深水航道E航海示范区等具体任务。

（1）上海国际航运中心枢纽能力提升

作为亚太地区最重要的航运枢纽，新加坡继续保持了整体领先优势，连续7年居第1位。而伦敦凭借高端航运服务的优势积累，再次排第2位。上海作为集装箱吞吐量第一大港，近年来不断完善港口硬件设施、集疏运网络，优化航运服务与营商环境，2019年排名进一步提升，首次列前三位。

上海汇聚了综合运力规模排名世界第一的中远海运集团、全球最大的造船集团中国船舶集团、全球最大的港口机械装备制造商振华重工，以及国际海事组织亚洲海事技术合作中心等国际性、国家级航运功能性机构。截至2019年底，全球排名前100位班轮公司中的39家、全球五大船舶管理机构中的4家、国际船级社协会正式成员中的10家、全球排名前5的邮轮企业均在沪设立区域总部或分支机构。[②]

（2）航运服务业持续发展

现代高端航运服务中心方面，由于历史积累、人才培养、政策支持等因

① 详见2018年上海市政府发布的《上海国际航运中心建设三年行动计划（2018～2020）》。

② 《上海国际航运中心跻身全球前三：将继续夯实枢纽门户功能，从“基本建成”迈向“全面建成”》，新华网，2020年7月12日。

素，聚集了较多航运金融、保险、法律等航运高端服务资源，为全球航运参与者提供服务，受区位限制和供应链的影响较小。上海作为全球集装箱吞吐量第一大港，2019 年完成 4330 万 TUE，同比增长 3.1%，是中国商品进出口的重要通道，不仅发挥了供应链节点的重要作用，而且致力于发展高端航运服务产业。2019 年，上海的海事律所合伙人数量已经达到 629 人，仅次于伦敦、纽约—新泽西和新加坡；由于上海巨大的集装箱吞吐需求，接近一半的世界百强集装箱公司选择在上海设立分支机构，上海航运服务聚集区的发展已经卓有成效。

上海很好地融合了供应链节点与高端航运服务，成为世界上最发达的航运中心之一。依托于上海自贸区建设，上海在航运融资方面取得突破。截至 2019 年底，上海自贸区累计设立融资租赁母公司 1400 余家、特殊项目公司近 400 家，累计运营飞机 458 架、船舶 414 艘。

2. 建设高效的现代物流服务体系

上海港位于中国海岸线与长江“黄金水道”的 T 形交汇点，毗邻全球东西向国际航道主干线，地理位置得天独厚，集疏运网络四通八达；上海以海港空港为核心、深度融合集疏运网络的现代物流服务体系已经形成。海港方面，集装箱吞吐量、港口连接度保持全球首位，港口操作效率、服务水平国际领先；空港方面，成功构建中国首个“一市两场”城市机场体系，网络通达性亚洲领先，客货吞吐量居国际领先地位。集疏运体系不断优化，长江口邮轮与大型船舶间实现“超宽交会”，长江沿线集装箱物流实现班轮化运作，集装箱水水中转比例达 48%，国际中转比例超过 10%。

3. 舟山江海联运中心建设进展

2019 年新华·波罗的海国际航运中心发展指数显示，拥有世界第一大港的宁波—舟山港综合实力排名第 13 位，在指数评价的 3 项指标中，港口条件指标排名第 1 位，航运服务指标排名第 19 位，综合环境指标排名在第 39 位之后。

（1）港口条件好

宁波—舟山港区域是我国港口资源最丰富的地区，港域内近岸水深 10

米以上的深水岸线长约 333 公里，港口建设可用岸线约为 223 公里。宁波—舟山港地理位置优越，向外直接面向东亚及整个环太平洋地区，向内不仅可连接沿海各港口，而且通过江海联运沟通长江、京杭大运河，直接覆盖整个华东地区及经济发达的长江流域，是中国沿海向世界各港口远洋运输辐射的理想集散地，当前全港已经形成“一港、二域、十九区”的港口总体布局。

（2）成为全球重要供应链节点

航运对于全球供应链的延伸发展有着极为重要的作用，全球化发展正是建立在全球产业链融合的基础之上。宁波—舟山港庞大的货物吞吐规模，在保障中国铁矿石等进口资源的供应链及沪杭甬地区制造业进出口供应链方面，发挥着重要作用。2019 年，宁波—舟山港完成散货吞吐 3.52 亿吨，居世界首位，完成集装箱吞吐 2753 万标准箱，居世界第三，累计完成货物吞吐总量 11.19 亿吨，是目前世界上唯一的 11 亿吨吞吐量大港，宁波—舟山港在全球供应链运行体系中发挥着不可替代的作用。

（3）航运服务发展滞后

2019 年宁波—舟山港航运服务指标排名较 2018 年有明显提升，但仍然存在航运主业龙头企业少、专业化程度低的短板。宁波航运企业以本土中小民营企业居多，专业化水平不高，经营业务主要集中在干散货运运输领域，干散货船运力占企业营运船舶总运力的 90%，开展国际航运业务的企业仅 14 家，占航运企业总数的不足 10%；国际线船舶 40 艘、运力 124.3 万吨，仅占宁波营运船舶总运力的 12%，且多为国际和国内兼营船舶，国内航次多、国际航次少。在航运金融保险服务业发展方面，宁波—舟山港发展也较为滞后。宁波航运市场融资以抵押为主，约占融资总额的 67%，融资租赁不足 10%；银行业对航运企业贷款额为 180 多亿元，仅为上海的 12%。①

① 陈晓攀等：《宁波舟山国际航运中心发展环境分析及建议》，《水运管理》2020 年第 5 期。

三 2019年长三角地区航空运输业运行情况

随着长三角一体化国家战略的深入实施，长三角世界级城市群建设的推进，长三角地区航空需求持续高速增长，机场群规模不断扩张、结构功能进一步优化，上海国际航空枢纽地位得以巩固，杭州、南京、合肥等区域航空枢纽功能显著增强，协同联动的长三角机场群加快优化。2019 年长三角机场群完成旅客吞吐量 26557.2 万人次，较上年增长 7.0%；完成货邮吞吐量 569.3 万吨，基本与上年同期持平。

（一）机场客运量及结构

从机场旅客吞吐量来看，2019 年长三角 22 个民航机场旅客吞吐量为 26557.2 万人次，占全国总吞吐量的 19.6%，比上年略有下降。所有通航机场中，全国年旅客吞吐量达到 100 万人次以上的有 106 个，长三角有 18 个，18 个机场完成旅客吞吐量占长三角地区全部 22 个机场旅客吞吐量的 90% 以上；年旅客吞吐量达到 1000 万人次以上的增长至 7 个，完成旅客吞吐量占长三角地区全部 22 个机场旅客吞吐量的 80% 以上。由此可见，长三角地区主要旅客吞吐量仍然集中在上海、南京和杭州三大城市，同时宁波、温州和合肥等核心城市机场也快速发展。

从机场群建设来看，借助发达的地面交通网络，长三角地区的航空旅客基本上在一小时左右车程就能到达一座机场。这种机场近邻、客源同体的客观现实使长三角地区几乎每一座机场的辐射范围都与其周边机场互有交叉，因而各机场在客源争夺上竞争激烈，中小机场被大机场边缘化的现象显著。长三角机场群呈现两极分化结构。长三角地区航空业务在主要城市高度集中，浦东机场、虹桥机场、萧山机场、禄口机场等主要机场旅客吞吐量达 1.8 亿人次/年。上海“一市两场”，上海浦东机场和虹桥机场分别为国际和国内航空枢纽，2019 年旅客吞吐量分别超过 7600 万人次和 4500 万人次，上海成为长三角建设世界级机场群的龙头。浙江以杭州为中心，2019 年旅客吞吐量超过4000万人次，进入全国前十，辅以2019年旅客吞吐量均超过1200万人次的温州和宁波。江苏以南京为中心，2019年旅客吞吐量超过3000万人次，无锡2019年旅客吞吐量接近800万人次，其他省内7个机场旅客吞吐量均不超过400万人次。

与全国其他机场群相比，2019年，长三角机场群完成旅客吞吐量2.66亿人次，占比达到19.6%，居首位；京津冀机场群完成旅客吞吐量1.47亿人次，占比达到10.87%，粤港澳大湾区机场群珠三角九市完成旅客吞吐量1.42亿人次，占比为10.5%，成渝机场群完成旅客吞吐量1.1亿人次，占比为8.14%。

表11　2019年长三角地区各机场旅客吞吐量

单位：人次，%

机场	排名	旅客吞吐量	同比增长	占长三角地区的比重	占全国的比重
全国	—	1351628545	6.9	—	100.0
长三角	—	265571729	7.0	100.0	19.6
上海—浦东	2	76153455	2.9	28.7	5.6
上海—虹桥	8	45637882	4.6	17.2	3.4
杭州—萧山	10	40108405	4.9	15.1	3.0
南京—禄口	11	30581685	7.0	11.5	2.3
宁波—栎社	33	12414007	5.9	4.7	0.9
温州—龙湾	34	12291707	9.6	4.6	0.9
合肥—新桥	36	12282384	10.5	4.6	0.9
无锡—硕放	42	7973446	10.6	3.0	0.6
常州—奔牛	50	4052342	21.8	1.5	0.3
南通—兴东	51	3484484	25.7	1.3	0.3
徐州—观音	55	3005875	19.3	1.1	0.2
扬州—泰州	57	2979668	25.0	1.1	0.2
盐城—南洋	67	2347566	54.8	0.9	0.2
义乌	72	2090304	14.7	0.8	0.2
淮安—涟水	74	2029109	24.1	0.8	0.2

续表

机场	排名	旅客吞吐量	同比增长	占长三角地区的比重	占全国的比重
连云港—白塔埠	75	1922824	26.8	0.7	0.1
舟山—普陀山	87	1521949	25.8	0.6	0.1
台州—路桥	92	1381321	24.2	0.5	0.1
黄山—屯溪	109	922159	15.3	0.3	0.1
阜阳	114	869681	14.2	0.3	0.1
安庆	131	592913	24.1	0.2	0.0
衢州	139	524471	16.3	0.2	0.0

资料来源：中国民用航空局网站。

（二）机场货运吞吐量及结构

从机场货邮吞吐量来看，2019年长三角22个民航机场旅客吞吐量为569.26万吨，占全国总吞吐量的33.29%，较往年占比略有下降。2019年全国各机场中年货邮吞吐量达到10000吨以上的有59个，其中长三角地区有15个，并且这些主要机场完成货邮吞吐量占长三角地区全部机场货邮吞吐量的99%；上海浦东和虹桥两大机场货邮吞吐量占长三角地区全部机场货邮吞吐量的71.2%，虽然占比较往年有所下降，但仍占有绝对优势地位（见表12）。

随着电商和网络购物的发展，航空货运的需求市场不断扩大，对航空运输结构优化的要求更加迫切。目前长三角机场货运主要由浦东机场承担，2019年浦东机场货邮吞吐量占整个长三角地区的63.8%，但实际上浦东机场货运能力基本达到饱和状态。随着大城市溢出效应和中小城市的空域资源、成本优势凸显，《民航局关于促进航空物流业发展的指导意见》强调“推进以货运功能为主的机场建设”，航空货运开始加速在中小城市布局，近年来，江苏徐州、无锡硕放等地均开辟了全货机航线，江苏宿迁与京东合作成立京东物流全球航空货运枢纽，圆通速递在浙江嘉兴启动枢纽机场布局。

表 12　2019 年长三角地区各机场货邮吞吐量

单位：吨，%

机场	全国名次	货邮吞吐量	同比增长	占长三角地区货邮吞吐量的比重	占全国货邮吞吐量的比重
全国	—	17100142.0	2.1		100
长三角	—	5692601.0	-0.02	100.0	33.29
上海—浦东	1	3634230.4	-3.6	63.8	21.25
上海—虹桥	8	423614.7	4.0	7.4	2.48
杭州—萧山	5	690275.9	7.7	12.1	4.04
南京—禄口	12	374633.5	2.6	6.6	2.19
宁波—栎社	29	106120.2	0.4	1.9	0.62
温州—龙湾	33	81106.6	1.1	1.4	0.47
合肥—新桥	32	87101.6	24.8	1.5	0.51
无锡—硕放	22	145128.2	17.2	2.5	0.85
常州—奔牛	45	33161.0	17.7	0.6	0.19
南通—兴东	42	42263.1	-1.7	0.7	0.25
徐州—观音	52	12068.7	19.9	0.2	0.07
扬州—泰州	51	12440.6	11.7	0.2	0.07
盐城—南洋	57	10259.3	63.2	0.2	0.06
义乌	64	8684.4	31.8	0.2	0.05
淮安—涟水	54	10612.9	20.6	0.2	0.06
连云港—白塔埠	84	3342.9	15.0	0.1	0.02
舟山—普陀山	142	622.6	453.8	0.0	0.00
台州—路桥	56	10278.5	35.6	0.2	0.06
黄山—屯溪	144	569.4	48.3	0.0	0.00
阜阳	94	2002.4	-11.0	0.0	0.01
安庆	90	2310.1	33.7	0.0	0.01
衢州	128	934.6	12.0	0.0	0.01

资料来源：中国民用航空局网站。

（三）机场起降架次及结构

从机场起降架次来看，2019 年长三角 22 个民航机场起降架次 200.32

万架次，占全国总起降架次的 17.18%，占比较往年略有下降。2019 年全国各机场年起降架次超过 10 万次的机场有 36 个，其中长三角地区有 4 个，并且这四大机场完成起降 1310562 架次，占长三角地区全部机场起降架次的 65.4%；上海浦东和虹桥两大机场起降 784774 架次，占长三角地区全部机场起降架次的 39.2%，仍然占有主导地位，但占比持续下降（见表 13）。

表 13　2019 年长三角地区各机场起降架次

单位：架次，%

机场	全国名次	本年起降架次	同比增长	占长三角的比重	占全国的比重
全国		11660475	5.2		100.0
长三角		2003206	-0.04	100.0	17.18
上海—浦东	2	511846	1.4	25.55	4.39
上海—虹桥	10	272928	2.3	13.62	2.34
杭州—萧山	9	290919	2.1	14.52	2.49
南京—禄口	11	234869	6.3	11.72	2.01
宁波—栎社	42	89487	4.7	4.47	0.77
温州—龙湾	40	92296	6.9	4.61	0.79
合肥—新桥	38	95135	6.9	4.75	0.82
无锡—硕放	52	62483	11.4	3.12	0.54
常州—奔牛	57	55446	21.4	2.77	0.48
南通—兴东	70	34580	2.4	1.73	0.30
徐州—观音	60	49648	-4.1	2.48	0.43
扬州—泰州	65	41422	-18.1	2.07	0.36
盐城—南洋	63	45573	74.7	2.28	0.39
义乌	98	19099	14.3	0.95	0.16
淮安—涟水	108	15511	23.5	0.77	0.13
连云港—白塔埠	101	18118	21.0	0.90	0.16
舟山—普陀山	81	24190	-1.4	1.21	0.21
台州—路桥	127	10333	25.0	0.52	0.09
黄山—屯溪	112	14717	-5.1	0.73	0.13
阜阳	130	9288	13.2	0.46	0.08
安庆	152	6076	22.4	0.30	0.05
衢州	162	5638	15.5	0.28	0.05

资料来源：中国民用航空局网站。

专栏：构建协同联动的世界级机场群①

《长江三角洲地区交通运输更高质量一体化发展规划》提出了构建协同联动的世界级机场群的目标。

提升航空枢纽综合服务功能。统筹长三角地区航空运输市场需求和机场功能定位，优化配置各类资源，通盘考虑上海周边城市机场布局规划和建设，巩固提升上海国际航空枢纽地位，增强面向全国乃至全球的辐射能力。优化提升杭州、南京、合肥区域航空枢纽功能，增强宁波、温州等区域航空服务能力，支持苏南硕放机场建设区域性枢纽机场。规划建设南通新机场，将其作为上海国际航空枢纽的重要组成部分。积极推动航空货运发展，加强现有机场货运基础设施建设，优化货运网络布局，充分挖掘航空货运能力，有序推进以货运功能为主的机场建设。加快通用航空发展，建设南京、宁波、绍兴、芜湖通用航空产业综合示范区。

统筹优化航线网络结构。优化上海浦东国际机场、虹桥机场与国际、国内主要节点城市航线网络，疏解非枢纽核心功能，完善杭州萧山、南京禄口、合肥新桥、宁波栎社等机场航线网络布局，建设全向辐射、连通性好、直达性高的空中大通道。加强与“一带一路”国家（地区）航空联系，推动浦东机场与“一带一路”国家（地区）扩大包括第五航权在内的航权安排。

提升机场集疏运能力。推进机场与轨道交通等交通方式高效衔接，建设一批以空铁联程联运为核心的现代航空枢纽。全面提升虹桥综合交通枢纽管理水平，完善连通浦东机场和苏浙皖的轨道交通体系。研究推动干线铁路引入杭州、南京、宁波、温州机场，推动地铁线路引入合肥机场。

促进航空产业发展。积极发展现代临空经济，加快上海、南京、杭州、宁波国家临空经济示范区建设，培育长三角地区航空经济产业群。推动虹桥地区高端商务、会展、交通功能深度融合，集聚发展总部经济、创新经济、商务会展等现代服务业，建设中央商务区和国际贸易中心新平台，优化拓展

① 摘自2020年《长江三角洲地区交通运输更高质量一体化发展规划》。

国际航运服务功能。

长三角地区机场群重点工程如下。

（1）新建嘉兴、丽水、芜湖、宣城、亳州、蚌埠、宿州、滁州等机场，研究论证金寨机场等建设。

（2）推进实施上海浦东、南京、无锡、杭州、宁波、温州、台州、舟山、合肥等机场改扩建工程。

（3）推动大型机场迁建。迁建连云港等机场。研究迁建义乌机场的必要性。

四　2020年交通运输业发展展望

2020 年是“十三五”规划的收官之年，在长三角一体化战略的政策推动和长三角交通高质量发展的新要求下，长三角三省一市着眼于“一盘棋”整体谋划，进一步发挥上海龙头带动作用，苏浙皖各展所长，构建区域联动协作、城乡融合发展、优势充分发挥的协调发展新格局。但由于全球疫情的持续，2020 年长三角多条公路运输、城际铁路运输以及航空运输等均受到不同程度的影响。预计 2020 年上半年交通运输将会呈现断崖式下降，但随着疫情缓解，全年总体交通运输能够保持较为平稳的增长，其中交通一体化、机场群和港口群建设方面有望实现突破性发展。

一是通过加快一体化交通投资，减少疫情影响。根据《长江三角洲地区交通运输更高质量一体化发展规划》，长三角各地以轨道交通为骨干的综合立体交通网加快构建。加快推进商合杭高铁全线贯通，完善对外交通，合肥至杭州实现 2 小时铁路通达。沪苏通长江公铁大桥通车运营，上海至南通旅行时间缩减至 1 小时 6 分钟。南京长江五桥合龙，长江口南槽航道一期工程建成，苏州港太仓港区四期工程主体工程完工，宁波栎社国际机场三期工程投运。港航、民航资源整合有序推进。

二是积极推进长三角机场群建设。作为长三角的核心航空枢纽，上海虹桥机场和浦东机场的运营能力均已达到饱和状态，面临发展瓶颈。为满足长三角一体化发展对航空交通的巨大需求，亟须提升长三角机场群的整体功能和效率，形成分工合理、市场定位清晰的差异化发展格局。上海进一步优化浦东、虹桥两大机场面向国际的航线、航班结构，加强机场与高铁空铁联运功能，提升两机场在全球航空枢纽体系中的竞争力。长三角地区以枢纽机场为核心的综合交通枢纽体系建设将成为重点，浦东机场、萧山机场、禄口机场等主要机场规划引入高铁换乘，将深刻影响长三角综合交通枢纽格局，进一步促进长三角区域一体化发展。

三是港口群和国际航运中心建设。2019 年沪浙合作推进小洋山全域一体化开发，这意味着长三角港口一体化发展趋势加速了系统进程，该项目计划于 2021 年 11 月竣工。小洋山北侧综合性开发新项目是上海市国际航运中心洋山深水港区域的关键构成，是长三角港航一体化江海货运服务项目的关键承揽地。加速小洋山北侧的综合性开发，对浙沪相互打造出港口集群、提高在我国国际性港航市场竞争力、探寻跨地区经贸合作新机制、搭建长三角全方位对外开放新高地都具有关键的实际意义。

B.13
长三角地区国家级高新区发展报告（2019）

马　双*

摘　要：　国家级高新区是中国经济增长、产业优化和创新发展的重要引擎和载体。本报告从产值规模、资产收益、创新能力、创新投入、创新产出等若干维度，系统全面地分析长三角地区国家级高新技术产业开发区的发展水平，并据此对相关园区进行排名。本报告可为长三角地区国家级高新区的竞争力提升和可持续发展提供有益参考。

关键词：　长三角　国家级高新区　综合评价　园区

长三角地区是我国经济发展先行区、改革开放的最前沿，同时也是产业最集中、企业最集聚、创新活力最强、园区布局最多的地区，研究并掌握该地区国家级高新技术产业开发区的发展情况，对我国发展集约型经济、促进产业转型升级和自主创新具有重要的现实意义。本报告在现有研究的基础上，利用《中国火炬统计年鉴》的统计数据，对长三角地区 34 个国家级高新技术产业开发区的主要发展情况进行分析研究，旨在为国家级高新区的竞争力提升和可持续发展提供有益参考。

---

* 马双，理学博士，上海社会科学院信息研究所助理研究员，研究方向为产业集群和区域创新。

一　发展概况

不同于经济技术开发区，高新技术开发区主要关注技术进步与创新增长，因此本报告在指标选取和发展概况上也有所侧重。

从发展规模看，2018 年长三角地区高新区数量达 34 个，比 2017 年增加 2 个（分别是苏州工业园区和淮南高新区），占全国的比重为 20.1%；高新技术企业数达 13874 家，占全国的比重为 22.1%，比 2017 年上升 1.5 个百分点，沪苏浙皖的高新技术企业数分别为 4417 家、5330 家、2511 家和 1616 家；营业收入达到 8.1 万亿元，占全国的比重为 23.4%，沪苏浙皖的营业收入分别为 2.2 万亿元、3.5 万亿元、1.5 万亿元和 0.9 万亿元；年末从业人员数为 495.4 万人，比 2017 年增加 52 万人，占全国的比重为 23.7%，比 2017 年增加 0.8 个百分点，沪苏浙皖的年末从业人员数分别达到 117.2 万人、228.9 万人、101.7 万人和 47.6 万人（见表 1）。

表 1　2018 年长三角高新技术开发区发展规模情况

项目	高新区数量（个）	高新技术企业数（家）	营业收入（万亿元）	工业总产值（万亿元）	年末从业人员数（万人）
上海	2	4417	2.2	1.2	117.2
江苏	18	5330	3.5	2.9	228.9
浙江	8	2511	1.5	1.1	101.7
安徽	6	1616	0.9	0.7	47.6
长三角	34	13874	8.1	5.9	495.4
全国	169	62792	34.6	22.3	2092.6
长三角占比(%)	20.1	22.1	23.4	26.5	23.7

资料来源：《中国火炬统计年鉴 2019》。

从科技创新情况来看，2018 年长三角地区高新技术企业技术收入达到 8749.6 亿元，比 2017 年增加了近 1300 亿元，占全国的比重为 22.3%，与 2017 年相比变化不大。沪苏浙皖的高新技术企业技术收入分别为 3767.5 亿元、1570.6 亿元、2099.8 亿元和 1311.7 亿元。研发经费内部支出达到

2007.3亿元，占全国的比重为26.9%，占比较上年提升0.7个百分点。沪苏浙皖的研发经费内部支出分别为501.5亿元、766.6亿元、467.0亿元和272.3亿元。研发人员数达659535人，占全国的比重为25.5%，比2017年的占比上升了2.5个百分点，沪苏浙皖的研发人员数分别为139845人、288480人、149742人和81468人（见表2）。

表2　2018年长三角高新技术开发区科技创新情况

区域	技术收入(亿元)	研发经费内部支出(亿元)	研发人员数(人)
上海	3767.5	501.5	139845
江苏	1570.6	766.6	288480
浙江	2099.8	467.0	149742
安徽	1311.7	272.3	81468
长三角	8749.6	2007.3	659535
全国	39284.1	7455.7	2583635
长三角占比(%)	22.3	26.9	25.5

资料来源：《中国火炬统计年鉴2019》。

从企业资产收益情况来看，2018年长三角高新技术企业净利润额达6507.6亿元，比2017年增加了近1000亿元，占全国的比重为27.2%，比2017年上升了1.3个百分点。沪苏浙皖的高新技术企业净利润额分别为2140.7亿元、2482.1亿元、1217.3亿元和667.5亿元。企业年末资产达到88920.6亿元，比2017年下降了3000亿元，占全国的比重为16.8%，比2017年下降了3.1个百分点。沪苏浙皖的年末资产额分别为41307.1亿元、14365.5亿元、20770.0亿元和12478.0亿元。上缴税费为4650.6亿元，比2017年增加了近700亿元，占全国的比重达24.9%，比2017年上升了1.7个百分点。沪苏浙皖的上缴税费分别为1300.1亿元、1787.4亿元、900.0亿元和663.1亿元。资产利润率达7.3%，高出全国水平2.8个百分点，沪苏浙皖的资产利润率分别达到5.2%、17.3%、5.9%和5.3%，江苏高新技术企业的资产收益最好（见表3）。

表3　2018年长三角高新技术开发区企业资产收益情况

单位：亿元，%

区域	净利润	年末资产	上缴税费	资产利润率
上海	2140.7	41307.1	1300.1	5.2
江苏	2482.1	14365.5	1787.4	17.3
浙江	1217.3	20770.0	900.0	5.9
安徽	667.5	12478.0	663.1	5.3
长三角	6507.6	88920.6	4650.6	7.3
全国	23918.1	527817.5	18650.5	4.5
长三角占比	27.2	16.8	24.9	—

资料来源：《中国火炬统计年鉴2019》。

从出口情况来看，2018年，长三角地区国家级高新区出口总额达13791.7亿元，比2015年的8344.8亿元多出了近3000亿元，年均增幅高达18.2%，出口规模稳步提升，趋势良好。其中，江苏高新区出口的年均增幅最高，达23.4%，出口总额从2015年的4514.3亿元增长到2018年的8477.2亿元，增加了近4000亿元；浙江国家级高新区的出口年均增幅排第二，达15.9%，出口总额从2015年的1131.7亿元增长到2018年的1762.3亿元，增加了600多亿元；安徽高新区出口的年均增幅排第三，达14.3%，出口总额从2015年的657.8亿元增长到2018年的981.9亿元，增加了300多亿元；上海高新区出口的年均增幅最小，为8.0%，出口总额从2015年的2041.0亿元增长到2018年的2570.3亿元，增加了500多亿元（见表4）。

表4　2018年长三角高新技术开发区企业出口总额情况

单位：亿元，%

区域	2015年	2016年	2017年	2018年	年均增幅
上海	2041.0	2018.2	2668.7	2570.3	8.0
江苏	4514.3	4913.8	5781.6	8477.2	23.4
浙江	1131.7	1212.3	1367.2	1762.3	15.9
安徽	657.8	610.3	897.1	981.9	14.3
长三角	8344.8	8754.6	10714.6	13791.7	18.2

资料来源：《中国火炬统计年鉴》（2016～2019年）。

二　园区排行榜

2018 年，长三角地区国家级高新技术开发区排行榜前五位如表 5 所示。上海张江科学城在各项指标中都位列第一，且数值均高出第二名 2 倍以上。其他位列前五的园区主要有杭州高新技术开发区、南京高新技术开发区、苏州工业园区、合肥高新技术开发区、无锡高新技术开发区、常州高新技术开发区和宁波高新技术开发区。

表 5　2018 年长三角国家级高新技术开发区园区排行榜前五位

单位：亿元，人

序号	营业收入	年末从业人员	研发人员数	研发经费内部支出
1	上海张江科学城（11514.9）	上海张江科学城（1143450）	上海张江科学城（135210）	上海张江科学城（481.5）
2	杭州高新技术开发区（6426.5）	杭州高新技术开发区（370393）	杭州高新技术开发区（79991）	杭州高新技术开发区（309.5）
3	南京高新技术开发区（6203.3）	南京高新技术开发区（319418）	苏州工业园区（78250）	苏州工业园区（212.6）
4	苏州工业园区（5101.2）	苏州工业园区（291027）	南京高新技术开发区（67641）	合肥高新技术开发区（188.3）
5	合肥高新技术开发区（5008.3）	无锡高新技术开发区（270010）	合肥高新技术开发区（50905）	南京高新技术开发区（166.2）
序号	技术收入	净利润	年末资产	上缴税费
1	上海张江科学城（3614.6）	上海张江科学城（2042.0）	上海张江科学城（40009.7）	上海张江科学城（1243.1）
2	杭州高新技术开发区（1863.2）	杭州高新技术开发区（568.4）	杭州高新技术开发区（9721.6）	合肥高新技术开发区（445.9）
3	合肥高新技术开发区（1134.2）	合肥高新技术开发区（447.7）	南京高新技术开发区（7727.8）	杭州高新技术开发区（401.5）
4	常州高新技术开发区（444.2）	苏州工业园区（402.1）	合肥高新技术开发区（6641.2）	苏州工业园区（348.2）
5	南京高新技术开发区（333.9）	南京高新技术开发区（370.9）	宁波高新技术开发区（4472.8）	南京高新技术开发区（338.7）

注：括号内数字为当年数值。

资料来源：《中国火炬统计年鉴 2019》。

三 长三角地区主要国家级高新区发展情况

为全面掌握长三角地区国家级高新技术产业开发区的发展历程、运行机制和规划建设等情况，本报告选取上海张江科学城、苏州工业园区两家具有代表性的典型园区进行深度介绍和分析。

（一）上海张江科学城

1. 张江科学城发展和战略地位简述

张江科学城是国家重点打造的三大国家级科学基地之一，在科学研究、技术研发、设施共享等方面具有举足轻重的作用。张江科学城聚焦具有紧迫战略需求的重大领域和有望引领未来发展的战略制高点，以重大科技任务攻关和大型科技基础设施建设为主线，实现重大基础科学突破和关键核心技术发展，建成跨学科、综合性、多功能的国家实验室，体现国家意志，实现国家使命，代表国家水平。建设上海张江科学城，就是要打造一批代表上海水平、具有全球影响力的国家重点实验室，提升中国科学研究的原始创新能力，体现国家大型科学基础设施的集聚度和显示度；就是要以全球视野、国际标准，努力突破产学研结合与科技成果转化的瓶颈；凸显吸引和用好各级各类高端科技人才的优势，体现上海这座国际城市的全球影响力。

根据2017年发布的《张江科学城建设规划》，张江科学城将以张江高科技园区为基础，拓展纳入康桥工业园、上海国际医学园区，充分依托国家实验室、高校和科研机构，突出科技商务文化等创新要素复合，集聚全球顶尖创新人才、国家大科学设施、高水平专业院校、科研机构和跨国企业研发中心，转型发展成为中国乃至全球新知识新技术的创造之地、新产业的培育之地；成为以国内外高层次人才和青年创新人才为主，以科创为特色，集创业工作、生活学习和休闲娱乐为一体的现代新型宜居城区和市级公共中心，成为“科研要素更集聚、创新创业更活跃、生活服务更完善、交通出行更便捷、生态环境更优美、文化氛围更浓厚”的世界一流科学城。

目前，张江科学城内部板块现已形成北、中、南三大科创要素集群。北部板块在原张江高科技园区的基础上，依托国家实验室核心区，集聚大科学设施（如上海光源、国家蛋白质科学研究设施、上海超算中心等）、高水平研究型大学和国家级科研院所，2016 年张江高科技园区实现规模以上工业总产值 1332 亿元，主营业务收入 1522 亿元，集聚了科学城 90% 以上的企业、80% 的土地面积，创造了张江科学城 80% 以上的工业总产值、营业收入和利润额；中部板块依托康桥工业园区，结合孙桥科创区域和李政道研究所，集聚国际一流实验室和科研院所；南部板块结合国际医学园区，形成以医疗为特色的国际院校、研究所集群。截至 2016 年 10 月底，南部板块国际医学园区累计实现规模以上工业产值 33. 56 亿元，并逐步形成南部城市公共活动核心区，以高端医疗服务为主导产业的国际医学园区已成为国内首屈一指的“医谷”。

此外，张江科学城还建设了一批具有国际先进水平的研究机构，如交大张江科学院、张江复旦国际创新中心、上海中医药大学研究中心等；聚集了一大批众创空间，拥有五大创新创业集聚区（张江国际众创孵化集聚区、张江传奇创业广场、张江国创中心、张江南区众创集聚区、长泰商圈），旨在引进和培育高端孵化机构。

2. 张江科学城主要指标情况

2015 ~2017 年，张江科学城企业数量从 3283 家增加到 3512 家，年均增长率达 3. 43%，三年平均值为 3382 家；营业收入从 5624. 0 亿元增加到 6635. 2 亿元，年均增长率达 8. 62%，三年平均值为 5983. 9 亿元；利润总额从 660. 6 亿元增加到 744. 0 亿元，年均增长率达 6. 12%，三年平均值为 697. 9 亿元；实际上缴税金从 254. 4 亿元增加到 301. 9 亿元，年均增长率 8. 94%，三年平均值为 273. 2 亿元；年末总资产从 9644. 5 亿元增加到 11083. 0 亿元，年均增长率达 7. 20%，三年平均值为 10312. 6 亿元；年末总负债从 4033. 0 亿元增加到 5364. 4 亿元，年均增长率达 15. 33%，三年平均值为 4720. 0 亿元；年末从业人员从 379633 人减少到 374856 人，年均降幅 0. 63%，三年平均值为 371914 人；科技活动经费支出从 461. 7 亿元减少到

456.3亿元，年均降幅0.59%，三年平均值为434.0亿元；R&D经费支出从340.6亿元增加到385.9亿元，年均增幅达6.44%，三年平均值为350.4亿元；科技活动人员从72327人增加到75559人，年均增幅达2.21%，三年平均值为72435人；R&D人员从59332人增加到63076人，年均增幅3.11%，三年平均值为60223人；专利授权数从4862项增加到5843项，年均增幅9.63%，三年平均值为5189项；商标注册数从1075项增加到1828项，年均增幅高达30.40%，三年平均值为1548项；软件著作权授权数从1246项增加到2358项，年均增幅高到37.57%，三年平均值为1717项；集成电路布图设计授权数从213项增加到275项，年均增幅达13.63%，三年平均值为235项（见表6）。总体而言，2015～2017年张江科学城主要指标表现良好，大部分指标（除年末从业人员和科技活动经费支出外）都呈上升态势，其中商标注册数、软件著作权授权数增长迅猛，集成电路布图设计授权数、年末总负债增速也较快。

表6　2015～2017年张江科学城主要指标情况

项目	2015年	2016年	2017年	年均增长率(%)	三年平均值
企业数(家)	3283	3352	3512	3.43	3382
营业收入(亿元)	5624.0	5692.6	6635.2	8.62	5983.9
利润总额(亿元)	660.6	689.2	744.0	6.12	697.9
实际上缴税金(亿元)	254.4	263.2	301.9	8.94	273.2
年末总资产(亿元)	9644.5	10210.3	11083.0	7.20	10312.6
年末总负债(亿元)	4033.0	4762.5	5364.4	15.33	4720.0
年末从业人员(人)	379633	361253	374856	-0.63	371914
科技活动经费支出(亿元)	461.7	383.9	456.3	-0.59	434.0
R&D经费支出(亿元)	340.6	324.6	385.9	6.44	350.4
科技活动人员(人)	72327	69420	75559	2.21	72435
R&D人员数(人)	59332	58262	63076	3.11	60223
专利授权数(项)	4862	4861	5843	9.63	5189
商标注册数(项)	1075	1742	1828	30.40	1548
软件著作权授权数(项)	1246	1547	2358	37.57	1717
集成电路布图设计授权数(项)	213	218	275	13.63	235

资料来源：张江科学城企业状况调查报告。

（二）苏州工业园区

苏州工业园区是中国和新加坡两国政府间旗舰合作项目，1994 年 2 月经国务院批准设立。26 年来，苏州工业园区始终坚持开放发展、创新发展，积极抢抓全球产业梯度转移、新一轮科技变革、价值链重构等历史机遇，推进开放与创新融合、创新与产业融合，在全球范围汇聚和配置创新资源，着力构建以创新为主要引领和支撑的发展新模式，实现了从“园区制造”向“园区创造”的重大跨越。2018 年，园区高新技术产业产值占规模以上工业总产值的比重达 70.7%，R&D 投入占 GDP 的比重达 3.5%，每万人有效发明专利拥有量 149 件，经济密度和创新浓度位居全国高新区前列。

1. 构建国际化产业发展格局

园区始终把做大做强产业作为立区之本，不断推动产业迈向中高端，形成了“2+3”特色产业体系（“2”指新一代信息技术、高端装备制造两大主导产业；“3”指生物医药、纳米技术应用、人工智能三大战略性新兴产业）。

（1）主导产业高端发展

园区主动融入国家全面开放大格局，实施积极的开放战略，坚持择商选资，累计吸引外资项目 4100 多个，实际利用外资 312.7 亿美元，其中世界 500 强企业项目 131 个，欧美项目占比近一半，新加坡项目 353 个、合同外资近 27 亿美元，形成了新一代信息技术、高端装备制造两大千亿级主导产业，2018 年分别实现产值 1896 亿元、1592 亿元。近年来，园区加快推进主导产业向全球价值链高端攀升，探索“1+N”制造业转型升级新路径，促进工业化和信息化深度融合，推动制造业向“制造+研发+营销+服务”转型、制造工厂向企业总部转型、成本中心向利润中心转型，截至 2018 年底，累计 161 家跨国公司在园区设立了区域总部、研发中心、营销中心、共享服务中心等高端项目，经认定的省级总部机构 39 家、占全省的 20%；高新技术产业产值 3251.27 亿元、高新技术产业投资额 77.1 亿元，均位列全市第一。在“引进来”过程中，园区坚持“以亩产论英雄、以创新论英雄、以生态论英雄”，建立差别化土地资源分配制度，制定出台工业用地二次转让、总部用地管理、产业项目用地管理等资源管理新办法，实行工业用地弹性年期出让，与新进企业签订产业发展协议，新招拍挂工业项目亩均投入强度、产值、税收准入门槛分别超1000万元、2500万元和230万元，在“守”与“舍”、“进”与“退”之间加快转型升级创新发展。

（2）新兴产业高速成长

立足园区产业基础，发挥比较优势，着力培育具有园区标志、领跑全国乃至全球的特色产业地标。自2001年中新股比调整以来，园区聚焦发展生物医药、纳米技术应用、人工智能三大特色产业，构建“六个一”特色产业创新生态，围绕一个特色产业，制定一个产业规划，建设一个功能园区，组建一家国资公司，设立一只发展基金，成立一个专业服务机构，三大新兴产业连续多年保持30%左右的增速，2018年分别实现产值803亿元、650亿元、250亿元。致力于打造全国生物医药产业核心区，集聚相关企业超1200家（自主品牌超1000家），近年来一类新药品种呈现爆发式增长，2018年园区新增一类新药临床试验批件达25个品种，其中18个为生物一类新药，园区生物医药领域高层次人才数量、创新型企业、新增生物一类新药批件均占全国的20%以上。目前，29家自主品牌生物医药企业满足香港联交所上市条件，信达生物、百济神州、基石药业已在香港挂牌上市，自港交所上市新规实施以来，内地赴港上市生物医药企业一半来自园区，园区成为国际最具创新活力的生物医药产业园区之一，产业竞争力在全国高新区中排名第一。致力打造纳米技术应用产业先导区，坚持以大项目带动产业大发展，氮化镓产业研究院、中电集团十三所等一批重大项目成功落地，集聚相关企业480多家，近五年产值增长了4.6倍，涌现出苏大维格、南大光电、晶方半导体等一批知名上市企业，园区成为全省首批纳米技术科技成果产业化基地，被美国国家纳米技术委员会列为世界微纳领域最具代表性的八大产业区域之一。致力打造人工智能产业应用示范区，围绕核心技术和关键环节，加强前瞻布局，积极抢占新一轮发展先机，集聚相关企业600多家，其中40家企业累计获得融资近60亿元，百度、华为、腾讯、滴滴、科大讯飞、苹果、微软、西门子等业界巨头都在园区设立了相关产业基地或研发中心，园区正在加速崛起成为国内领先、国际知名的人工智能产业发展高地。

（3）服务产业高质提升

开发建设以来特别是近年来，园区坚持把发展现代服务业作为推进高质量发展、完善城市功能和改善社会民生的重要抓手，全面实施“服务业倍增”“文化繁荣”等行动计划，加快建设上海金融中心副中心，推进现代服务业实现跨越发展，先后成为全国唯一的“国家商务旅游示范区”、唯一的“中新合作现代服务业创新试验区”、全国首批会计服务外包示范基地、全省唯一的“全国旅游标准化示范区”，2018 年园区服务业增加值占 GDP 的比重达到44.2%，服务业占 GDP 的比重远高于国家级开发区平均水平。以金鸡湖商务区为依托，高端服务业加速汇聚，打造了苏州中心、东方之门、文化艺术中心、国际博览中心、诚品书店、W 酒店等一批城市地标和知名商贸品牌，集聚税收“亿元楼”近 40 座、持牌金融机构 160 家，包括苏州大市 90%的银行分行、近 50%的保险分公司，成为国内持牌金融机构分布最为密集、种类最为齐全的区域之一。依托会计服务外包示范基地，园区专业服务业实现集聚跨越发展，行业收入、机构规模、人才集聚、新业务拓展、国际化水平等方面持续提升，有力促进了园区发展。坚持“全景、全业、全时、全民”发展理念，打造全域旅游品质高地，推动商旅文体展融合发展，促进消费繁荣，提升文化内涵，最近五年，园区社会消费品零售总额保持年均 12%左右的增长，保持全市领先水平，入境游客占全市的 40%以上，酒店平均出租率居全市第一，2018 年文化产业实现营业收入超 688 亿元。推进服务贸易创新发展，大力拓展电子商务、科技金融、服务外包、知识产权、国际维护和维修、工业设计、信息服务等新领域，2018 年，园区电子商务交易额突破 1500 亿元，服务外包执行金额 46.1 亿美元，占全市的 40%，知识流程外包（KPO）占比超 60%，成为全国首个“服务外包示范基地”“服务贸易创新示范基地”。

2. 构建国际化创新发展格局

苏州工业园区牢固树立创新第一动力理念，大力集聚高端创新要素，加快发展动能转换，构建完善区域创新生态系统。

（1）全球创新资源加速汇聚

主动把握全球新一轮科技发展机遇，在全球范围引进创新技术、配置创新资源。引进中科院苏州纳米所、中科院电子所苏州研究院等科研院所42家，设立中外合作创新中心21家，集聚新型研发机构559家。在新加坡、以色列和欧美发达国家等设立海外离岸创新创业基地，本土创新、离岸创新互动格局逐步形成，一批跨国公司研发中心、功能性总部落户园区。吸引哈佛大学、牛津大学、麻省理工学院、加州大学洛杉矶分校、新加坡国立大学、西交利物浦大学、中国科技大学、中国人民大学等29所中外知名院校在园区合作办学或设立研发机构，在校生人数7.85万人，其中硕士研究生以上近2万人，获批成为全国首个"高等教育国际化示范区"。与近20个国家或地区进行科技合作，通过共建研发及技术转移平台、国际项目对接、加入国际合作战略计划、举办高端国际峰会论坛、承办创新创业大赛等，吸纳整合更多国际化、高端化创新资源。

（2）创新企业集群快速崛起

突出企业创新主体地位，针对初创期、成长期、成熟期等不同阶段的科技型企业分类培育，全面实施"科技企业—高新技术企业—瞪羚企业—独角兽企业"成长链条培育，实施企业上市专项行动，加快培育代表园区、代表苏州创新形象的标杆企业。目前，园区集聚科技企业超5000家，科技型中小企业1108家，上市企业23家；2018年国家高新技术企业突破千家，达1046家，占全市的1/5；信达生物、基石药业、华人文化等3家企业入选科技部独角兽企业；亚盛医药等15家企业入选潜在独角兽，占全省的近一半；开拓药业等20家企业入选苏州市独角兽培育企业，占全市的一半以上。积极鼓励企业加大研发投入，大中型工业企业及规上高新企业研发机构建有率达到90%，2018年企业研发投入金额首次超过100亿元，享受研发费加计扣除政策的企业数和优惠额均列全市第一。

（3）重大载体平台更加完善

相继建成苏州生物医药产业园、苏州纳米城、创意产业园、腾飞创新园、国际科技园、人工智能产业园等一批重大科技创新载体，新兴产业加速布局、快速成长。目前，园区各类科技载体总面积超过800万平方米，聚集了信达生物、旭创科技、同程旅游、思必驰等超4000家技术先进、发展前景良好的企业。建成生物药分离纯化、微纳机电制造、软件评测等30多个公共技术服务平台，全球首个纳米真空互联实验站大科学装置投入运营，重大平台虹吸效应更加彰显，一大批科技项目纷至沓来，为科技创新提供了重要的源头支撑。建立了新加坡科研局苏州合作中心、冷泉港亚洲会议中心等20多个国际合作平台，创新思想更加活跃，创新自信更加坚定。

（4）科技金融体系创新提升

园区充分发挥科技企业和金融机构双集聚的优势，探索打造“科技金融+金融科技”双轮驱动特色示范。创新财政科技资金投入方式，发挥市场在资源配置中的决定性作用，先后设立了6亿元的创投引导基金、5000万元的新兴产业融资风险补偿资金池，调动各类金融资本、产业资本，共同加大对园区创新创业企业的综合金融支持。创新科技金融产品，积极构建“政府、银行、创投、担保、保险”五方业务联动机制，实现政策性贷款、政策性投资与商业贷款、市场化投资的联动接力机制，先后推出“苏科贷”“科技贷”“助力贷”“知识贷”等科技金融创新产品，获贷企业数量、金额均位居省、市前列。打造标杆性基金生态圈，先后设立苏州金融资产交易中心、股权交易中心等资本要素市场，东沙湖基金小镇入选首批“江苏特色小镇”，集聚了国内规模最大的天使投资平台、国内规模最大的国家级股权投资母基金、国内第一只市场化运作的股权投资母基金、国内唯一国家级人才创投中心，发行了全国首单创投企业债，区域股权投资基金规模超2200亿元，覆盖创新型企业全生命周期的科技金融服务体系日趋完善。

（5）创新创业环境持续优化

为了让科技型中小企业尽快长成“参天大树”，园区于2009年就在全国率先成立了中小企业服务中心，并将其打造成为区内中小企业的“一站式”服务中心，2017年又在此基础上整合设立企业发展服务中心，建立全方位的科技创新服务体系，中心拥有园区职能部门259项业务授权，涉及知识产权、人力资源、科技金融、财税服务、法律咨询等十五大领域，覆盖了企业初创、成长到成熟各个阶段，实现了企业发展全生命周期的“店小二”式服务，目前，园区企业发展服务中心已实现区内近5万家科技企业的服务全覆盖。切实加强知识产权的保护和利用，推动中国（苏州）知识产权保护中心落户，稳步推进专利导航产业发展实验区建设、国家知识产权投融资综合试点工作，企业专利创造质量持续提升，近五年，园区日均产生发明专利11件，万人有效发明专利拥有量从30件增长到149件，接近国家级经济技术开发区平均水平的3倍。完善专业化众创空间，集聚各类众创空间75家，其中19家列入“国字号”序列，营造了“鼓励创新、宽容失败”的创新氛围，目前，园区众创空间累计孵化创新创业项目1900多个，获得市场化投融资约33亿元，总估值超百亿元。

Abstract

President Xi Jinping stressed at the symposium on solid promotion of the integrated development of the Yangtze River Delta held in Hefei that, "In the face of the severe and complex situation, to better promote the integrated development of the Yangtze River Delta, we must have a deep understanding of the status and role of the Yangtze River Delta region in the country's economic and social development. First, take the lead in shaping a new pattern of development. In the current external environment of shrinking global market, we must concentrate on running our own affairs well, give full play to the advantages of China's super-large market, and accelerate the formation of a new pattern of development in which both domestic and international cycles play a dominant role and both domestic and international cycles reinforce each other. Second, brave when our country science and technology and industrial innovation pioneer. At present, the new round of scientific and technological revolution and industrial transformation are accelerating, which highlights the urgency of accelerating the improvement of China's scientific and technological innovation capacity. Third, we need to accelerate the building of new heights in reform and opening up. In recent years, economic globalization has suffered from the reverse wind. The more we do so, the more important it is for us to hold high the banner of building a community with a shared future for mankind and firmly uphold and lead economic globalization. (20 August 2020).

2019 is the first year after the integrated development of the Yangtze River Delta region becomes a national strategy. On May 13, a meeting of the Political Bureau of the CPC Central Committee deliberated and approved the Outline of a Plan for the Integrated Development of the Yangtze River Delta (hereinafter referred to as the Outline of a Plan for the Yangtze River Delta). The 2019 Provincial and municipal Leaders' Meeting was held in Wuhu, East China's Anhui Province, on May 22. The theme of the meeting was "Building a Strong and

Dynamic Growth pole", and the meeting made comprehensive arrangements for implementing the Outline of the Yangtze River Delta Plan adopted by the Political Bureau of the CPC Central Committee at a meeting. On November 4, the demonstration area of ecological and green integration development in The Yangtze River Delta was officially inaugurated before the second International Exposition. In the same year, Zhejiang, Shanghai, Jiangsu and Anhui all issued action plans to implement the plan for the integrated development of the Yangtze River Delta region.

In 2020, the COVID - 19 will pose unprecedented challenges to China and the world at large. Thanks to the strong leadership of the CPC Central Committee and the great efforts of the Chinese people, we have made major strategic achievements in our fight against COVID - 19, and created another heroic feat in the history of mankind's fight against the disease. The Yangtze River Delta region has not only made important contributions to the national victory in the fight against the epidemic, but also led the country in doing a solid job in the "six stability" work and fully implementing the "six security" tasks, and played a positive role in achieving national economic recovery and stability. In particular, the face of a global outbreak of the new champions league and the international situation is complicated, the new situation and new challenges of the Yangtze river delta region two key words closely integrated and high quality, more effectively implement the national strategic deployment and integration of Yangtze river delta development efforts in the crisis machine, open new office in change, studies the positive start the build in domestic large cycle as the main body, the international and domestic new development pattern of binary promote each other.

The Report on The Economic Development of the Yangtze River Delta region (2019 - 2020) is the fourth annual report compiled by the Research Center of the Yangtze River Economic Belt and the Yangtze River Delta at the Shanghai Academy of Social Sciences. The report, divided into three parts: the general report, the index report and the industry report, focuses on a comprehensive review and analysis of the economic development of the Yangtze River Delta region in 2019, and looks forward to the economic development trend in 2020. In the general report, an integrated comprehensive evaluation report and an economic development report of the Yangtze River Delta urban agglomeration were added. The index includes a ranking report of innovation-driven cities, a ranking report of industrial transformation and a ranking report of green development cities. The industry section includes seven reports, including industry, agriculture, digital economy, finance, tourism, transportation and national development zones.

Co-build a World-class Industrial Cluster and Take the Lead in Building a New Development Pattern

Wang Zhen

The Outline of integrated development of Yangtze River Delta (the Outline) proposes that several world-class industrial clusters should be formed in ten major fields, including electronic information, biomedicine, aerospace, high-end equipment, new materials, energy conservation and environmental protection, automobile, green chemical industry, textile and clothing, and intelligent household appliances. Facing the current severe and complex new situation and the new requirements for taking the lead in forming a new development pattern, it is more urgent and more realistic for the Yangtze River Delta to give full play to the national strategic advantages of regional integrated development, gather strengths, divide labor and cooperate, and accelerate the construction of world-class industrial clusters in some of the most competitive industries.

1. Bottleneck problems that must be broken through in building world class industrial clusters

After 40 years of reform and opening up, the Yangtze River Delta has formed a considerable capacity scale in a number of industrial fields, such as electronic information, automobile, equipment manufacturing, biomedicine, textile and clothing, and these industries have a high degree of opening up and industrial chain concentration. It can be said that it has a world-class production capacity advantage. However, compared with the real world-class industrial clusters, the gaps or shortcomings are still obvious, mainly as follows: First, the global influence of local industry leading companies is still far away. Second, the innovation strategy source of key core technology is still insufficient. Third, the comparative cost competitiveness of the industrial chain has been weakened. Fourth, the overseas layout of industrial clusters is scattered but not strong.

To solve these problems and enhance the "four forces", we must abandon the traditional model of regional competition, strengthen regional cooperation, and stimulate integration momentum. In particular, we need to address the four major bottlenecks in terms of institutional mechanisms.

1.1 Lack of policy guidance tools for regional division of labor and cooperation

There is no clear guideline for regional industrial division of labor in the national planning outline. This is also based on the fact that we do not have effective policy tools to implement the regional division of labor space deployment proposed in the plan. The lack of policy guidance tools, first of all, is that the main functional areas are not divided in detail. For example, most areas in the Yangtze River Delta belong to key development zones or optimized development zones, but there is no detailed functional division and policy unit for what to develop and optimize in each region. Secondly, regional industrial planning lags behind. Compared with metropolitan area planning, ecological environment planning and infrastructure planning, the regional industrial planning of Yangtze River Delta has not made progress. Since this plan is the most difficult to compile, local governments are still focusing on industrial development in a competitive state. From the strategic emerging industry plans compiled by various localities over the years, it can be seen that people are scrambling for runways and opportunities. The third is the lack of industrial coordination mechanism across administrative regions. A coordination mechanism among three provinces and one city has been established in the fields of environmental protection, transportation, and safety, but the industrial field also lags behind. Industry associations in different regions are basically limited in their respective administrative regions, and the development of cross regional integration is restricted. As for some loose industrial alliances, their role is very limited.

1.2 Free flow of factors meets administrative barriers

The market mechanism determines the division of industrial space. The prerequisite for the decisive role of the market is that the factors can flow freely. The former Southern Jiangsu model and Wenzhou model achieved great success precisely because they allow labour to flow from agriculture to non-agricultural industries, and to allow technology and capital to flow from Shanghai to surrounding areas. The free flow of factors has made a great contribution to the acceleration of industrialization and urbanization in the Yangtze River Delta. However, under the new standard of the construction of world-class urban agglomeration and world-class industrial cluster, the problem of insufficient free flow of factors becomes more obvious, and seriously hinders the effective division of labor and cooperation among regions. The reason is that the administrative region barriers extended by the administrative region economic model stunt the free flow of factors. In terms of market access, industry supervision, qualification recognition, credit evaluation, tax and fee reduction, financial subsidies, and social security, the specific implementation standards and rules vary among the three provinces and one city, even within the province. In this way, a series of administrative barriers have been formed, and we can also call them "dead roads" . In particular, under the influence of the strong thinking of becoming bigger and stronger, the central cities are still accustomed to using special preferential policies, including special subsidies, exemptions, services, which have formed new obstacles to the free flow of factors and effective regional division of labor.

1.3 Sharing innovative resources faces local protection in central cities

It is a regional feature in the economic development of the Yangtze River Delta that the industrial chain diffuses to various places and the innovation chain gathers in the central cities. How to promote the deep integration of industrial chain and innovation chain in different spaces is an important topic to be studied in the construction of world-class industrial clusters. It is an objective law that innovation resources, especially high-end innovation resources, gather in central cities. However, the problem is that each central city, especially Shanghai, Nanjing, Hangzhou and Hefei, have stronger administrative regional economic awareness. In order to enhance urban competitiveness and influence, on the one hand, they all make great efforts to gather innovative resources and cultivate emerging industries, and compete with each other. On the other hand, it competes with the surrounding areas in innovation transformation and investment promotion, and even adopts more preferential policies such as subsidies and low land prices to reduce the outward transfer of industrial projects and the spillover of innovative resources. These behaviors tend to distort the allocation of resources and lead to mutually damaging outcomes. Protection has increased the burden of its own subsidies and it fails to share the benefits of division of labor. At the same time, it has also caused other cities to participate in preferential policy competition, and the cost comparative advantage is not fully utilized.

1.4 Lack of mechanism guarantee for co-construction and sharing industrial public service platform

Although the Yangtze River Delta has made great progress in the construction of large platforms such as the scientific research instrument and equipment sharing network, the G60 Science and Innovation Corridor "one network for all services", and the technology market alliance, it has not really established an effective mechanism for co-construction and sharing. The premise of sharing is co-construction, which includes the co-financing of construction funds and the sharing of operating costs, which involves two major mechanisms: one is the mechanism of co-construction by various regions, and the other is the mechanism of the platform itself. If there is no active and effective mechanism guarantee, even if a large platform is established, it is likely to become a shell. The co-construction mechanism should solve the actual operation, rights and responsibilities of the sharing parties in terms of how much capital they should bear, how to participate in investment and what services they get. This is also the difficulty in building a large public service platform at this stage. If only central cities such as Shanghai that undertake the building of a large platform have more investment and more contributions, it is obvious that such co-construction and sharing will not go far.

The operating mechanism must solve the problem of operating efficiency of the platform itself. At present, most public service platforms are public welfare institutions and have inherent deficiencies in internal operation and management. However, there are no successful cases for reference to introduce more dynamic foundations and corporate mode to carry the operation and management of trans-administrative cooperation platforms and public services.

2. Policy recommendations for the Yangtze River Delta to speed up the co-construction of world-class industrial clusters

In accordance with the principle that markets determine the allocation of resources and better play the role of government, we should make greater efforts to reform and innovate in breaking down administrative barriers, promoting the free flow of factors, building a modern economic system, and establishing a sound regional interest coordination mechanism, so as to provide more positive and powerful regional coordination policy supply for promoting division of labor and strengthening cooperation. Here are four policy recommendations.

2.1 Strengthen top-design and promote effective regional division of labor

We should give full play to the leading and promoting role of special regional planning or action guidance. Combined with the preparation of the "14th five year plan", it is recommended that under the guidance of relevant national departments, the Yangtze River Delta Regional Cooperation Office organizes the preparation of a special plan for the co-construction of world-class industrial clusters. Six major industries, such as electronic information, biomedicine, high-end equipment, automobile, new materials, textile and clothing, can be selected. The difficulty of preparing these special plans is obviously greater than that of transportation and ecology, but they are of great significance. These plans must not only deploy cooperation, but also highlight the division of labor and give play to the comparative advantages of various regions. It is necessary to grasp the impact of the new round of technological revolution and industrial transformation on the global and Yangtze River Delta regional division of labor. We should objectively evaluate the regional comparative advantages of each region, benchmark national strategic tasks, and study the spatial division of labor criteria for each key industry. According to the comparative advantages of the regional industries of each city, it can be divided spatially into headquarters cluster area, core bearing area and industrial supporting area. The corresponding urban service functions, scientific and technological innovation resources and supporting platforms should be allocated accordingly. Among them, we should focus on the planning and deployment of how to divide and cooperate and gather strength. We should fully implement the project to tackle key and core technologies and cultivate leading enterprises.

2.2 Innovate the benefit coordination mechanism and mobilize the central cities to lead the division of labor

To promote the construction of world-class industrial clusters, we must establish an effective governance model of spatial division and provide corresponding regional coordination policy tools. The core of these is how to give play to the role of central cities such as Shanghai, Nanjing, Hangzhou, Hefei, Suzhou, Wuxi, and Ningbo in leading the division of labor. Establishing a sound regional coordination mechanism and its policies that can protect the interests of central cities is the most critical. This is also based on the fact that the economic model of the administrative region in the Yangtze River Delta will still exist in a quite long time. In particular, in order to stabilize growth, stabilize finances, and improve rankings, central cities still lack internal motivation to dissolve some industries and promote regional division of labor. The solution is to speed up the introduction of fiscal, tax and GDP sharing policies. The first attempt to implement this policy was the relocation of Shougang's production base from Beijing to Caofeidian, Hebei Province. The tax revenue was shared between the two places through policy agreement. Suzhou Industrial Park has built six "enclave" parks in the Yangtze River Delta. Through the revenue mechanism of developers and operators, it has better realized the benefit sharing of both parties. The Outline puts forward, "Explore the establishment of a mutually beneficial and win-win taxation benefit sharing mechanism and a coordination mechanism for tax collection and management to promote fair competition. Explore the establishment of a mechanism for handling regional investment and tax interest disputes, and create a good environment conducive to the free flow and efficient allocation of production factors." Now we can choose four central cities, Shanghai, Hangzhou, Nanjing and Suzhou, to make experiments. Focusing on the construction of "innovative enclaves", we will try out the sharing policy of tax and GDP, promote the technological innovation incubation and industrialization of central cities to be more distributed to "innovative enclaves" with cost and land use advantage. At the same time, reduce some financial subsidy policies adopted by central cities to retain the industrialization links.

2.3 Establish a flexible cooperation mechanism and build an integrated support platform

To enhance the overall innovation capacity of industrial clusters, several integrated support platforms should be built across regions. Integration not only embodies co-construction and sharing, but also has the biggest feature of integrated entity operation. A unified organization covers three provinces and one city, promotes the sharing of innovation resources and serves industrial innovation in various regions. And this institution is not a traditional public institution, but a special legal person that operates as a corporation but provides public services. From the experience of developed countries, most of their public service platforms that serve industry and innovation have adopted the "foundation and corporatization" model. For example, Steinbeis Foundation is a public service institution specialized in the transformation of scientific and technological innovation achievements. It has not only established a number of intellectual property transformation centers and talent training centers in universities and scientific research institutes, but also established a number of innovation transformation companies, which specialize in R&D investment, patent acquisition, industrial incubation, and property rights transfer of scientific and technological innovation achievements. This gains the necessary profit, which enriches the foundation and invests in technological innovation. We can learn from it. For example, three provinces, one city and various central cities can jointly fund to establish the Yangtze River Delta Industrial Innovation Foundation, which can found the Yangtze River Delta Science and Technology Achievement Transformation Company and the Yangtze River Delta Industrial Innovation Investment Company, etc. It also co-organizes achievement transformation service centers in universities and research institutes, and cooperates with local governments and enterprises to build manufacturing innovation centers. In order to regulate the fund-raising and operation of the foundation, it is necessary to win active support of the national level. It can explore and practice local coordinated legislation and strengthen institutional guarantees in close cooperation across regions.

2.4 Explore and plan large-scale fund of funds to enhance financial support for industrial innovation

Research on key core technologies of various industrial clusters, industrialization of scientific and technological innovation achievements, strengthening of industrial chains, and even the layout of professional parks overseas, strive to create a fund of funds for world class industrial cluster in the Yangtze River Delta. It gathers the power of the governments of three provinces and one city, leading enterprises, and financial institutions to jointly raise and use to provide strong financial support for accelerating the co-construction of world-class industrial clusters. Learn from the successful experience of domestic and foreign funds of funds, provide special policy support, and build a positive and flexible operating mechanism. Give full play to the "fund of funds" function, promote the establishment and participation in the investment of various specialized sub-funds, and enlarge the investment effect. Play its role as a large carrier covering the whole region of the Yangtze River Delta, and actively provide strong momentum and support for the promotion of integrated development.

Contents

Ⅰ General Reports

Abstract: This paper analyzes the economic development of the Yangtze River Delta in 2019 from the three aspects of general situation, key industries and growth dynamics, and based on the analysis of strategic opportunities and major challenges, the economic operation of the Yangtze River Delta in 2020 is initially forecasted. The main conclusions are: the Yangtze River Delta Region's economy is growing steadily, but the growth rate continues to decline; the total economic volume is close to 24 trillion yuan, the proportion of the country is basically stable; the economic quality has been greatly improved, the gap between regions is still large; the industrial structure has been steadily upgraded, strategic emerging industries are developing rapidly; investment, consumption and export are generally stable, the pull power is slightly weakened, but the structure is further optimized; Affected by the COVID −19 epidemic in 2020, The risk of economic downturn in the Yangtze River Delta is high, while according to the data in the second quarter, this region is still expected to maintain a positive growth trend.

Keywords: Yangtze River Delta Region; Economic Development; Industry Development; Growth Momentum

B. 2 Comprehensive Evaluation of the Integrated Development of the Yangtze River Delta (2019)

Abstract: In order to accurately describe the development status of the integration of the Yangtze River Delta, this article combines the goals and requirements put forward in the Outline of integrated development of Yangtze River Delta to conduct a comprehensive evaluation. This article analyzes the characteristics of the policies introduced since 2019, interprets the overall requirements of the outline and subdivides the development goals, so as to scientifically design relevant indicators for qualitative and quantitative evaluation of the development level. To sort out the main measures of the Yangtze River Delta in forming a new pattern of coordinated regional development, strengthening the construction of a collaborative innovation industry system, improving the level of infrastructure interconnection, strengthening the joint protection of the ecological environment, accelerating the convenience and sharing of public services, and promoting a higher level of coordination and opening up. Quantify indicators at all levels based on statistical data and assign reasonable weights to describe the characteristics of the integrated development of the Yangtze River Delta. This article draws the following conclusions: The integrated development of the Yangtze River Delta shows a clear upward trend in the comprehensive index and various sub-indices, but the growth rate of the sub-indices is quite different. It shows that the integrated development of the Yangtze River Delta during the 13th five-year plan period is rapidly integrated, and the development trends in different fields are different. Among them, the construction of the integrated development system of the science and innovation industry and the joint protection of the ecological environment have grown most rapidly.

Keywords: Yangtze River Delta; Evaluation Index System; Area Integration

Abstract: The Yangtze River Delta urban agglomeration is the central area driving the high-quality development of the Yangtze River Delta, the leading area of regional integration of the Yangtze River Delta, and also an important functional area in the domestic regional economy and opening-up pattern of China. Based on the data of statistical yearbook and bulletin, this paper mainly analyzes the economic development of the whole, sub regional and core cities in the Yangtze River Delta urban agglomeration. The main conclusions are as follows: In recent years, the overall regional economy of the Yangtze River Delta urban agglomeration has shown a downward trend. In 2019, its average economic growth rate was further reduced, but it was higher than that of the whole Yangtze River Delta, the whole country and the world. Regional GDP keeps increasing. In 2019, it exceeded 20 trillion yuan, playing a decisive role in supporting the economy of the Yangtze River Delta and an important role in the national economy. The economic development level of urban agglomeration improved steadily, and the main indicators are better than the Yangtze River Delta and the whole country. The population of the urban agglomeration continued to increase, and the urbanization rate rose rapidly. The economic operation trend among cities in Yangtze River Delta urban agglomeration was different. But economic growth rate of most cities slowed down. The regional GDP, population and economic development level have all improved, but the regional gap is a little large. The core cities of the urban agglomerations show strong development resilience and leading advantages, but their development stages are different.

Keywords: Yangtze River Delta; Urban Agglomeration; Economic Development; Area Economy

Ⅱ Index Reports

B. 4 The Science and Technology Innovation Driving Force Index Report in Yangtze River Delta (2019) *Yang Fan* / 074

Abstract: Through the construction of the science and technology (S&T) innovation driving force index evaluation system for the cities in Yangtze River Delta, and based on the AHP - EVM model to set the weight of the subjective-objective comprehensive indicators, this paper gets the S&T innovation driving force composite index, including four special indices of the S&T innovation input, the S&T innovation carrier, the S&T innovation output, the S&T innovation performance, as well as 10 secondary indicators score, and focuses on the analysis of the top 10 cities driven by the S&T innovation in the Yangtze River Delta. The results show that compared with last year's results, the performance of Jiangsu and Zhejiang cities declined overall, while shanghai improved, and some of Anhui's leading cities, driven by economic development, improved the driving force of the S&T innovation.

Keywords: Yangtze River Delta; Science and Technology Innovation Driving Force; Index Evaluation System; Urban Development

B. 5 Industrial Transformation and Upgrading Index Report of the Yangtze River Delta in 2019 *Ma Shuang* / 092

Abstract: This report systematically and comprehensively evaluates the industrial transformation and upgrading level of 41 cities in the Yangtze River Delta from the four dimensions: structural optimization, quality improvement, industrial innovation and environmental friendliness. According to the comprehensive index, the 41 cities are ranked. The results show that Shanghai, Nanjing, Suzhou,

Hangzhou and Wuxi rank the top five in the index of industrial transformation and upgrading in the Yangtze River Delta.

Keywords: Yangtze River Delta Region; Structaral Optimization; Quality Improvement; Industrial Innovation; Enviromental Friendliness

Abstract: This report provides a comprehensive evaluation of green development of 41 cities in the Yangtze River Delta region in 2018. Through the construction of the green development index system, the city's comprehensive green development level and green ecology level, green manufacturing level, green lifestyle level are ranked successively. The top ten cities in the Yangtze River Delta green development index are: Huangshan, Huzhou, Lishui, Nantong, Wuxi, Yangzhou, Shanghai, Taizhou (in Zhejiang Province), Zhoushan and Hangzhou.

Keywords: Green Development; Yangtze River Delta Region; Green Ecology; Green Manufacturing; Green Lifestyle

Ⅲ Industry Reports

Abstract: In 2019, the added value of agriculture in the Yangtze River Delta accounts for about 14. 5% of the country. From the perspective of industrial structure, the Yangtze River Delta is dominated by planting industry, with equal emphasis on fishery and animal husbandry. Fishery and service industries have relatively high contribution to the national agricultural economy. From the perspective of output efficiency, the land output rate of grain and rapeseed in the Yangtze River Delta region is significantly higher than the national average level. The labor productivity of agricultural industry in the Yangtze River Delta is higher than the national average level, which is mainly due to Jiangsu and Zhejiang provinces. From the perspective of agricultural modernization, the degree of mechanization and facilities in the Yangtze River Delta is relatively high. The goal of mechanization has been basically realized. More than 80% of the cultivated land is irrigated, and the performance of Shanghai and Jiangsu is outstanding. From the perspective of development trend, the cultivated land area in the Yangtze River Delta has declined in recent years, while the grain production is still at a high level. The employment proportion of the primary industry is decreasing year by year, and the proportion of agricultural employment population in the whole country keeps stable.

In 2020, provinces in the Yangtze River Delta will continue to implement the strategy of rural revitalization. And continue to guarantee the supply of major agricultural products. And adhere to the guidance of green ecology and characteristic development, promote agricultural modernization and industrial integration.

Keywords: Yangtze River Delta Region; Agriculture Development; Modern Agriculture

Abstract: 2019 is an important year for the implementation of the 13th Five-Year Plan, and the industrial economy of the Yangtze River Delta generally maintained steady and steady progress, with a steady growth in industrial production, a differentiated development of subdivided industries, a slowdown in the growth rate of industrial investment, a continued decline in economic returns and a steady growth in industrial assets. The computer, communications and other electronic equipment manufacturing industry showed a differentiated progress, the chemical raw materials and chemical products manufacturing industry made a healthy development, the electrical machinery and equipment manufacturing industry made a sound development, and the automobile manufacturing industry maintained a steady development. 2020 is the year of building a moderately prosperous society in all respects and the end of the 13th Five-Year Plan, and the industrial development of the Yangtze River Delta is facing a complicated and changeable international and domestic situation. The Yangtze River Delta should take precise measures in consolidating and upgrading the level of the real economy, the creation of advanced manufacturing clusters, and climbing to the middle and high of global value chain o promote steady and healthy development of industrial economy.

Keywords: Yangtze River Delta Region; Industry; Manufacturing Clasters

Abstract: The digital economy in the Yangtze River Delta region has further developed in 2019, with the growing at a rate of more than 18% and accounting for more than 40% of the region's GDP. From the perspective of the development of the basic part of the digital economy, the electronic information industries of the four provinces have maintained a fast growth with growth rates exceeding 10%. The electronic information industry is the pillar industry of the national economy. The growth of software and information service industry is generally faster than that of information manufacturing industry. From the perspective of the Integrated development of the digital economy and industries, three of the four provinces in the Yangtze River Delta are ranked in the top 10 of the country based on digital composite index. And they are Jiangsu, Zhejiang and Shanghai. The digital economy presents a distinct band distribution among the 27 major cities in the Yangtze River Delta, with Hangzhou-Suzhou and Jiaxing-Shanghai at the waist spreading to the north and south wings with the highest scores. Looking forward to 2020, the digital infrastructure in the Yangtze River Delta will have a great leap, the 5G commercial field will be further expanded, digital integration will further develop, and the new online economy will present a new situation.

Keywords: Yangtze River Delta Region; Digital Economy; 5G; the Integration of the Yangtze River Delta

Abstract: In 2019, In the Yangtze River Delta, the level of financial development has declined slightly, the scale of social financing has increased steadily, the level of insurance development has decreased slightly, the scale of deposits in the banking industry has increased, and the scale of loans has increased rapidly. The amount of securities financing and trading volume account for a large proportion in the whole country. Premium income grew rapidly, and the growth rate of premium expenditure increased. Looking forward to 2020, on the basis of the original prudent monetary policy, the financial industry in the Yangtze River Delta will be more flexible and moderate. It will release the driving force of development by deepening the reform of the financial supply side and promoting the opening up of the financial industry to the outside world, and at the same time pay attention to preventing and defusing financial risks

Keywords: Yangtze River Delta Region; Financial Industry; Financial Supply

Abstract: Promoting the integration and high-quality Development of culture and tourism industry in this area is an important catch in implementing the National Strategy of Yangtze River Delta integration, building world-class urban agglomerations as well as accelerating the integration process of the Yangtze River Delta. The Yangtze River Delta with abundant tourism resources and convenient basic facility is one of the most important tourist destination and origin area in China. Tourism industry of this area has made remarkable achievements in the fields of in promoting integration of culture and tourism, rural tourism, and high speed rail tourism etc. But at the same time, there are still differences in the distribution of resources, operating performance, and ecological environment among the whole area. According to this, this article puts forward the corresponding suggestions on further improving the institutional mechanism, such as accelerate the development of regional tourism integration, promote industrial transformation and create comprehensive destinations, etc.

Keywords: Tourism Integrated Development; Integration of Culture and Tourism; High-quality Development; Country Tourism; The Yangtze River Delta

Abstract: the integrated transportation network of the Yangtze River Delta has initially taken shape, and its leading role in promoting the regional integration of the Yangtze River Delta has been fully manifested. In 2019, the integrated transport service capacity of the Yangtze River Delta will gradually improve. From the perspective of structure, both freight transport and passenger transport of highway transport show a downward trend, in which the railway freight transport volume increases for the first time, and the decline rate of port production is narrowed. Port cargo throughput still maintained a rapid growth, but foreign trade cargo throughput showed a slow growth. The year 2020 is the end of the 13th Five-Year Plan. Facing the complicated international and domestic situation, the

Yangtze River Delta region should take precise measures in transportation integration, airport group and port group construction, and strive to promote the steady development of transportation industry.

Keywords: The Yangtze River Delta Region; Transportation; Highway Transport; Railway Freight Transport; Ports

Abstract: National high-tech zone is an important engine and carrier of China's economic growth, industrial optimization and innovative development. This report systematically and comprehensively analyzes the development level of national high-tech zones in the Yangtze River Delta from several dimensions, such as output value scale, asset income, innovation ability, innovation input and innovation output, and ranks the relevant parks accordingly. This report can provide a useful reference for the promotion of competitiveness and sustainable development of national high-tech zones in the Yangtze River Delta.

Keywords: Yangtze River Delta Region; National High-tech Zone; Comprehensive Evaluation; Zones

皮书

智库报告的主要形式
同一主题智库报告的聚合

皮书定义

皮书是对中国与世界发展状况和热点问题进行年度监测，以专业的角度、专家的视野和实证研究方法，针对某一领域或区域现状与发展态势展开分析和预测，具备前沿性、原创性、实证性、连续性、时效性等特点的公开出版物，由一系列权威研究报告组成。

皮书作者

皮书系列报告作者以国内外一流研究机构、知名高校等重点智库的研究人员为主，多为相关领域一流专家学者，他们的观点代表了当下学界对中国与世界的现实和未来最高水平的解读与分析。截至 2020 年，皮书研创机构有近千家，报告作者累计超过 7 万人。

皮书荣誉

皮书系列已成为社会科学文献出版社的著名图书品牌和中国社会科学院的知名学术品牌。2016 年皮书系列正式列入“十三五”国家重点出版规划项目；2013~2020 年，重点皮书列入中国社会科学院承担的国家哲学社会科学创新工程项目。

中国皮书网

（网址：www.pishu.cn）

发布皮书研创资讯，传播皮书精彩内容
引领皮书出版潮流，打造皮书服务平台

栏目设置

◆ **关于皮书**

何谓皮书、皮书分类、皮书大事记、
皮书荣誉、皮书出版第一人、皮书编辑部

◆ **最新资讯**

通知公告、新闻动态、媒体聚焦、
网站专题、视频直播、下载专区

◆ **皮书研创**

皮书规范、皮书选题、皮书出版、
皮书研究、研创团队

◆ **皮书评奖评价**

指标体系、皮书评价、皮书评奖

◆ **互动专区**

皮书说、社科数托邦、皮书微博、留言板

所获荣誉

◆ 2008 年、2011 年、2014 年，中国皮书网均在全国新闻出版业网站荣誉评选中获得“最具商业价值网站”称号；

◆ 2012 年,获得“出版业网站百强”称号。

网库合一

2014年，中国皮书网与皮书数据库端口合一，实现资源共享。

S 基本子库
UB DATABASE

中国社会发展数据库（下设 12 个子库）

整合国内外中国社会发展研究成果，汇聚独家统计数据、深度分析报告，涉及社会、人口、政治、教育、法律等 12 个领域，为了解中国社会发展动态、跟踪社会核心热点、分析社会发展趋势提供一站式资源搜索和数据服务。

中国经济发展数据库（下设 12 个子库）

围绕国内外中国经济发展主题研究报告、学术资讯、基础数据等资料构建，内容涵盖宏观经济、农业经济、工业经济、产业经济等 12 个重点经济领域，为实时掌控经济运行态势、把握经济发展规律、洞察经济形势、进行经济决策提供参考和依据。

中国行业发展数据库（下设 17 个子库）

以中国国民经济行业分类为依据，覆盖金融业、旅游、医疗卫生、交通运输、能源矿产等 100 多个行业，跟踪分析国民经济相关行业市场运行状况和政策导向，汇集行业发展前沿资讯，为投资、从业及各种经济决策提供理论基础和实践指导。

中国区域发展数据库（下设 6 个子库）

对中国特定区域内的经济、社会、文化等领域现状与发展情况进行深度分析和预测，研究层级至县及县以下行政区，涉及地区、区域经济体、城市、农村等不同维度，为地方经济社会宏观态势研究、发展经验研究、案例分析提供数据服务。

中国文化传媒数据库（下设 18 个子库）

汇聚文化传媒领域专家观点、热点资讯，梳理国内外中国文化发展相关学术研究成果、一手统计数据，涵盖文化产业、新闻传播、电影娱乐、文学艺术、群众文化等 18 个重点研究领域。为文化传媒研究提供相关数据、研究报告和综合分析服务。

世界经济与国际关系数据库（下设 6 个子库）

立足“皮书系列”世界经济、国际关系相关学术资源，整合世界经济、国际政治、世界文化与科技、全球性问题、国际组织与国际法、区域研究 6 大领域研究成果，为世界经济与国际关系研究提供全方位数据分析，为决策和形势研判提供参考。

法律声明